职业学校语文写作能力实用教材

# 应用文写作

主　编　李若冰

副主编　罗金山　白志芬　温　馨

参　编　李庆昆　余冬梅　崔　倩

西安电子科技大学出版社

## 内 容 简 介

本书以提高学生应用文写作能力为重点，讲练结合，理实一体，以常用应用文知识和写作训练为主线，以典范例文为借鉴，通过对基础知识的讲解和实际应用，全面提升学生的应用文写作能力。

全书共七章，由四大部分构成：第一部分为应用文概述，主要介绍应用文的概念、特点等基础知识；第二部分为日常事务类文书、公关礼仪类文书和求职类文书，贴近学生实际，介绍求职信、职业生涯规划书等适用于学生的文书；第三部分为党政公文类文书和经济类文书，主要介绍大家经常接触使用的公文和财经应用文书，强化财经应用文的写作训练；第四部分为法律类文书，主要介绍民事、行政、刑事案件活动中的常用司法文书，使读者了解法律基础知识，增强法律意识。

本书可作为中等职业学校各专业公共基础课的教材，也可作为一般职场人员学习常用应用文写作的参考用书。

**图书在版编目(CIP)数据**

应用文写作 / 李若冰. 主编 —西安：西安电子科技大学出版社，2020.8(2022.8 重印)
ISBN 978-7-5606-5764-6

Ⅰ. ① 应… Ⅱ. ① 李… Ⅲ. ① 汉语—应用文—写作 Ⅳ. ① H152.3

中国版本图书馆 CIP 数据核字(2020)第 125339 号

策　　划　刘统军
责任编辑　马晓娟
出版发行　西安电子科技大学出版社(西安市太白南路 2 号)
电　　话　(029)88202421　88201467　　邮　　编　710071
网　　址　www.xduph.com　　电子邮箱　xdupfxb001@163.com
经　　销　新华书店
印刷单位　陕西天意印务有限责任公司
版　　次　2020 年 8 月第 1 版　　2022 年 8 月第 2 次印刷
开　　本　787 毫米 × 1092 毫米　1/16　印　张　13.5
字　　数　316 千字
印　　数　3001～5000 册
定　　价　35.00 元
ISBN 978-7-5606-5764-6 / H
**XDUP 6066001-2**

# 前　言

我国《中等职业学校语文教学大纲》中指出：“语文是最重要的交际工具，是人类文化的重要组成部分。工具性与人文性的统一，是语文课程的基本特点。语文课程是中等职业学校学生必修的一门公共基础课。本课程的任务是指导学生正确理解与运用祖国的语言文字，注重基本技能的训练和思维发展，加强语文实践，培养语文的应用能力，为综合职业能力的形成以及继续学习奠定基础。”《中等职业学校语文课程标准》(2020 年版)指出：“根据职场工作需要正确拟写相关应用文……指导学生进行写作实践，形成写作能力。”随着我国经济社会的发展，职业学校的学生因其职业特点，即将步入社会，并走向不同的工作岗位，故对语文应用能力的要求显得越来越重要。在整个语文应用能力的构成中，应用文写作能力的培养是一个重要模块。

应用文是人们在长期的社会实践活动中形成的一种文体，是国家机关、政党、社会团体、企事业单位在日常工作、生活中处理各种事务时经常使用的具有约定俗成的惯用格式的文体，是人们传递信息、处理事务、交流感情的工具。关于应用文的相关知识，在中等职业学校的语文教材里已安排了一定的篇幅，但是从长期的教学实践来看，很多学生的应用文知识欠缺，写作能力也未得到较好的学习和训练，因此需要一本适合职业学校学生的应用文写作教材。

职业教育的培养目标是：以服务为宗旨，以就业为导向，以岗位需求为标准，培养与我国社会主义建设要求相适应，与就业岗位要求相符合的技能型高素质人才。本书是依据教育部关于积极开发和利用语文课程资源，加强语文实践，提高学生运用语文的能力等要求，结合中等职业学校学生未来工作岗位需要的实际，充分考虑学生语文学习的现状以及应用文的实用性特点而编写的。

本书通过设置具体的应用文实践活动来加强应用文知识学习与实际应用之间的联系，设计了职场情境中的典型任务，旨在在真实或模拟仿真情境中开展实践，指导学生进行写作，使其不仅掌握基本理论知识，而且在面对具体问题时能够运用所学相关知识解决问题，实现为运用而学、为应用而练。

全书共七章。第一章为应用文概述，简单介绍应用文的概念、特点等基础知识，让读者对应用文写作有一个整体的了解。第二章为日常事务类文书，第三章为公关礼仪类文书，第四章为求职类文书，这几章介绍求职信、职业生涯规划书书等适用于学生的文书，贴近学生实际。第五章为党政公文类文书，第六章为经济类文书，这两章主要介绍大家经常接触使用的公文和财经应用文书，强化财经应用文的写作训练。第七章为法律类文书，简介民事、行政、刑事案件活动中的几种司法文书，以增强读者的法律意识。

本书在编写过程中借鉴了许多应用文相关资料，在此向相关作者一并表示衷心的感谢。由于编者水平有限，书中难免有不妥之处，恳请各位专家和广大读者批评指正。

编　者

2020 年 5 月

# 目 录

# 第一章 应用文概述

## 第一节 应用文基础知识

### 一、概念

应用文是国家机关、企事业单位、社会团体以及人民群众在工作、学习和日常生活中用来处理事务的具有实用价值和法定或惯用格式的文体，是人们传递信息、处理事务、交流感情时经常使用的具有一定格式的一种文体。

随着市场经济的发展，应用文写作普及到了社会的各个层面。传达国家的方针政策，发布法律法规，实施管理都离不开行政公文；总结交流经验，从事调查研究离不开事务文书；进行经济活动离不开经济预测、经济活动分析报告等。应用文是加强横向联系、扩大对外交流、及时传递信息必不可少的工具。作为处理公私事务时人们沟通信息的载体，应用文越来越被人们所重视。大到国家政策法令的宣传，小到问候亲人的信件，都属于应用文的范畴。

### 二、特点

#### 1. 应用性

文艺评论家刘勰在《文心雕龙》一书的“书记”中评价应用文“虽艺文之末品，亦政事之先务也”。其大意是：在文学艺术中，应用文写作排在“末流”，但在公务往来中是最常用、最实用的，是服务于社会管理、经济要务的文体。可见，应用文写作的目的在于应用，与文学作品“有感而发”不同，文学作品的实用性是间接的，而应用文是“因事而发”，是为了解决某个具体问题而写作的。例如，写一篇请示，是为了向上级请求批准办理某件事项；写一篇报告，是为了向上级汇报工作，反映情况，提出建议等。所以，应用文写作直接关系到人们日常事务的处理和工作的进展，应用性是应用文最根本的特点。

#### 2. 真实性

真实性是应用文的生命。文学作品可以虚构，而应用文不行，其内容必须与客观情况相符合。应用文写作都是为了解决某个具体问题，因事而写的。因此，它的内容必须客观、准确、实事求是地反映情况，真实地叙述、记录或报道事务或意见，如告知对方要处理什么事情，说明处理的办法、措施、步骤，磋商问题，提出要求等。所以，应用文不允许主观臆造，不能歪曲事实、文过饰非，也不能任意夸大或缩小。

#### 3. 实用性

所有文章都有其功用性，但是应用文的实用性更直接、更突出。应用文的写作目的就是解决现实中的实际问题，它追求的是直接效用。比如会议通知，何时何地何人参加，主题是什么，都要一目了然。

4. 程式性

应用文在形式上具有程式性，就是指应用文写作一般都有比较固定的格式。应用文写作的格式和语体都有相对固定的要求，相同的文种有大致相同的格式和结构。

应用文写作必须遵循一定的规范模式。应用文规范的文体形式有两个来源：一是约定俗成，如书信、借据、收据等；二是法定章程，如中共中央办公厅和国务院办公厅颁布的《党政机关公文处理工作条例》。任何个人和组织在行文时，原则上不能超出这些规定而自创新文种，也不能突破规定格式自成一体。《党政机关公文格式》详细规定了党政机关公文通用的纸张要求、排版和印制装订要求、公文格式各要素的编排规则，并给出了公文的式样。这种法定格式必须遵守，不得违反，不能混用，它使公文的撰写有“格”可依，有“式”可循。

5. 时效性

应用文的时效性体现在两个方面：一是及时性；二是作用时间的有效性。应用文是为了办理公私事务、解决问题而写的，无论公私事务，都必须及时办理，不及时办理，就会耽误工作。为了提高工作效率，推动社会发展，作为处理公务的应用文一般都比较讲究时效。有些问题亟待解决，必须及时行文，否则会贻误工作，造成损失。所以应用文不但写作要及时，办理也要及时。

6. 简明性

各类文章都有自己独特的语体特点，应用文的语言要求简明朴实，文字要准确，主题要单一，内容尽量避免繁杂。

## 三、分类

应用文应用广泛，种类繁多，根据不同的分类标准可分为不同的类别，目前学术界尚无统一的分类体系和标准。不过，大多数专家赞同的是按处理事情的性质划分，即首先把应用文体划分为公务文书和私务文书。公务文书是指为处理国家和集体的事务而写作和使用的应用文，即通常所说的公文，如决定、请示、函等。私务文书是指为处理个人的事务而写作和使用的应用文，即通常所说的个人日常应用文书，如书信、总结等。公务文书分为通用文书和专用文书。通用文书分为法定公文和事务文书。专用文书分为经济文书、法律文书、社交礼仪文书等。

# 第二节　应用文写作知识

## 一、主题

1. 主题的概念

应用文的主题是客观的社会生活与作者主观思想相结合的产物，是作者写入文章的全部材料所表达的基本精神或基本思想。主题是应用文的核心、灵魂、统帅，一篇应用文其材料的取舍、结构的安排、语言的运用、文体的选择、表达方式的选用等，都要受主题的制约。只有在主题的统领之下，应用文的各要素才能整合为一个互相协调的统一体。

2. 主题的要求

(1) 正确。所谓正确，就是要“三符合”：一是符合党和国家的路线、方针、政策；二是符合客观实际，反映事物的本质和规律；三是符合国家的现行法律、法规。

(2) 鲜明。鲜明是指主题的表达要清楚明白，观点明确，态度明朗。应用文不像文学艺术作品那样，讲究委婉、含蓄、曲折，给读者留下想象的空间或者思索的余地，使读者可以“仁者见仁，智者见智”。应用文主张什么，反对什么，希望什么，有何意见和建议，都要直接、明确，切忌含混不清、模棱两可，以免引起歧义。

(3) 集中。集中是指一篇应用文只能有一个主题，即“一文一事，一事一题”，不枝不蔓，单纯明确，切忌多主题、多中心。

3. 主题的表达

(1) 标题突出主题：用文章的标题直接概括出主题，使读者一目了然。

(2) 开头点明主题：文章开头就点明主题或者概括本文中心思想。

(3) 文中显现主题：在文章的主体部分直接或间接地显现主题，或在文章适当处写明主题；或是将主题融于文章主体部分的字里行间，读者看完后概括出来。如果内容较多，篇幅较长，通常在每一段采用提炼句来突出该段旨意。

(4) 篇末归纳主题：在文章的结尾点明主题。

## 二、结构

这里所说的“结构”又叫“谋篇布局”，是指文章内部的组织和构架，是作者为服从表达主题的需要，把所掌握的材料按主次分明、条理清晰的原则进行有序搭配和排列，使之形成既有一定格局又互相联系的有机整体。

文章的结构体现在两个方面：一是内在联系，即材料和观点、部分和整体间的条理、脉络；二是外部形式，即标题、开头、主体、过渡、照应、结尾等外在要素的安排。在写作中，主题统帅内容，内容决定形式，形式又服务于内容，它们是相辅相成的。

### (一) 应用文的结构特点

应用文结构除具备一般文体的特点外，还有其自身的特点，主要表现在：

1. 规范性

规范性是应用文外在结构的特点，也可以称为模式化的特点。在公文写作中，是以法定格式来规范的；在事务文书或其他文书(如科技文书)的写作中，则是以约定俗成的格式来规范的。约定俗成的格式虽不像法定格式那样严格，但也相对固定，有规律可循。因此，约定俗成和法定格式都是在写作应用文时应遵循的规范。

2. 条理性

条理性是应用文内在结构的特点，如材料与观点的契合，段落层次之间的过渡与照应，开头与结尾的合理安排等。

### (二) 应用文的结构要素

应用文的结构要素一般包括标题、开头、主体、过渡、照应、结尾和落款等。

#### 1. 标题

应用文标题大致可分为公文式标题、论文式标题、新闻式标题和文种式标题四大类。

(1) 公文式标题。这类标题通常由三个部分组成，即文章的制发者、主要内容概括(事由或事项)、文种名称。在文章制发者和主要内容概括之间用“关于”这一介词连接。例如《省教育厅关于召开2020年度全省普通高等学校校办产业统计工作会议的通知》，“通知”是文种，“省教育厅”是文章的制发者，“召开2020年度全省普通高等学校校办产业统计工作会议”是主要内容，“关于”连接文章的制发者和主要内容。

(2) 论文式标题。这类标题一般以论题或论点作为标题。一般情况下，学术论文和调查报告多用此类标题。例如，《高等职业教育教学质量评估的研究》就以论题作为标题。

(3) 新闻式标题。新闻作品都是应用文体。新闻中的消息、通讯的标题必须关涉其所报道的新闻事实。

(4) 文种式标题。应用文中，许多是以文种为标题的，如《启事》《合同》《协议书》《贺信》《起诉状》等。

#### 2. 开头

开头是一篇文章正文的起笔，对引导全篇起着重要作用。在应用文写作中，开头又常被称为引言、导语、前言、缘由等。文章的种类不同、内容不同，常有不同的开头。常见的应用文开头有如下几种。

(1) 原因式：开篇起笔便交代事项的起因、写作缘由等，多用“因为”“由于”“鉴于”等句式。

(2) 目的式：说明事项的目的、要求或意义等，多用“为了”“为此”等句式。

(3) 依据式：说明事项或要求的根据，多用“依据”“根据”“遵照”“经……决定”“经……通过”等句式。

以上三种开头方式既可单独使用，又可结合使用。例如，某企业一则通知的开头“根据上级相关规定”，这是单独使用依据式。而某校一则通知，其开头部分是这样的：“由于入冬以来，我市电力供应紧张，市供电部门拟分区停电。为保证我校教学秩序，经校委会研究，决定在全校范围内调整作息时间，现通知如下。”这个开头就把原因、目的、依据结合起来了。

(4) 引据式：也叫引述式，这种开头一般用于复函、批复等文件。引据式开头就是首先引述来文、来函的关键内容(一般引述标题、来文时间、文号)，进而表现写作意图和看法。

(5) 情况概述式：大多数通报和部分调查报告常用这种开头。这种开头先简要叙述对象的基本情况，使读者有总的印象，有利于自然地展开具体情况或进行分析、评价，表达文章主题。

(6) 评论结论式：针对文章涉及的问题或事实，做出评论，提出总体看法。

此外，还有社交礼仪文书常用的问候祝贺式、工作报告的背景交代式等。

### 3. 主体

主体是应用文正文的主要部分，主要材料和观点都在这个部分展开。应用文主体的结构形式可分为文面形态和逻辑形态两个方面。

所谓应用文主体的文面形态，就是文章的外部结构形态。文面形态有明显的外部标志。这些外部标志一般包括以下几种：

(1) 小标题式：篇幅较长、内容较多的应用文多采用此种形式。一般把主体分为若干大段落，在每段之前冠以小标题，以突出或概括该段内容。调查报告、计划、总结等文体常用这种形式。

(2) 标序式：用数字标明文内各层次的序号，如一、二、三、四。这种方法与小标题近似，一般在文章内容较多、条理分明但又难以提炼小标题的情况下运用这种形式。

(3) 条目式：一般见于公文的事项部分、合同与协议的条款部分。如合同中常见的"第×条""第×项"等。条目式的特点是条理清楚，庄重醒目，便于识别、理解和执行。有些应用文还在每个条目内容的开头提出关键句，提示本条目的基本内容，如某购销合同中的"第一条：甲方义务""第四条：违约责任"等。

至于内容比较简单的文章，则采用独段式与分段式，也就是无需小标题、标序和条目，一气贯通或分段表述。

应用文主体的逻辑形态，也就是应用文的内在结构形态。因文种不同，内容不同，其安排的方式也不同。常见的方式有：缘由—观点，事实—结论，结论—理由，观点—观点(并列式结构)等。

### 4. 过渡

过渡指的是文章上下文之间的衔接转换。一般在层次与层次之间、叙述与议论等表达方式之间转换时，采用过渡词、过渡句或过渡段来过渡，从而使文章连接贯通，上下文衔接转换自然，条理清楚，结构严密。

### 5. 照应

照应是指文章前后内容上的关照和呼应。常见的照应方式有文题照应、前后照应、首尾照应等。

### 6. 结尾

应用文的结尾应力求简洁明快，对主体起强调或补充作用。常见的结尾形式有以下几种：

(1) 模式化结尾：用模式化的惯用语作结。这些模式化的惯用语语义明确，用法固定，读者易于把握其意图，如"特此批复"等。

(2) 请求式结尾：通常在结尾时，诚恳提出请求或希望。请示、申请、建议、通知等应用文常用这种方式结尾。

(3) 总括式结尾：通常在结尾时用概括性的语言对全文加以总括，常常用"总之""综上所述""总而言之"等词语引出结语。工作报告、述职报告、调查报告、总结等应用文常用这种方式结尾。

(4) 感召式结尾：通常在结尾时用热情洋溢、令人振奋的语言作结，或提出号召，或预示前景。演讲、计划、可行性研究报告、市场预测报告等应用文常用这种方式结尾。

除此之外，还有启发式、重申式、幽默式、决心式、赞扬式、祝愿式、戛然而止(自然)式等结尾方式。

**7. 落款**

落款是应用文必不可少的组成部分。公文的落款包括发文机关名称、成文日期、发文单位印章。一般应用文可只署作者名称及成文日期。落款的作用是表明作者(或制发单位)，强调其法定地位，表示发文者对文章内容负责，并明确时限。

## 三、材料

材料包含题材、素材、资料等，但彼此又有区别。题材一般用于文学作品，即文学作品中经过作家加工提炼过的材料；素材指作家平时收集来的，尚未加工并准备写入文学作品里的材料；资料一般指经过整理加工的书面材料，在科研、撰写论文中常用“资料”这一概念；而“材料”这一概念经常用于应用文，所以人们写某些应用文，常被称为写材料。

**1. 材料的含义**

概括地说，应用文的材料是为写作需要搜集、准备的具有一定价值和意义的资料。这是一个广义的定义。狭义的材料是指写入文章，用以表达主题的全部事实、数据和理论依据。

如果再全面、具体、细致一点，我们对材料可以做出如下表述：应用文的材料是指作者为一定的写作意图和目的，从现实生活和文献资料中选择、使用的一系列事实和理论依据，包括事件、现象、数据、科学公理、公认的理论和原则等。

材料是为体现主题(作者意图和目的)而准备的，主题必须依靠材料来说明和支撑，两者是灵魂与血肉的关系，必须统一。

**2. 材料的搜集**

要写好应用文，必须充分地占有材料。材料主要源于两个方面：一是平常的积累。较高的政治理论水平、广博的科学文化知识和精深的专业知识等都是靠自己平时学习、积累而得来的，在写作应用文时就可以自然而然地将这些积累作为材料。二是为具体的写作任务而有目的地进行搜集。

搜集的材料从不同的角度可分为直接材料和间接材料、历史材料和现实材料、正面材料和反面材料、事实材料和理论材料等。

一般来说，直接材料通过观察体验、调查研究等方式获取，间接材料通过查阅资料等方式获取。

(1) 观察体验。观察体验是搜集材料的重要手段。通过作者自身的观察体验，所得到的材料是直接的、具体的、生动的。这种观察体验需要深入、细致地去体会、感受和分析。

(2) 调查研究。调查研究是指带有特定意图的定向观察，是针对某一个问题、某一个现象或某项活动而进行透彻的了解和分析研究。调查研究一定要以辩证的方法去认识问题，要透过现象看到本质，切忌主观片面和以偏概全。

(3) 查阅资料。由于受到时间和空间的限制，我们不可能通过亲身的观察体验和调查研究去获取所有需要的材料，因此，查阅资料就成为搜集材料的又一种重要手段。

**3. 材料的选择**

从社会生活中获取的材料，不可能都可以支撑主题，即使都能支撑主题，也不可能都写进文章。材料必须要经过筛选，筛选的一般要求如下：

(1) 切题。材料为主题服务，主题是材料的统帅，因此，选材必须根据主题的需要。只有紧扣主题来选材，才能突出主题，达到写作的目的。

(2) 典型。选取的材料必须具有鲜明的特征、广泛的代表性、强有力的说服力，揭示事物的本质和规律。

(3) 新颖。材料新颖会使文章具有新鲜感、吸引力和感染力。新颖主要表现在以下两个方面：

① 材料新：从时间上看，是新近发生、发现的；从内容上看，是新鲜的，以前未用过或很少用过的。

② 角度新：有些材料虽然不够新颖，但作者能从一个新的角度去认识、分析它们，从老材料中发掘出新的内涵也能使文章新颖，令人耳目一新。

## 四、语言表达方式

应用文与我们的工作、生活、学习密切相关，尤其是法定文书、法律文书和财经文书等，更是直接关系到党和国家的事业，关系到人民群众的利益，更不允许有语言表达上的错误或不准确、不规范。因此，学习应用文写作，必须认真学习和掌握应用文语言的内容及其表达方式，力争做到表达上的准确、规范。

**1. 应用文语言的特点**

(1) 以社会化的书面语体为主。

应用文是处理公私事务、解决实际问题的工具。因此，它的语言以工具性、实用性为准则，而无须像文学作品那样去追求生动感人、形象传神和语言的个性。为了准确快捷又明白清楚地达到文章的写作目的，必须使用全社会共同认知的通行语体，并且以书面语为主。应用文写作中应尽量避免使用口语、方言、俚语、俗语和个性化色彩强烈的语言，不用生僻难解的词语，慎用外来语。

为了表达的庄重、简洁、规范，应用文中尚保留了相当数量的文言词汇，如兹、奉、悉、拟、尚、谨、呈、着令、鉴于、责成、承蒙、布达、特此函告等。这些词汇的社会认知度较高，是大家都比较熟悉的，很容易理解和接受。

(2) 常用规范化、模式化语言。

规范化、模式化语言是应用文语言的又一重要特点。这些规范化、模式化语言，有的是在应用文的长期发展中形成并逐渐固化的，有的是法定的模式。这些规范化、模式化的语言内容大致如下：

① 表开头：用于说明发文缘由，包括依据、目的、意义、介绍背景等，如遵照、鉴于、关于、兹、兹有、兹介绍、兹派、兹聘等。在礼仪文书中，还有欣闻、惊悉等。

② 表承接：在开头与主体之间，在上一段落与下一段落之间，常用承启衔接语来过

渡，如为此、特此、有鉴于此、综上所述、总之等。

③ 表称谓：在应用文，特别是公文中，发文者、收文者和文中关涉的人或单位都有模式化的称谓，如本院(部、公司)、我司(局、办)、贵处(局、办)、该公司(处)、该同志等。

④ 表引述：用于批复或复函时引述来文作为依据的用语，如接、近接、前接、悉、收悉、欣悉、电悉等。

⑤ 表经办：说明工作或有关事项的处理过程、情况，如经、业经、未经、拟、拟办、拟定、审议、审定、审发、审批、试行、暂行、可行、实行、贯彻执行、研究执行、参照执行、会议听取了、会议讨论了、会议通过了、会议指出、会议号召等。

⑥ 表批转：用于批转、转发、印发通知时的用语，如批示、阅批、审批、批转、转发、印发等。

⑦ 表呈递：用于上行文呈报情况时的用语，如呈上、转呈、递上、递交等。

⑧ 表征询：多用于报告、请示，如当否、可否、是否可行、意见如何等。

⑨ 表结尾：应用文常用的结尾用语有为要、为盼、为荷、为宜、请批示(复)、请予函告(复)、特此函复、现予公告、特此公告(通报、通知)等。

(3) 合理运用书面辅助语言。

由于应用文具有实用性、工具性、行业性等特点，因此在写作中常使用书面辅助语言以补充文字语言难以表达的内容，如图形、表格、符号、公式等。这些辅助语言能使应用文的表达更为直接、简明，更有说服力。

(4) 句式或有惯用模式，或有特定要求。

应用文句式要求简洁、明快，一般使用陈述句和祈使句，较少使用疑问句和感叹句。大多数情况下，由于应用文的行文者和受文者都是确定的，为了行文的简洁，往往使用无主句，如经研究、接上级通知等。

(5) 表述准确，少用修辞。

应用文在语言上要求表述准确，不产生歧义；在修辞上，如比喻、夸张等修辞手法尽量少使用。

**2. 应用文的表达方式**

表达方式又称表现方式、表达手段。应用文写作通常是为了说明情况、陈述事实、表明观点、反映思想、总结规律、得出结论。不同的主题，不同的写作目的，决定了不同的应用文体裁，也就决定了不同的表达方式。语言的表达方式一般有五种：叙述、说明、议论、抒情和描写。而应用文强调其实用性、工具性，因此，应用文写作最常用的表达方式是叙述、说明和议论。除新闻作品中的通讯、特写之外，一般不使用抒情和描写。

## 综合练习

**填空**

1. 应用文是人们__________、__________、__________时经常使用的具有__________的一种文体。

2. 应用文的特点有：________性、________性、________性、________、________性和________性。其中，________性是应用文的生命；________性是应用文最根本的特点。

3. 应用文的时效性表现在________________和________________两个方面。

4. 应用文按处理事情的性质划分，可分为________和________。

5. ________是应用文的核心、灵魂、统帅。

6. 应用文的主题要求________、________、________。

7. 应用文主题的表达应在________突出主题，在________点明主题，在________显现主题，在________归纳主题。

8. 应用文的结构特点是________和________。

9. 应用文的材料选择要注意________、________、________。

10. 应用文写作最常用的表达方式是________、________和________。除新闻作品中的通讯、特写之外，一般不使用________和________。

# 第二章　日常事务类文书

## 第一节　计　　划

### 一、概念与特点

计划是为了达到一定的目的，对今后的工作或任务等做出部署和安排的事务性文书。由于计划是对将来要做的工作或任务的安排，所以，它具有指导性、预见性、可行性、约束性等特点。

(1) 指导性。计划是以人们认识客观规律为基础，通过人们的认识和思维加工而制订的，是实践的反映，反过来又指导实践。它是指导工作的文书，具有很强的行政导向作用。

(2) 预见性。计划是对工作的超前安排，它是在回顾过去的基础上，根据发展变化，对下一阶段工作目标做出的科学分析和预见，从而明确方向，激励工作。

(3) 可行性。计划以现实工作为基础，经过主观努力可以实现，既不能毫无突破、无所作为，又不能脱离实际、好高骛远。

(4) 约束性。计划体现决策机关的要求和意图，一经下达，就要严格执行。

### 二、分类

计划按名称分为规划、纲要、设想、安排、方案、工作要点等；按内容分为工作计划、生产计划、学习计划等；按范围分为国家计划、地区计划、单位计划、个人计划等；按时间分为长期计划(5 年以上)、中期计划(2～4 年)、短期计划(年度、季度、月份)等；按作用分为指令性计划、指导性计划；按结构分为条文式、表格式、条文与表格结合式计划；按性质分为综合(全面)计划、单项(专题)计划；等等。

### 三、写作的基本格式

计划一般由标题、正文和落款三部分组成。

1. 标题

计划的标题一般由四个部分组成：计划的制订单位名称、计划的时限、内容性质及计划名称，如《××大学××学院 2020—2021 学年第一学期教学工作计划》。但也有的省略制定单位，或省略计划的时限，比较简单的计划甚至只有文种。视计划文本的成熟程度，有可能出现第五个部分，即在标题尾部加圆括弧注明：草案、初稿、征求意见稿、送审稿等，如《××市20××年再就业工程实施方案(讨论稿)》。

2. 正文

正文一般由开头、主体和结尾组成。

1) 开头

开头即前言，主要说明制订计划的理由，可以说明该计划制订的指导思想、政策依据、形势(或背景)依据、目的或意义，回答“为什么要做”的问题，也可以同时回答“能不能做”及“主要做什么”“做到什么程度”等问题。开头总的要求就是简明扼要，具有概括性。

2) 主体

主体即计划事项，说明计划的基本内容。它是核心，主要包括以下四个部分：

(1) 任务——“做什么”，是计划要完成的具体事项。

(2) 目标——“做到什么程度”，是完成任务要达到的基本要求。

(3) 措施——“怎么做”，是实施计划的具体办法和手段，要写得具体明确，有针对性，从实际出发，具有可行性和可操作性。

(4) 步骤——“什么时候做”，是工作程序和时间的安排。此外，还可写其他事项，如执行计划时应注意的问题，检查、修订计划的办法等。

3) 结尾

结尾可以提出希望、发出号召、展望前景、明确执行要求等，也可以在正文之后就结束全文，不写专门的结尾部分。

3. 落款

落款包括计划的署名和日期，标题中已经写明单位的，后面可不再署名；日期可写在标题之下，也可写在正文右下方。

## 四、写作的注意事项

(1) 实事求是，防止目标过高或过低。

计划的目标是在一定的期限内要达到的工作指标，过高或过低，都将直接影响工作者的热情。过高会让工作者失去完成任务的信心，过低又会让工作者觉得无需做出很大的努力。因此，应在充分调查分析的基础上制定出符合工作实际的目标。

(2) 措施明确具体，利于执行检查。

措施的正确与否，直接影响达标的速度。措施必须符合客观工作条件，既要有力度，又要人性化。

(3) 步骤具有科学性。

步骤的先后顺序安排得当，会事半功倍；不当，则事倍功半。因此，步骤的安排要符合工作者的认识和思维规律，符合事物存在和发展的客观规律，要考虑每一步骤所关系到的各种主客观条件。

(4) 层次分明，语言准确简洁。

思路清晰，层次分明，是思维条理性和实施计划的要求；准确简洁的语言使计划在实施过程中易于掌控。

## 范文示例

**例文一**

**绿叶文学社**
**××××学年度第二学期活动计划**

为了落实学校关于积极开展“第二课堂”活动的决定，全面提高文学社成员的文学素养，我社制订本学期活动计划如下：

一、任务和要求

1. 通过各项活动，进一步调动同学们学习语文的兴趣，提高听说读写能力，培养文学新秀。

2. 把读书、实践、练笔三者紧密结合起来，增长知识，丰富素材，写好作文。

3. 继续办好文学社刊《绿叶》，保证每月一期，按时编辑出版。

4. 健全文学社领导机构，组织安排好文学社活动和协助学校开展各项文学活动。

二、措施

1. 本学期举办两次文学作品欣赏会，两次创作指导讲座(请市文联两位作家主讲，由王老师负责)。

2. 组织赏花游园活动，并出一期《绿叶》“赏花诗文专刊”(由编委会负责)。

3. 与兄弟学校的文学社加强联系，互相交流办社经验，共同提高文学社水平(由社委会负责)。

4. 积极参加本学期全国“长城杯”、华东区“泰山杯”中学生作文比赛。每位社员至少写一篇参赛作文，文学社从中推荐10篇参赛，并力争获奖(由社委会负责)。

5. 积极争取学校团委和学生会的支持，多方筹集活动经费(由社委会负责)。

6. 积极发展新社员(由社委会负责)。

绿叶文学社秘书组
××××年××月××日

**【评析】**

标题包括计划的制订单位名称、计划的时限、内容性质及计划名称四部分。正文开头主要说明制订计划的理由，回答“为什么要做”的问题。主体部分，任务和要求旨在回答“做什么”的问题；措施明确回答了“怎么做”的问题。全文做到了目标明确、具体，措施得力，保障有力；行文主题明确，重点突出，逻辑清楚，环环相扣，语言简洁朴实。

**例文二**

## ××××年度工作计划

**田　叶**

转眼之间已经进入××××年了。新年要有新气象，在总结过去的同时，我们要对新的一年做一个好的计划。我工作时间不长、经验不足，很多方面都应该对自己有一定的要求，这样才能在新的一年里有更大的进步和更好的成绩。

××××年是我们××房地产公司发展非常重要的一年，对于我这样一个刚刚步入房地产中介市场的新人来说，也是充满挑战、机遇与压力的一年。我要调整好自己的工作状态，增强责任意识、服务意识，做好房产中介的工作。我在朱××、郭××两位好师傅的热心帮助下，已逐步了解了本部门的基本业务工作，也充分认识到自己目前各方面的不足。为了尽快地成长为一名职业经纪人，我特订立了××××年度工作计划。计划如下：

一、熟悉公司的规章制度和基本业务工作

作为一位新员工，我通过对业务的接触，对公司的业务有了一定的了解，但距离熟悉还差得很远。这对于业务员来讲是一大缺陷，希望公司以后能定期组织新员工进行学习和培训，便于新员工更好地展开工作。

1. 第一季度，我以业务学习为主。第一季度公司正值开张期间，部门的计划制订还未完成，节后还会处于一个市场低潮期。我会充分利用这段时间补充相关业务知识，认真学习公司的规章制度，与公司人员进行交流探讨；通过到周边镇区工业园实地扫盘，以期找到新的盘源和了解镇区工业厂房情况；通过上网、打电话、拜访等多种方式联系客户，加深与客户之间的感情，争取组成一个强大的客户群体。

2. 第二季度，在对业务有了一定了解的情况下，我会努力争取尽快开单，不断提高业务量。

3. 借助第三季度的国庆节和中秋节，市场会给后半年带来一个良好的开端。并且，随着我公司门店数量的增加，一些规模较大的客户就可以逐步渗入进来，为年底的房地产市场大战做好充分的准备。届时我将同公司其他员工竭尽全力为公司进一步发展做出努力。

4. 年底的工作是一年当中的顶峰，加之我们一年的房地产推介、客户推广，我相信是我们部门最热火朝天的时候。我们部门会根据实际情况、时间特点去做好客户开发工作，并根据市场变化及时调整我们部门的工作思路，争取把房地产销售业绩做到最大化。

二、制订学习计划

房地产市场中介需要根据市场变化，不断调整经营思路，学习对于业务人员来说至关重要，因为它直接关系到一个业务人员与时俱进的步伐和业务方面的生命力。我会适时地根据需要调整我的学习方向，补充新的能量。专业知识、营销知识、部门管理知识等都是我要掌握的内容，知己知彼，方能百战不殆(在这方面还希望公司给予我们业务人员支持)。

三、加强思想建设

加强自己的思想建设，增强全局意识、责任意识、服务意识和团队意识，积极主动地把工作做到点上、落到实处。我将尽我最大的能力减轻领导的压力。

以上，是我对××××年的一些计划，可能还很不成熟，希望领导指正。

火车跑得快，还靠车头带。我希望得到公司领导、部门领导的正确引导和帮助。展望××××年，我会更加努力、认真、负责地去对待每一项业务，也力争寻求更多的客户，争取更多的订单，进一步做好本部门的工作。我相信自己能完成新的任务，能迎接××××年新的挑战。

××××年××月××日

# 第二节　总　　结

## 一、概念与特点

总结是机关单位或个人对过去某一时期工作、学习进行回顾，并经过分析研究，找出经验教训，得出规律性认识，以指导下阶段工作和学习的一种事务性文书。

总结的写作过程，既是对阶段性工作、学习的回顾过程，又是人们思想认识提高的过程。通过总结，人们可以把零散、肤浅的感性认识上升为系统、深刻的理性认识，从而得出科学的结论，以便发扬成绩，克服缺点，吸取经验教训。它还可以作为先进经验被上级推广开来，为其他单位所汲取、借鉴，以利于推动工作的顺利开展。因此，总结在内容上具有客观的回顾性，在材料上具有汇总性，在理论上具有概括性，在作用上具有导向性。

## 二、分类

总结按不同标准可以分为许多不同的类别。总结按范围可以分为综合性和专题性总结。综合性总结的内容覆盖了所有工作的方方面面，往往用于时间跨度较长、内容较为复杂的工作；专题性总结是就某一时期内的专项工作或任务完成情况，或某一方面的经验所作的回顾。总结按时间分有年度总结、季度总结和月总结等。总结按内容分有思想总结、工作总结、学习总结、生产总结等。不同的工作内容，可以有不同的总结名称。总结按制作者分有国家总结、地区总结、部门总结、单位总结、个人总结等。不同的单位名称可以有不同的总结名称。

## 三、写作的基本格式

总结一般由标题、正文和落款组成。

1. 标题

从形式上看，标题分单行标题和双行标题两类。

1) 单行标题

(1) 公文式标题：由单位名称、时限、内容、文种组成，也有的把时间放在最前面，有的省略制作单位，有的省略时间。

(2) 文章式标题：里面不出现文种，或者里面有总结性质的词语，直接表明总结的观点和内容范围，多用于专题总结，尤其是经验总结，如《我们是如何实行教学与科研相结合的》。

2) 双行标题

双行标题指同时使用两种标题：正题——文章式标题，点明主要观点或基本经验(教训)；副题——公文式标题，补充说明单位、时限、内容等。如《知名教授上讲台　教书育人放异彩——××大学德育工作总结》。

**2. 正文**

1) 总结正文的结构

总结的正文根据种类的不同，写法上也有所区别，但大体上必须包括前言、主体和结尾三个层次。

(1) 前言。前言即正文的开头，一般简明扼要地概述基本情况、交代背景、点明主旨或说明成绩，为主体内容的展开做必要的铺垫。

(2) 主体。主体是总结的核心部分，主要分述工作任务的完成情况，并从中找出规律性的东西，上升到理论。一般来讲，主体部分要写明做法、成效、经验、问题和教训等。在层次上，主体部分可以作以下分项：第一，主要做法(或成绩、经验)。这一层次是核心中的核心，必须写清楚做法——成绩——经验。长篇的总结一般应提炼出几个观点，分列成小标题，写出具体的材料，进行中肯的分析，做出理论的概括。第二，问题和教训。要求实事求是地指出工作中的重大失误，并分析原因，引以为戒。这一层次是次点，一般不宜用较长的篇幅写较多的内容。

(3) 结尾。针对上述经验成绩与问题教训，提出改进措施，做出下一阶段工作的打算，或指明今后工作的努力方向。

2) 总结正文写作的外在结构形式

正文写作的外在结构形式常见的有下面几种：

(1) 传统式。大型的综合性的工作总结一般采用传统式结构。它一般是四个部分，即“工作情况——经验体会——问题教训——今后打算”，或“主旨——做法——成效——体会”。

(2) 阶段式。阶段式适用于工作时间长、阶段性明显的总结。它是以时间为序，将工作分为几个阶段来一个个总结，每一阶段都要写明工作情况、措施、成绩和经验教训。

(3) 贯通式。贯通式适用于内容单一的专题性总结和个人总结。它是一种用自然段落、按时间顺序总结工作的全过程的写法。

(4) 总分式。总分式适用于比较全面的工作总结。如某单位的年终工作总结。它的写法是在前言里对总结的内容先做总的说明，然后把所做的工作分项进行总结。

对于比较大型的总结，最好分列小标题，这样纲目清晰，层次更清楚，使阅读者更容易把握总结内容。小标题下还可以用条文式列出总结内容，其效果与分列小标题有着异曲同工之妙。

3. 落款

在正文的右下方写明总结对象的全名，并在其下署清总结的具体时间。如果标题中或标题下已经写明落款内容，则后面可以不必落款。

## 四、写作的注意事项

(1) 要坚持实事求是的原则。

实事求是、一切从实际出发，这是总结写作的基本原则，但在总结写作实践中，违反这一原则的情况却屡见不鲜。有人认为“三分工作七分吹”，在总结中夸大成绩，隐瞒缺点，报喜不报忧。这种弄虚作假、浮夸邀功的坏作风，对国家、对事业、对单位、对个人都没有任何益处，必须坚决防止。

(2) 要写得有理论价值。

总结不但要回顾工作，更要通过分析，总结出规律。总结要把客观事实的回顾同理性的分析概括紧密结合，融为一体。材料必须能充分有力地证明观点，观点必须能准确精要地概括材料。

(3) 要用第一人称。

总结要从本单位、本部门、本人的角度来撰写。总结的表达方式以叙述、议论为主，说明为辅，可以夹叙夹议。

(4) 要详略得当，突出重点。

有人写总结总想把一切成绩都写进去，不肯舍弃所有的正面材料，结果文章写得臃肿拖沓，没有重点，不能给人留下深刻印象。总结的选材不能求全贪多、主次不分，要根据实际情况和总结的目的，把那些既能显示本单位、本地区特点，又有一定普遍性的材料作为重点选用，写得详细、具体，而一般性的材料则要略写或舍弃。

(5) 要注意共性，把握个性。

总结很容易写得千篇一律、缺乏个性。当然，总结不是文学作品，无需刻意追求个性特色，但千部一腔的文章是不会有独到价值的，因而也是不受人欢迎的。要写出个性，总结就要有独到的发现、独到的体会、新鲜的角度、新颖的材料。

### 范文示例

例文一

20××年机关干部体检工作总结

在区委、区政府领导下，在财政局的支持下，在卫生局的精心组织下，今年机关干部体检工作从 4 月 20 日开始至 6 月 3 日结束，历时 1 多个月，共有 1 157 名机关干部参加了体检，体检工作取得了圆满胜利。现将机关干部体检工作情况总结如下：

一、加强组织领导，健全工作网络

为认真贯彻落实区委、区政府领导的批示精神，搞好区机关干部体检工作，切实体现党员先进性教导的成果，区卫生局高度重视，先后召开了局长办公会、局务会，专题研究区机关干部体检工作，认真制定了机关干部体检工作方案，精心组织，狠抓落实，并明确一把手负总责，分管领导详细抓，一级抓一级，层层抓落实。局党委以保持党员先进性教导活动为契机，充分发挥了卫生系统党员干部的先锋模范作用。承担体检任务的××医院还根据任务特点要求，制订了详细体检实施方案，认真选拔了一批政治思想素质高、业务能力强、服务态度好的业务骨干组成工作队伍，明确目标任务，有针对性地加强了业务培训；健全了工作网络，确保上下一盘棋，把工作落到实处。

二、加强宣传教导，统一思想认识

组织机关干部体检是我区卫生工作的一件大事，卫生局通过召开大会、印发宣传材料、悬挂宣传横幅等多种形式，大力宣传开展体检工作的重大意义，把卫生系统参加此项工作人员的思想认识统一到如何完成好区委、区政府交给的光荣任务上，并把机关干部体检工作贯穿于党员先进性教育活动的始终，进一步加强了大家的责任感和荣誉感，激发出高度的工作热情，认真做好了体检前后的各项工作。

三、强化督促检查，确保体检质量

这次体检工作我们始终保持高标准、严要求，时间和进度严格服从质量的需求。为保证体检工作落到实处，领导小组成员每天深入体检工作现场，检查和督促体检质量，及时了解区退休老干部和机关现职干部对体检工作的要求，解决体检过程中出现的突发性问题。卫生局先后采取了现场座谈会、设立意见箱等形式，广泛征求意见，并及时改进工作，确保了本次体检工作取得良好效果，也深受广大机关干部的好评。

四、落实保障工作，做好跟踪服务

卫生局把这次体检工作作为树立卫生系统良好形象的一件重要大事来抓好抓实。为保证体检工作紧张有序开展，认真做好各项保障工作，局领导班子多次到××医院检查指导，并要求××医院制定了体检须知、检查程序、注意事项等发放给受检干部，方便了体检人员。早餐供给保质保量，体检设备和医护人员按要求到位。临近结束前，针对个别没有参加体检的机关干部，卫生局及时发出通知，确保人员体检率，机关干部检查后的跟踪服务工作也做了相应部署，并做到落实。

虽然这次机关干部体检工作比较顺利，但距区委、区政府以及体检干部们的要求还有一定的距离。在今后的工作中，我们将紧紧围绕区委、区政府和新区发展的总体要求，立足全局，服务大局，进一步提高质量，加快发展速度，更努力地为全区机关干部的健康做好服务工作，以服务于新区建设和经济发展。

××区卫生局

20××年6月15日

**【评析】**

这是一篇专题工作总结。标题为公文式，由时间、事由和文种构成。前言部分从总体上叙述了工作的背景、时间跨度、参加体检人数和工作的总体效果，然后用承接语一转引出正文，简洁干脆又将事情交代清楚。正文部分用并列结构的形式分列小标题，从组织领导、宣传教导、督促检查、保障工作四个方面比较全面地总结了该区20××年的机关干部体检工作。在总结中，有工作的思想指导，也有工作过程、工作方式、工作措施、工作成效。结尾则以谦虚的态度，指出了这次专项工作的不足之处。

**例文二**

## 学 习 总 结

转眼间两年的学习生活就要过去了，踏入社会的门槛离我们又近了一步。这两年我学到了很多新的知识，掌握了一些就业需要的技能。两年来我的各门专业课和部分基础课的学习成绩在班上一直居上游水平，在个人品德修养方面进步也不小。现在就把我两年来的学习情况做一个总结。

我学的是会计专业，学习的课程有语文、数学、英语、计算机等基础课和基础会计、企业会计、税收基础、金融基础、市场营销等专业课，还有会计模拟、点钞、汉字录入、网页设计、财经写作等技能课。

首先来总结一下基础课的学习情况。学完中专的语文课，我的文化知识增加了很多，写作能力提高了，普通话训练合格，取得了普通话等级证书。此外，我还按老师的指导读了一些课外书籍，课外阅读让我学会静下心来思考问题，克服了以往的浮躁习性。学习语文对我的人生成长起了不小的作用。数学是学好会计的基础。学会计离不开算账，而要算好账、把账做好就一定要对数字敏感，数学知识的运用能力一定要强，否则做账就一定会出错。学会计、学金融、学统计都要有好的数学基础。有了这样的认识后，我上数学课就特别认真，这门课也取得了自己满意的成绩。虽然在会计课的学习中很少用到英语，但是如果我们在英语这门课上下了功夫，以后到外资企业去应聘就有了优势。英语课的学习中我掌握了财经英语的基本词汇和用法，在口语训练上我下了很大的功夫，考试成绩在班上名列第四。体育课我学得较差，对这门课我一向没有重视，平时也不爱运动，成绩勉强及格。由于缺少锻炼，我的体质较差。

专业课已学完了三门课程。基础会计上学期已经结业，这门课我学得比较扎实，取得了优秀的成绩。学习会计课我最深的体会是，会计专业知识比较复杂，开始的内容要学扎实，基础要打好，越往后学，越需要下更多的功夫。会计课和我们以前学过的语数英完全不一样，有它的特点和规律，会计知识需要积累。我刚开始上基础会计课时，可能是因为刚接触这门与众不同的课程，感觉就是有点不知如何下手，常常写错了借、贷方的科目，学起来感觉很吃力。于是我上课注意听清楚老师讲的原理，为什么这个科目要叫这个名字，为什么要写在借方，不写在贷方。遇到不懂的地方我马上问老师，一些重要的会计原理弄懂之后牢牢记住，课后再进行复习，经过一点一点积累，我的会计课逐步学好了。

技能课我来总结一下点钞和“五笔”。刚开始学点钞很难，由于指法不正确，一把点钞券点到一半，点钞券就掉到地上了。要点对一把点钞券的张数，必须专心致志、指法正确灵活，做到既快又准。后来我一有时间就把点钞券拿出来点，坐在公交车上练、回到家里也练。到这个学期我单指单张点对六把，多指多张点对十把，已达到下学期应该达到的技能达标标准。说到五笔字型输入法，要掌握它可不是件轻松事，要背诵字根口诀，还要记哪个偏旁部首在哪个键上，还要熟练掌握从一级到四级的简码。但是入门之后就变得简单多了。随着上机次数增多，练习量加大，我从一分钟只能打十几个字到现在一分钟可以打四五十个字了。

虽然打字不算打得很快，但是已经尝到了进步的甜头。技能将伴随我的一生，作为职校学生，今后工作靠的就是技能。各项技能都要靠刻苦练习才能掌握好，练技能是一个吃苦的过程，这话一点不假。

我是住校生，自己的事得靠自己动手。一些生活上的事，我现在能打理得井井有条了。如洗衣服、打扫卫生等，以前在家里是从来不动手的，现在都是自己做。住校后我能做到生活自理，独立生活能力增强了。

这两年的学习我还存在一些不足之处。在技能方面，我和学校技能集训队的同学比还有较大差距；在日常行为方面，我不善与人交流，在公众场合讲话都有些胆怯；我的身体素质还有待提高；在做人处世方面还有很多不足。通过总结我认识到，只要有付出就会有收获，要想成功就要付出不为人知的辛苦和汗水，要想进步就要多向别人学习。

离毕业只有短短的一年时间了，下学期起会有一些新的专业课程，我要做好思想准备，因为机会只会给那些有准备的人。我的目标是以优异的成绩毕业，为就业做好准备。我具体打算从以下四个方面努力：

(1) 继续把专业课学好，力争顺利通过会计从业资格考试，拿到会计从业资格证书。

(2) 刻苦练习点钞和五笔打字技能，提高动手实践水平，为多渠道就业做好充分的准备。

(3) 多参加体育活动，锻炼好身体。

(4) 注意提高自己的表达能力和与人沟通的能力，为适应社会做好准备。

岁月的帆船从来不会后退，我们度过的每一天都是独一无二的，我要珍惜这最后一个学年的每一天，达到自己预定的目标，为毕业后进入社会而加倍努力。

××级××班：胡××

××××年××月××日

【评析】

全篇总结的表达次序的写法是：先用一段话从总体上说一说自己的收获体会，然后分几个自然段具体讲各方面的学习情况、成绩以及不足之处，最后讲今后的打算。

# 第三节　调 查 报 告

## 一、概念与特点

调查报告是对某一事物或问题进行实际调查、分析、研究后写成的能反映其本质特征和规律的事务性文书。调查报告也被称为调查分析、考察报告、调查汇报、调查附记等。

调查报告有以下几个主要特点：

(1) 真实性。真实性是调查报告的重要特点，是其生命所在。任何一种调查报告必须以充分、确凿的事实为依据，通过具体情况、数字、做法、经验、问题等说明问题，揭示规律，从实际出发，用事实说话，才能进一步指导、推动现实工作。事实是调查报告赖以存在的基础。

(2) 针对性。调查报告一般有比较明确的意向，相关的调查取证都是针对和围绕某一综合性或是专题性问题展开的。所以，调查报告反映的问题集中而有深度。

(3) 时效性。调查报告反映的往往是人们关注的各类情况、焦点问题，除了关注，人们更期待结果。所以，为了尽早呈现事实，尽快依据事实做出论断及决策，调查报告有及时性的要求。

(4) 典型性。为了使调查报告更有说服力，必须选取典型的、有代表性的材料，以便从中更好地探索事物的发展规律，寻求矛盾的解决办法。

(5) 逻辑性。调查报告离不开确凿的事实，但又不是材料的机械堆砌，而是对核实无误的数据和事实进行严密的逻辑论证，探明事物发展变化的原因，预测事物发展变化的趋势，揭示本质性和规律性的东西，得出科学的结论，便于进一步指导、推动现实工作。

## 二、分类

调查报告的种类主要有以下几种：

(1) 反映情况的调查报告：是比较系统地反映本地区、本单位基本情况的一种调查报告。这种调查报告主要是为了弄清情况，供决策者使用。

(2) 总结经验的调查报告：是通过分析典型事例，总结工作中的新经验，从而指导和推动某方面工作的一种调查报告。

(3) 揭示问题的调查报告：是针对某一方面的问题，进行专项调查，澄清事实真相，判明问题的原因和性质，确定造成的危害，以引起有关部门及社会的关注和重视，并提出解决问题的途径和建议，为问题的最后处理提供依据，也为其他有关方面提供参考和借鉴的一种调查报告。

(4) 介绍新生事物的调查报告：这类调查报告的主要内容是反映现实生活中涌现出来的新生事物，以及新生事物产生的背景、情况、特点和发展的过程，并揭示它成长的规律，阐明它的作用和意义，借以促进新生事物的成长和推广。

## 三、写作的基本格式

调查报告的写作要把握好调查、研究、写作三个环节。调查是报告的基础、依据，报告是调查情况的反映、调查的结果。调查报告由标题、正文、落款组成。

### 1. 标题

调查报告的标题有两种形式：单行标题和双行标题。

1) 单行标题

单行标题一般有两种写法：一种是公文式，通常由事由和文种组成，如《关于××制药厂挖掘人才的调查报告》；另一种是文章式，通常由调查报告的基本内容概括而成，如《为什么大学毕业生择业倾向沿海和京津地区》。

2) 双行标题

双行标题由正标题和副标题组成，正标题突出主题，副标题标明调查对象、内容及文体名称，如《高校发展重在学科建设——××大学学科建设实践思考》。

2. 正文

1) 前言

调查报告的前言也称为“导语”“引言”。前言的写法一般有三种：一是提要式，将被调查对象的主要情况、调查后的结论用概要的文字叙述清楚。这种写法能够总领下文。二是介绍式，简单地介绍调查目的、时间、范围、背景等情况，使读者了解调查过程和写作意图，为下文的展开进行铺垫。三是提问式，在调查报告的开头，抓住问题的关键，由调查者提出问题引发读者思考，明白问题的实质。这种写法能醒目地提出问题，紧紧抓住读者。前言起画龙点睛的作用，要精练概括，直切主题。

2) 主体

主体是调查报告的核心，是结论的依据。主体部分用来叙述和分析评价调查获得的具体材料，这些材料可以用叙述的方式表述，也可以用图表的方式表达。主体部分的结构方式一般有纵式、横式和纵横结合式三种。

(1) 纵式结构。这是一种承接式的结构，也可以写成因果式或递进式。其报告的内容是按照事件的发展顺序、时间顺序或人们认识事物的顺序排列。

(2) 横式结构。运用这种结构所报告的内容多呈并列关系，也有的呈总分关系或主从关系。

(3) 纵横结合式结构。这是灵活地将上述两种结构交错运用的一种形式。如在总体结构上可以采取横式(或纵式)结构，而在每部分的具体内容上则采用纵式(或横式)结构。

3) 结尾

不同类型的调查报告其结尾也略不相同。如反映情况、介绍新生事物的调查报告多以表明作者期望或建议结尾；总结经验的调查报告多以概括全文基本观点结尾；揭示问题的调查报告多以提出有待深入研究的问题结尾。

有的调查报告的结尾综合运用了多种方式；也有的调查报告将与中心内容关系不大，正文没有写出但又必须写出来的内容，在结尾时附带地加以补充说明；还有的调查报告主体内容结束后全文就自然收束了，不另写结尾。

3. 落款

正文右下角写上作者的名称和写作时间，如已写在标题下面，落款可省略。

## 四、写作的注意事项

(1) 调查要广泛、深入、全面。

调查报告首要的环节就是通过调查收集材料，以作为报告的事实和分析研究的依据。材料不广泛、不全面，分析研究及其结论就会片面，反映不了事实的普遍性；不深入，就不能反映事物的本质。要有第一手真实的材料，就必须深入实际，开展调查研究。要深入了解和掌握群众普遍关心的、迫切需要解决的，并带有普遍性、倾向性、真实性的问题和材料。只有深入调查，掌握的材料才能真实可靠，确凿无误，写出来的调查报告才不会失去它的科学价值。而且，获得的第一手材料太少，也直接影响写作时的选材。

(2) 分析要客观、精辟、透彻。

这里的分析有两个层面的意思。一是对调查得来的众多材料必须进行分析筛选，认清哪些是典型的、有代表性的，哪些只是一般材料；哪些是必须写进报告中的，哪些只是作为分析的依据而不必写入报告中的。二是在写作调查报告时，必须分析材料。分析材料时，要防止主观臆断，或掺杂主观因素；要尊重材料的客观性，并从个性中找出共性，由现象去看本质，概括出带有普遍性、规律性的结论。

## 范文示例

**例文一**

### 大学毕业生职业生存状况调查报告

魔方的特点是可以万向转动，永远向前，永远花样翻新。小小魔方，蕴含了一条人类的职业定律：在有限的空间进行无限的创造。

对于大学生而言，一旦离开校园走向职场，魔方定律便开始发挥作用。从此，大学毕业生便开始在职场中生存与发展，若干年后，这些大学毕业生是否在社会舞台找到了自己的用武之地？是否确立了自己的职业发展方向？是否在自己的职业生涯中取得了满意的业绩？他们的职业生存状况如何？这些问题，既检验着高等教育的人才培养质量，又检验着国家教育投资的成败得失。为了引起人们对高等教育问题和国家人才制度的反思，××大学青年发展研究中心组织了一次大学毕业生职业生存状况调查活动。

一、调查研究的基本情况

(一) 调查研究的方法和过程

此次大学毕业生职业生存状况追踪调查活动，采用了问卷调查为主，辅以个别采访的方法。调查时间为20××年暑期。挑选的50名调查员为××大学社会工作、哲学、法学、思想政治教育、政治学、经济学、管理学、人口社会学等专业的在校本科生和研究生。调查前聘请社会学专业的教授对调查员进行了专门的培训。调查员来自河北、广西、广东、海南、浙江、江苏、湖南、湖北、黑龙江、吉林、山西、山东、河南、内蒙古、天津、北京共16个省、市、自治区。

每人发放调查问卷50～100份。要求学生利用暑期回家的时间在本地进行大学毕业生问卷调查。其中河北省共发放问卷1000份，其他省市自治区发放问卷3000份。调查问卷回收后利用SPSS软件进行了统计分析。

(二) 研究对象的样本特征

调查共发放问卷4000份，回收有效问卷3854份，回收率为96%，男性略多于女性。其中：男性占56.9%，女性占43.1%。57.9%的调查对象为26～35岁的大学毕业生。其中：25岁以下的占17.9%，26～30岁的占37.2%，31～35岁的占20.7%，36～40岁的占15%，41岁以上的占9.2%。调查对象总体上看，工作时间较短，还没有取得较高的职业地位，尤其是41岁以上的大学毕业生仅占9.2%，有较高社会地位和工作成就的大学毕业生偏少。53%的调查对象为文科专业的大学毕业生。另外，理科专业的大学毕业生占 24.5%，工科专业的大学毕业生占 6.5%，其他占 16%。75.6%的调查对象为省属重点大学和一般本科院校的大学毕业生。其中：全国重点大学毕业生占 16.7%，省级重点大学毕业生占 40.6%，一般本科院校毕业生占 35%，大专毕业生占 7.7%。56.8%的调查对象是 20 世纪 90 年代中后期毕业的学生。从中国的第二次改革高潮到高校招生规模的逐渐扩大，构成了这部分大学毕业生的社会境遇。其中：1981—1983 届大学毕业生占 1.9%，1984—1993 届大学毕业生占 17.3%，1994—2003 届大学毕业生占 56.8%，2004 届以后的大学毕业生占 19.5%，没有回答的占 4.5%。

二、调查研究的结果

一个拥有自己职业的人，一个把职业当作事业来追求的人，一个在专业化的领域进行着积极创造的人，便是职业人。一个人的职业发展历程，便是他的职业生涯。职业生涯是一个人在一生中所从事的各种职业的总称，或是一个人一生中从事各种职业工作的经历过程。大学毕业生走出校门时的职业选择是其职业生涯的起点，经过若干年的努力，其职业的生存状况会发生怎样的变化呢？这一问题，既关系着大学毕业生社会价值的实现，又检验着大学教育的成败得失。我们的调查，从大学毕业生对自身所从事职业的评价、职业定向的确立和核心竞争力的变化进行了考察。

(一) 职业的满意度分析

1. 对职业满意的价值选择：英雄有用武之地

学以致用是大学生求学的基本动机。通过全面提升自己的知识、能力和素质水平，并以此为资本在社会生活中实现自己的价值，体现人才的倍加效益，是大学生普遍认同的价值取向。因此，大学毕业生一旦能够在社会生活中找到一个人职匹配的岗位，能够现实地感到英雄有用武之地，便不会再有怀才不遇的伤感。为此，我们就大学毕业生对工作的满意度进行了调查，见表 2-1。

**表 2-1　您对目前的工作是否满意？**

| 选　项 | 频　数 | 频　率 |
|---|---|---|
| 很满意 | 468 | 12.1 |
| 较满意 | 2 002 | 51.9 |
| 有个工作不容易，凑合着干 | 846 | 22 |
| 不满意，还想调换 | 368 | 9.5 |
| 其他 | 46 | 1.2 |
| 没有回答 | 124 | 3.3 |
| 总计 | 3 854 | 100 |

从表 2-1 可以看出，大学毕业生对自己现有的工作岗位感到很满意和较满意的合计达到了 64%；对现有工作不满意，缺乏工作稳定性的达到了 31.5%；对工作满意的基本上占 2/3，应该说属于绝对多数。

当问及“您对现在的工作哪些方面感到满意？”时，回答专业对口的占 20.4%，回答可发挥自己特长的占 44.5%，回答领导重视的占 19%，回答有较好的发展前景的占 21.2%，回答经济待遇好的占 6.4%，回答同事关系融洽的占 18.5%，回答地域环境好的占 11.1%。可以看出，大学毕业生对工作的满意主要是因为可以发挥自己的特长，英雄有用武之地，能够用自己的所学服务于社会。同时，我们看到，有 1/3 的毕业生对现有工作是不满意的。

由于社会人才竞争的加剧，对于大学毕业生来说，又面临着养家糊口、生儿育女的现实责任，非迫不得已一般不会轻易放弃自己的现有职业。其中有不少人的选择是：既做着现有工作又利用业余时间从事一些兼职，以期最大限度地提升自己的生活水平。通常而言，对于职业岗位是否满意往往取决于多种原因。

2. 对职业不满的多重原因：经济待遇＋地域环境＋……

对于职业岗位不满的原因通常也是多方面的，但是，只要有一个方面不满意就会很容易导致对现有职业岗位不满意的结论。

那么，大学毕业生对现有职业不满意的主要原因是什么呢？对此，我们进行了调查，见表 2-2。

**表 2-2　您对现在的职业哪些方面感到不满意？(限选 2 项)**

| 选　项 | 频　数 | 频　率(%) |
|---|---|---|
| 专业不对口 | 404 | 10.5 |
| 不能发挥自己的特长 | 732 | 19 |
| 领导不重视 | 554 | 14.4 |
| 单位的前途不景气 | 388 | 10 |
| 经济待遇低 | 924 | 23.9 |
| 同事关系紧张 | 204 | 5.3 |
| 地域环境不好 | 852 | 22.1 |
| 其他 | 936 | 24.3 |
| 总计 | 3 854 | 100 |

从表 2-2 可以看出，排在第一位的居然是“其他”，这是我们始料未及的。也许，当人们感到对现有职业岗位不满意时，心态是非常复杂的，这种不满意是对自己整个职业生存状况的综合感受和体验，说不清也不想说清对哪一点不满意，而是整体感觉不满意。除此之外，排在前三位的原因是：经济待遇低、地域环境不好和不能发挥自己的特长。就经济收入而言，我们的调查结果是：月收入在 1000 元以下的占 11.8%，月收入在 1000～2000 元的占 44.8%，月收入在 2000～3000 元的占 18.6%，月收入在 3000～5000 元的占 5.4%，月收入在 5 000 元以上的占 2.5%。多数大学毕业生月收入在 1000～3 000 元，合计占 63.4%，其中月收入在 1000～2000 元的占大多数。这样一种收入水平，如果是在县城工作应该还算可以，如果是在中等城市则属于偏低水平，如果是在大城市则属于低水平。当然，这与我们的调查样本的选择有着一定的关系，调查对象中 1994—2003 届大学毕业生占 56.8%，35 岁以下的大学毕业生占到了 75.8%，大部分学生工作时间短，长的 10 年左右，短的刚工作一两年，有的刚刚参加工作，有的在事业上刚刚起步，职称、职务都较低，因而必然影响到他们的经济收入情况。

(二) 从业的稳定性分析

1. 职业的定向

孔子曾说："吾十有五而志于学，三十而立。"三十而立的意思是说，孔子在 30 岁的时候确立了自己的职业定向，找到了自己终身为之奋斗的事业。对于孔子来说，就是终生献身于教育事业、文化事业。当然，随着人类知识继承期的延长，对于现在的大学毕业生来说，达到"而立"的时间会有所推迟，但一般在 35 岁之前应该确立起自己的职业发展方向。而我们的调查对象中 35 岁以上的大学毕业生仅占到了 24.2%。一般来说，35 岁以上的大学毕业生经过十年左右的努力应该具有了比较稳定的职业，是比较安心于工作的。35 岁以下的大学毕业生其职业的发展更具有不稳定性。

在调查中，我们对大学毕业生的从业稳定性进行了考察，见表 2-3。

**表 2-3　您今后三年最主要的打算是什么？**

| 选　项 | 频　数 | 频　率(%) |
| --- | --- | --- |
| 在现在单位踏实工作 | 958 | 24.9 |
| 考研、考博 | 648 | 16.8 |
| 出国 | 132 | 3.4 |
| 调换单位 | 150 | 3.9 |
| 想办法多挣钱 | 362 | 9.4 |
| 自己快乐地过好每一天 | 318 | 8.3 |
| 照顾好自己的家人 | 332 | 8.6 |
| 事业上有较大的发展 | 730 | 18.9 |
| 其他 | 88 | 2.3 |
| 没有作答 | 136 | 3.5 |
| 总计 | 3 854 | 100 |

从表 2-3 看，在现在单位踏实工作和事业上有较大的发展两个选项是最能体现出职业稳定性的因素，合计达 43.8%，而调换单位，考研、考博和出国都从不同程度反映了大学毕业生从业的不稳定性，合计达 24.1%。我们发现 24.2%的 35 岁以上的大学毕业生与 24.9%的 35 岁以下的大学毕业生回答在现在单位踏实工作这两个比例非常的接近，应该属于已经确立了职业定向的大学毕业生。我们认为，影响大学生职业定向的一个最重要的因素在于现有的职业岗位是否与所学专业达到了基本一致。如果基本一致，那么，现在的工作岗位就是符合职业定向要求的。

但是，当我们问及"你现在的工作与大学所学的专业是否对口？"时，回答完全对口和比较对口的达到了 64.3%，回答不太对口、完全不对口的占 33.3%。也就是说，多数毕业生的现有工作岗位是符合职业定向要求的。那么，如何理解想考研、考博，想出国，想调换单位，想寻求事业上有较大的发展(几项合计占 43%)这部分人呢？我们认为，这部分人并非完全没有确立自己的职业定向，而是期望着在更高的平台和更广阔的空间中寻求自己职业的更大发展。

2. 职业的转换：跳槽现象

现代社会，人才的流动比以往更加频繁和迅速。由于人们对自我发展的重视和利益的驱动，一旦有更好的发展机会，很多人会蠢蠢欲动，很难坚守已有的职业围城。然而，职业的转换通常意味着归零后的重新起步，是需要付出一定代价的，多数大学毕业生是存有一种骑驴找马心态的，频繁跳槽的人并不占大多数，见表 2-4。

**表 2-4　毕业后，您调换过几次单位？**

| 选　项 | 频　数 | 频　率(%) |
|---|---|---|
| 从没有 | 1 450 | 37.6 |
| 一次 | 876 | 22.7 |
| 二次 | 864 | 22.4 |
| 三次 | 394 | 10.2 |
| 四次及以上 | 164 | 4.3 |
| 没有作答 | 106 | 2.8 |
| 总计 | 3 854 | 100 |

从表 2-4 可以看出，有 37.6%的大学毕业生从没有调换过工作，属于具有工作稳定性的部分；调换过一两次工作的占 45.1%；调换过三次以上的占 14.5%。我们认为，35 岁以上的大学毕业生既然具有工作的稳定性，就意味着调换工作的可能性较小。而 35 岁以下的大学毕业生如果毕业后选择的是党政机关、企事业单位、高等院校等相对稳定的工作，跳槽的可能性相对较小，跳槽频率较大的应该是那些进入私企的大学毕业生。如果在毕业十年左右的时间调换三四次甚至更多，那对于大学毕业生自身的职业发展是非常不利的。那么，这些大学毕业生为什么会频繁跳槽呢？对此，我们进行了调查。当问及"您调换工作的原因是什么？"时，回答专业不对口的占 7.5%，回答工作太累、待遇太低的占 19.6%，回答与同事关系不融洽的占 5.4%，回答单位裁员或倒闭的占 1.5%，回答单位解聘的占 0.2%，回答寻求新的发展的占 24.9%，回答升迁的占 4.2%，回答其他的占 14.5%，没有作答的占 22.4%。我们可以看到，回答其他和没有作答的两项竟达到 36.9%,这与提问工作不满意的原因时回答其他居第一位是一致的。

这说明，大学毕业生跳槽最主要的原因是对现有工作的整体感觉不满意。除此之外，大学毕业生跳槽的重要原因在于为了寻求新的发展和工作太累、待遇太低，达到了 44.5%。

(三) 职业的竞争力分析

1. 个人素质的自我评价

现代社会职场竞争日趋激烈和残酷，要求每一位大学毕业生必须全力以赴，充分发挥自己的聪明才智，才能出色地完成自己的工作任务。大学毕业生履行自己岗位职责的过程，也是对自己综合素质的检验过程。调查表明，大多数大学毕业生是能够胜任工作岗位的要求和能够得到单位重用的。当问及"您认为是否能胜任现在的工作？"时，回答胜任的占 47.1%，回答基本胜任的占 38%，回答不胜任的占 0.7%，没有作答的占 14.2%。胜任和基本胜任的达到了 85.1%。当问及"您认为现在的单位对您是否重视？”时，回答十分重视的占 8%，回答比较重视的占 65.3%，回答不重视的占 17.9%，回答漠不关心的占 4.6%，十分重视和比较重视的达到了 73.3%。

那么，通过工作实践，大学毕业生如何评价自己的综合素质呢？对此，我们进行了调查，见表 2-5。

**表 2-5　对于以下方面，您如何评价自己？**

| 频数/频率(%) | 非常满意 | 比较满意 | 不太满意 | 不满意 | 没有作答 |
|---|---|---|---|---|---|
| 职业道德 | 1 378 / 35.8 | 2 286 / 59.3 | 84 / 2.2 | 14 / 0.4 | 92 / 2.4 |
| 业务能力 | 892 / 23.1 | 2 492 / 64.7 | 354 / 9.2 | 29 / 0.7 | 92 / 2.4 |
| 管理能力 | 782 / 20.3 | 2 250 / 58.4 | 678 / 17.6 | 52 / 1.4 | 92 / 2.4 |
| 身心素质 | 1 008 / 26.2 | 2 328 / 60.4 | 384 / 10 | 38 / 1 | 96 / 2.5 |
| 创新精神 | 742 / 19.3 | 1 976 / 51.3 | 948 / 24.6 | 94 / 2.4 | 94 / 2.4 |
| 外语水平 | 492 / 12.8 | 1 534 / 39.8 | 1 332 / 34.6 | 402 / 10.4 | 94 / 2.4 |

从表 2-5 可以看出，从总体来看，大学毕业生对自己的综合素质评价是比较高的。但其中也有明显的差别，比较而言，自我满意度最高的是职业道德，其次是身心素质；自我满意度最低的是外语水平，其次是创新精神。我们知道，大学生在校期间对外语学习的投入是相当大的，但调查结果却显示大学毕业生对外语水平的满意度最低，这显然是对大学外语教学的一种讽刺！

2. 个人发展的制约因素

在知识经济时代，终身学习必须作为一种生存的理念，不然的话，大学毕业生就很难适应社会迅速发展的挑战。在工作实践中，大学毕业生更能切实地感受到对知识的需求和渴望。那么，对于大学毕业生来说，哪些知识是最为迫切的要素呢？对此，我们进行了调查，见表 2-6。

**表 2-6　您认为自己现在最需要加强哪些方面的知识？(限选 2 项)**

| 选　项 | 频　数 | 频　率(%) |
|---|---|---|
| 计算机知识 | 880 | 22.8 |
| 专业理论知识 | 1 572 | 40.8 |
| 外语知识 | 1 166 | 30.3 |
| 人际关系知识 | 1 140 | 29.6 |
| 法律知识 | 342 | 8.9 |
| 文案知识 | 108 | 2.8 |
| 经济知识 | 366 | 9.5 |
| 其他 | 256 | 6.6 |

从表 2-6 可以看出，居于第一位的是专业理论知识，其次是外语知识、人际关系知识和计算机知识。大学生在校四年都在进行某一专业的理论学习，而且有 64.3%的大学毕业生的工作，完全对口和比较对口，但是，在工作实践中大学毕业生感到最需要加强的竟然是专业理论知识。这说明，大学的专业理论教育与社会的实际需要存在

着很大的脱节。这种脱节严重影响了学生的成长和发展。当问及“影响您毕业后成长发展的最主要因素有哪些？”(限选 3 项)时，回答工作环境的占 19.7%，回答个人能力和素质的占 63.7%，回答机会的占 44.7%，回答学习习惯的占 8.6%，回答家庭背景的占 21.1%，回答开拓创新精神的占 26.4%，回答国家政策的占 32%，回答社会竞争的占 11.8%，回答人际关系的占 11.9%。居于前四位的是个人能力和素质、机会、国家政策和开拓创新精神。如果说机会和国家政策可以归因于社会，那么，个人能力和素质及开拓创新精神则应主要归因于高等教育。

三、结论与启示

在社会生活的大舞台上，每个人都扮演着多重角色，而一个人最主要的角色却是他的职业角色。职业是人们赖以生存的手段，在社会转型时期，由于人们职业的不同，使人们的生活境遇出现明显的差异。许多时候并不是人们不勤劳、不奋斗，而仅仅是因为人们的职业使人们处于穷困之中。

一般来说，职业至少有两个方面的含义：其一，职业体现了专业的分工，职业化意味着专门从事某项事务；其二，职业体现了一种精神追求，职业发展的过程是个人价值不断实现的过程。我们认为，在影响个体职业生存和发展状况的因素中，最主要的是职业的定位、职业的选择和个体的职业素质。

职业定向就是在了解自我的基础上确定自己的职业方向和目标，并制订相应的计划，避免就业的盲目性，为个人走向职业的成功提供最有效的途径和方法。职业选择是个体融入社会的最具象征性的事件，关系到个人理想、价值的实现，家庭经济条件的改善和声誉以及整个社会的发展与进步。个体的职业素质是个体从事某一职业所必备的知识、能力和修养。那么，通过调查，我们在大学毕业生的职业生存和发展方面得到了那些结论和启示呢？

(一) 解决就业难的关键是提高大学生的职业竞争力

从调查结果可以看出，大学毕业生对现有职业岗位不满意的达到 31.5%，这个比例应该说是比较高的。据我们分析认为，这 31.5%的大学毕业生绝大多数应该是近几年毕业的大学生。这从我们调查对象的结构可以看出来。

近年来，大学毕业生就业难已经成为一个不争的事实。就业难意味着社会需求与人才供给之间存在着一定的不平衡，越是比较好的职业岗位，竞争者就越多，竞争就越激烈。因此，大学生要想在竞争中获胜就必须致力于提高自己的职业竞争力。

(二) 尊重人才应该从提高待遇入手

从调查结果看，44.8%的大学毕业生月收入在 1000～2000 元。这样一个收入水平应该说是相当低的。尤其是近几年来，大学生上学的成本大幅度提高，大学生就业后的大多数岗位都没有过去的分房等福利，同时，面临恋爱结婚等一系列的问题。可以说，多数大学毕业生是背着沉重的生活负担开始自己职业生涯的，因而，使他们难以全身心地投入到自己的事业发展中。

(三) 专业不对口造成人才资源的浪费

从调查的结果看，虽然多数大学毕业生的职业岗位是符合职业定向要求的，但有 33.3%的大学毕业生现在从事的岗位是专业不对口的。而专业不对口在很大程度上意味着教育资源的浪费。专业不对口也导致相当多的大学毕业生在实际的工作中，专业理论素质难以适应职业岗位的需要。调查中我们也可以看到，40.8%的大学毕业生认为自己最缺少是专业理论知识，在多个选项中居于第一位。

(四) 职业不稳定影响生存和发展

从调查结果看，有37.6%的大学毕业生从没有调换过工作，属于具有工作稳定性的部分；调换过一两次工作的占45.1%；调换过三次以上的占14.5%。现代社会，谁拥有了人才谁就能够在竞争中取得优势地位，因此，人才竞争是市场经济发展的必然趋势。当然，通过市场机制对人才资源进行合理的配置是社会发展的要求。但对于大学毕业生来说，由于缺乏强劲的专业优势，因此，频繁的跳槽很难确保其沿着同一职业方向发展，进而影响大学毕业生的职业生存和发展状况。

(五) 大学教育的改革势在必行

从调查结果中我们看到，40.8%的大学毕业生认为自己最缺乏的是专业理论知识。大学毕业生对自身素质最不满意的是外语水平，其次是创新精神。大学教育应该说是一种专业化的教育。但是，大学生在校期间掌握的专业理论知识却不能适应社会的需要，这说明，大学教育与社会发展之间存在着严重的滞后性。如何根据社会发展的需要改革大学的人才培养模式将成为大学生存与发展的关键。同时，无论是高校还是大学生本人，对于外语学习的投入都是相当大的，但毕业后却不能满足用人单位的需要。

**【评析】**

本文的标题属于公文式标题，由事由与文种构成。正文前言部分主要采用了提问式，针对大学毕业生职业生存状况，抓住问题的关键，调查者提出问题引发读者思考，就此引出下文。主体部分首先详细介绍调查对象的具体情况；其次从三个方面对调查内容进行认真的分析研究，找出规律，得出调查结果；最后得出正确的结论及启示。

**例文二**

## 广东省旅游客源市场调查报告

为了准确地获取客源市场信息和相关资料，为制订下一步旅游市场开发计划提供依据，我们对广东省旅游客源市场进行了调查，采用了问卷调查辅以访谈的方法，从9月下旬至12月中旬，对景区游客进行了为期3个月的调查。

一、调查方法

(一) 调查的运作

为了提高调查的科学性和问卷合格率，我们采取了分景区、分时段和分小组的形式，以同一问卷、在同一时间、用同一方法在四大景区门前广场进行随机抽样调查。在调查样本的选择上，对于旅游团队，我们在10人中选取1位客人代表；对于散客，我们把一个家庭、一群同伴视为一个调查单位，一个调查单位选取一位客人代表，以此原则进行实地随机样，以保证样本具有广泛的代表性。在问卷的填写上，我们采取以游客代表自主填写问卷、调查人员做指导的方式，请游客现场填写，以保证每份调查问卷所提供的调查数据的独立性和可比性。

(二) 调查的质量

调查人员是××学院××级旅游管理专业的大学生，调查是结合《旅游景区管理》

课程教学内容进行的。调查前调查人员接受了统一的培训。调查人员对这次调查的目的、意义、内容、指标解释和调查程序有明确的认识。在调查现场调查人员有明确的分工和积极的配合，小组长认真督促，教师现场加强指导。对收回的调查问卷，教师在课堂上组织学生进行了统一核对和交叉复核，从而把握好每个环节的质量。

二、调查结果

(一) 调查的样本量

这次调查发出采样问卷1462份，采样问卷全部收回，收回率100%。其中有效问卷1437份，无效问卷25份，分别占采样总数的98%和2%。

(二) 游客的区域分布

1. 境内外分布：从有效问卷的统计看，国内内地游客1 324人，港澳台102人，国外11人，分别占有效问卷调查数的92%、7%和1%。

2. 国内内地各地区分布：华南地区649人，华中地区264人，华东地区157人，西南地区77人，华北地区72人，西北地区54人，东北地区51人，分别占有效问卷数的49%、20%、12%、6%、5%、4%和4%，共1 324人。这次调查取得的样本涵盖了内地各省，根据各省样本量的多少排序列出下表(表2-7)：

**表2-7　各省样本量排序**

| 序号 | 分布省/区 | 调查人数 | 百分比 |
|---|---|---|---|
| 1 | 广东 | 611 | 46.15 |
| 2 | 湖北 | 72 | 5.45 |
| 3 | 江西 | 71 | 5.37 |
| 4 | 湖南 | 62 | 4.68 |
| … | … | … | … |
| 27 | 青海 | 1 | |
| 28 | 西藏 | 1 | |
| 合计 | | 1324 | 100 |

3. 港澳台分布：香港79人，澳门12人，台湾11人，分别占港澳台地区有效问卷数的77%、12%和11%。

4. 国外分布：东亚地区2人，东南亚地区6人，北美地区2人，欧洲地区1人，分别占国外有效问卷数的18%、55%、18%和9%。

5. 广东省内分布：珠江三角洲地区335人，粤东地区158人，粤西地区88人，粤北地区30人，分别占省内有效问卷数的55%、26%、14%和5%。

(三) 国内游客的层次结构

1. 性别结构：男797人，女527人，分别占有效调查问卷的60%和40%。

2. 年龄结构：略。

3. 职业结构：工人打工者176人，政府工作人员131人，企业营销人员100人，教师107人，学生99人，待业/下岗人员61人，个体户44人，医务工作者52人，工程技术人员45人，退休人员26人，农民23人，军人8人，文艺工作者13人，没有作答 17 人，分别占有效调查问卷的 13%，10%，…。

4. 月均收入水平结构：略。

(四) 国内游客的出游选择

1. 获取景区信息渠道：电视 479 人，报纸 327 人，广告 378 人，朋友或同事 627 人，其他 175 人，分别占调查信息渠道的 24%，16%，…。统计表明具有双重信息渠道的游客占 65%。

2. 出游方式的选择：随旅行团 109 人，随同事 278 人，随朋友 435 人，随家人 329 人，独自一人 164 人，没有作答 9 人，分别占有效调查游客的 8%，21%，…。

3. 游客所乘的交通工具结构：略。

4. 出游的兴趣取向：自然风景名胜区 519 人，历史文化名胜区 569 人，现代人造景区 89 人，城市大商场 84 人，市区娱乐城 63 人，分别占调查游客的 39%，43%，…。

5. 出游考虑因素：费用 272 人，交通 243 人，时间 239 人，安全 194 人，个人兴趣 129 人，景点吸引力 129 人，天气 23 人，住宿条件 18 人，服务质量 18 人，环境状况 17 人，其他 42 人，分别占调查游客的 21%，18%，…。

6. 通常每年外出旅游度假次数：略。

7. 最喜欢去旅游的国内城市：略。

三、结果分析

基于上述结果，广东省客源市场主要表现出以下六个方面的基本特征：

第一，从地域空间分布看，具有明显的区域性，这种区域性在空间距离上表现为长距离旅游以国内客源为主，短距离旅游以地方性客源为主。调查表明国内内地客源占 92%，广东客源占国内客源的 46%，珠江三角洲地区客源占广东客源的 55%。

第二，从客源区域集聚度看，对交通运输方式具有较强的依赖性，这种依赖性表现为对铁路枢纽干线和高速公路干线可通达性的依赖。××的客源中沿京广铁路线分布的占 63%，沿京九铁路线分布的占 70%，沿广(州)汕(头)高速公路线分布的占广东省内的 81%。

第三，从旅游主题公园市场的吸引力波及范围看，与城市的辐射力具有较高的关联性，这种关联性表现为城市国民经济发展水平和城市人口增长形态。

第四，从游客层次结构看，具有年龄层次年轻化、收入水平中档化的趋势。调查客源中 19～45 岁的占 82%，1000～3000 元/月收入的占 77%。

第五，从信息传播渠道有效性看，游客更重视口碑，同时注重多重信息渠道的互证和信息强化。调查表明，游客从朋友或者同事处获得××四大景区信息的占 29%，具有双重信息渠道的占 65%。

第六，从游客出游选择偏好看，具有明显的趋同性。这种趋同性表现为出游兴趣偏好传统型景区、每年出游频率和强度偏高、出游方式偏向自助式；量化分析表明游客对自然风景名胜区和历史文化名胜区的兴趣偏好为 82%、对现代人造景区的兴趣偏好仅为 7%；每年出游两次以上的占 55%，每年出游花费在 1000～5000 元的占 57%，5000 元以上的占 18%，两者之和为 75%；出游方式选择上，随团旅游的仅占 8%，自助式旅游的占 92%。

四、对策建议

旅游主题公园作为一种特殊的旅游产品，进入我国旅游市场 10 多年来，经历了一个复杂的发展过程后，20 世纪 90 年代中后期开始进入竞争激烈的买方市场阶段，旅游主题公园的可持续发展问题提到了议事日程。在此，我们结合对调查结果的定量分析，从市场营销创新的角度针对广东省旅游客源市场特点，对××四大旅游主题公园实行可持续发展战略提出五点对策建议。

(一) 经营理念创新——由“产品发展导向”转向“市场开发导向”；

(二) 经营组织创新——由“单体分散经营”转向“集团规模经营”；

(三) 市场定位创新——由“区域性市场”转向“网络化市场”；

(四) 经营质量创新——由“粗放型经营”转向“精致型经营”；

(五) 经营战略创新——由“营造卖点轰动效应”转向“示范可持续发展战略效应”。

××旅游公司

××××年××月××日

【评析】

这篇市场调查报告开头讲调查目的简短明确，同时点明了调查的中心内容——广东省的旅游客源市场，告诉我们调查的对象是景区游客。下文第一部分是调查方法的介绍，如何具体进行调查的，调查人的身份、调查工作的程序、调查工作的态度都向读者介绍了，这就增加了调查结果的可信度。它实际上是对调查方法更深入一层的注解。第二部分写调查结果，大项及小项都分列得很清楚，调查的内容反映得既全面又有条理，这种分条列项分门别类的写法，非常适合这个调查报告的中心内容(旅游客源市场)的特点，有利于主旨的表达。第三部分写结果分析，从调查研究的角度看这是研究的重点，是作者归纳提炼调查结果的结晶，也是整个调查报告的写作重点和难点。从调查报告的写作内容来看，它是写作最后一部分对策建议的前提，对策建议是研究的最终落脚点。

# 第四节　策　划　书

## 一、概念与特点

策划书是人们为了较大活动的成功举办而对其准备实施的各个方面事先筹划并写出的活动执行方案。活动策划书也叫行动计划书、活动文案等。它不同于计划。计划是具体常规性的实施条文，重在对具体的工作、学习的安排。策划书则是对未来活动的全面系统的构思或谋划，诸如活动的指导思想、目标任务、政策策略、措施步骤、人力物力、经费开支等。活动策划书具有明确的目的性和针对性以及实施方案的可操作性。“凡事预则立，不预则废。”活动策划书是活动成功举办的基本保证。

## 二、分类

策划书根据活动内容的不同，可以分为新闻活动策划书、庆典活动策划书、公关活动策划书、商务活动策划书、营销活动策划书等；根据表现形式不同，可以分为文字活动策划书和表格活动策划书；根据性质的不同，可以分为政治性、军事性、经济性、文化性等的活动策划书。

## 三、写作的基本格式

策划书的格式与写作因活动的不同而各异，但基本格式和内容要素仍有许多共同之处。它的结构一般由标题、正文和落款构成。

### 1. 标题

标题一般由事由和文种两部分组成，其中事由即活动的名称。也可以有正副标题，即在前述标题之上加一句反映活动主题的口号作为正标题，前述标题则作为副标题。

### 2. 正文

正文一般包括以下内容：

(1) 前言：概括说明活动的主题、背景。背景主要是交代活动举办的目的和条件等。

(2) 主体：主体是活动项目策划的具体内容，包括策划方案和策划方案的实施以及预期效果。

这部分要写明活动各个阶段及其组织策略与实施策略，其中包括时间、地点、参加人员的确定、参与合作或协作的有关部门的安排、活动实施的具体步骤、活动场地条件设施的设计、活动费用的预算、活动资金的筹措与使用等，最后还要预计活动达到的效果或社会影响。主体在形式上一般采用条文式写作。

### 3. 落款

一般在正文右下方写明活动承办单位或策划者名称和成文时间。如果标题或文中已经列出名称，落款则可以不写。

## 四、写作的注意事项

(1) 充分调查研究。

要策划一个活动，必须有策划的依据，不能闭门造车。要充分了解活动举办的各个方面的已有条件和可能条件，这样，策划才能具有科学性和可操作性。

(2) 精心设计主题。

主题是活动的高度概括，是所有具体活动设计的主要依据，因而也是活动举办成功的关键。设计主题时要做到内容具有高瞻性，且受众乐于接受。

(3) 细心筹划细节。

策划书是一份行动计划书，对活动的一切细节都应有预测性，细节如果设想不到位，会影响活动的成功举办，甚至可能会导致活动的失败。无论是时间、地点、场景的选择，还是人员的安排、费用的预算、资金的筹措，都必须计划到位；还要制定活动举办期间的应急措施，只有想得周全，才能做得周全。

范文示例

**例文一**

## "有礼走天下"礼仪风采大赛策划书

一、活动概况

(一) 活动主题

风云荣辱八十载　学礼知礼一生行

(二) 活动背景

礼仪是中华民族的传统美德，是中华文化的重要组成部分。待人以礼是当代大学生的基本素养。然而如今，在大学校园里时常可见一些不知礼、不守礼的行为，如：课堂失礼、公共场所不顾形象等。

知理懂理是职场对人才的基本要求，每一个职场人都需要有塑造并维护自我职业形象的认识。大学生终将步入职场，具备优良礼仪素质的大学生在职场中的竞争力更强，更受人才市场的青睐。

创建于 1934 年的西北××大学，到××年时将走过它的八十年历程。正值我校八十年校庆之际，大量前辈将光临我校参观游览，作为学校的一份子，随时向游客展示我校大学生的文明礼仪风貌是每一个学子义不容辞的责任。

(三) 活动目的及意义

1. 普及礼仪知识，进而提升我校大学生的文明礼仪修养。

2. 向工作单位展现我校大学生的礼仪风采及良好的精神风貌，推动学生就业工作。

3. 形成学礼知礼的校园文化氛围，向校外人士展示我校的文明礼仪形象，为迎接校庆做准备。

(四) 活动特色

① 各承办部门均拥有训练有素的礼仪队，部门建设以礼仪为核心，编制有部门文化手册及礼仪文化手册，并组织举办多场礼仪培训会，具备深厚的礼仪文化底蕴。

② 赛前培训能有效吸引学生参与活动，让学生在参与过程中学习礼仪知识、感受礼仪文化，最终提高参与者的礼仪素质并保证比赛质量。

二、 活动组织

(一) 策划主办单位

西北××大学经济管理学院团工委学生会

(二) 协办单位

西北××大学信息工程学院团工委学生会

西北××大学理学院团工委学生会

西北××大学人文学院团工委学生会

西北××大学外语系团工委学生会

三、活动对象

西北××大学全日制在校本科生及研究生均可报名参与。

四、活动安排

(一) 前期宣传准备阶段(3 月 28 日—4 月 4 日)

1. 以摆放宣传板、张贴海报、宣传单等传统方式，以及人人网、第一范文网、大学生比赛信息网、我爱竞赛网、微信、微博等网络宣传的多种形式进行活动的前期宣传；着重提示礼仪风采不是建立在好的身材相貌的基础上，强调参与者可以是零礼仪基础，报名结束后将对参与者进行一系列赛前礼仪培训，以此最大程度提高活动关注度，激发同学们的兴趣，使更多的同学了解并参与到此次活动中来。

2. 主办单位与协办单位向本学院团工委书记及主要学生干部发邀请函，力求各方关注此次“有礼走天下”礼仪风采大赛，并积极鼓励引导更多学生参加此次活动。

3. 召开会议并将活动文件交予各学院学工部，各院系学工部下发通知到班级，请各学院积极配合做好宣传工作，动员本院同学参与。

(二) 组队方式

本次大赛面向西北××大学全体学生，学生自由组队，每个学院至少有一支队伍，队伍规模为 4 至 6 人。

(三) 报名方式

1. 所有参赛团队登录邮箱 liyifengcai××@diyifanwen.com(密码：ylztxlyfcds)，下载报名表并认真填写后，于 4 月 3 日 18:00 前将电子版发送到 jgngb××@diyifanwen.com，电子档的文件名以及邮件主题请记为“团队名称+队长姓名”，如“A 队——张三”。(报名表详见附件 1)

2. 3 月 29 日西区雕塑前现场报名。

(四) 前期培训

1. 培训内容：职场礼仪、社交礼仪、餐桌礼仪。

2. 培训形式：

第一期：仪容现场培训，化妆老师进行现场教学。

第二期：仪表现场培训，示范性现场教学。

第三期：仪态现场培训，真人示范及现场定时训练。

第四期：播放礼仪培训视频，并发放礼仪手册。

3. 培训时间：

第一期：4 月 7 日

第二期：4 月 8 日

第三期：4 月 9 日

第四期：4 月 10 日

4. 培训地点：

第一期：暂定理科大楼××教室

第二期：暂定理科大楼××教室

第三期：暂定理科大楼一层大厅

第四期：暂定理科大楼××教室

(五) 活动开展阶段(4 月 11 日—4 月 20 日)

本次活动分初赛、复赛、决赛三个阶段举行，具体安排如下：

第一阶段：初赛

1. 初赛内容：礼仪基础知识。

2. 初赛形式：笔试答题。

3. 初赛流程：

① 主持人介绍到场嘉宾，并宣布比赛开始。

② 工作人员宣读比赛规则并分发试题。

③ 比赛时间结束前半小时参赛选手开始交卷离场。

④ 工作人员收取试卷。

⑤ 工作人员阅卷统计分数。

4. 初赛时间：4 月 12 日。

5. 初赛地点：北校区八号楼××教室。

6. 评分方式：40 道选择题，30 道判断题，15 道填空题。其中选择、判断题每题 1 分，填空题每空 2 分，总分为 100 分。团队分数为各队员平均分，取初赛团队成绩前 15 名进入复赛。

第二阶段：复赛

1. 复赛内容：各类礼仪知识的综合运用。

2. 复赛形式：各代表队抽模拟题，临场情景模拟及解说(5 分钟)。

3. 复赛流程：

① 模拟题由赛前一天抽签决定，各代表队以个人或者团队形式进行表演(复赛模拟题见附件 2)。

② 主持人上场介绍到场领导、评委、嘉宾、进入复赛的 15 支队伍，致开场词。

③ 主持人按抽签顺序宣读现场模拟题，选手有 5 分钟的展示时间，展示过程中选手应进行适当解说。

④ 评委老师点评，同时工作人员统计分数。

⑤ 主持人宣读各代表队成绩，并宣布进入决赛的 7 支队伍。

⑥ 进入决赛的 7 支队伍在“职场礼仪”“社交礼仪”“餐桌礼仪”中，抽签决定各自队伍的决赛情景主题。

⑦ 主持人宣布复赛结束，退场。

4. 复赛时间：4 月 13 日。

5. 复赛地点：北校区三号楼××教室。

6. 评分方式：评委按照评分标准进行打分。总分 100 分，取总分前 6 名的队伍进入决赛(评分表及评分细则见附件 3)。

第三阶段：决赛

1. 决赛内容：各类礼仪知识的综合运用及应变能力。

2. 决赛形式：

① 团队介绍及情景介绍(3 分钟内)。

② 礼仪风采展示及解说(与①项一共不得超过 10 分钟)。

③ 应变能力考查(问答，30 秒之内讨论并做出回答)。

3. 决赛流程：

① 主持人上场介绍到场领导、评委、嘉宾、进入决赛的7支队伍，致开场词。

② 团队介绍：各决赛队伍进行团队介绍，展示团队礼仪风采，简略介绍自编礼仪情景。

③ 礼仪展示：展示自编自演的情景小剧，要求体现出参赛人员良好的礼仪风貌和对礼仪规范的全面、准确的掌握程度。另：参赛团队应根据情景合理着装，情景中除餐桌餐具之外所需道具自备。

④ 应变能力考查：嘉宾提出日常生活中常出现的临时状况，参赛团队在30秒内推举一人回答，要求以文明礼仪的方式进行处理(应变能力考查题库见附件4)。

⑤ 中场休息：邀请礼仪队进行礼仪小姐风采展示(节目待定)，与此同时工作人员统计分数。

⑥ 点评：邀请评委对本次比赛做点评(评分表见附件5，评分细则见附件6)。

⑦ 主持人宣布最后评比结果，邀嘉宾颁发奖状及奖品。

⑧ 主持人宣布比赛结束，退场。

4. 决赛时间：4月19日19:30—21:30。

5. 决赛地点：北校区绣山活动中心南报告厅。

6. 评分方式：评委老师按照评分标准进行打分。总分100分，工作人员统计出名次。

(六) 后期宣传阶段(4月21日—4月23日)

1. 在校、院各级网站上公布活动结果，对各获奖队伍给予相应奖励，起到树立典型，鼓励先进的作用。

2. 通过贴海报、校园广播、人人网、新浪微博等多种形式普及各种礼仪理论知识。

3. 对获奖队伍进行专访，并以报刊和网络等形式进行宣传，真正做到树立典型，将模范带头作用发挥到最大程度，推动全校培养文明礼仪素养的进程。

五、奖项设置

1. 各个奖项拟设：一等奖　1组
二等奖　2组
三等奖　3组
优秀奖　4组

2. 获奖队伍将由承办单位统一颁发奖状及证书。

六、活动注意事项

1. 活动前期一定要切实做好宣传准备工作，以吸引更多的学生参与。

2. 每场比赛都要安排专门的工作人员维持现场秩序，以确保比赛的顺利进行。

3. 决赛时，每个参赛队伍可以有自己的亲友团，但其必须服从工作人员的安排，以保证比赛的正常进行。

4. 不泄露题库，要求每场比赛做到公平、公正，并及时做好监督工作。

5. 督促各参赛团队进行赛前准备，以保证比赛进程和比赛质量。

七、后期总结

1. 比赛结果公示，发放奖状及奖品。

2. 分析活动举办过程中出现的问题，对此次活动进行综合评价，做好活动后期的总结工作。

3. 上交活动总结、活动原始名单、获奖情况、图片及影像资料等与本次活动相关的资料。

4. 资料整理、归类、存档。

5. 及时在校园网络、校广播发布本次活动的后续追踪。

**【评析】**

这篇活动策划书借八十周年校庆之际，策划了一场面向全校学生的礼仪风采大赛。全文内容用条文式列出，活动主题鲜明、活动背景清楚、活动目的明确、活动流程具体，具有较强的科学性和可操作性。

**例文二**

## 成都市场华光漆营销方案

一、市场分析

(一) 市场容量及分布

据调查统计，成都市2010年涂料市场容量销售值为9亿至10亿元人民币，其中民用涂料的6.5亿元(建筑涂料约4亿元，木器漆约2.5亿元)。全市经营涂料的商家数量市区为800多家，主要在九里堤附近(共有400多家，占涂料市场商家近60%)，其余分布在太升北路、红牌楼、八一建材市场、富森市场等建材市场或建材集散地。成都市目前有建材超市两家：东方家国和好来屋建材超市。全市涂料经销商中，专卖店数量占15%。全市主营涂料的经销商约占经销商总数的20%。

(二) 市场主要品牌的营销通路及促销手段

华润：以销售木器漆为主，乳胶漆为辅。它采用直接开设专卖店和发展特许加盟店的方式经营，以每个建材市场和建材集散地为单位发展专卖店，目前在成都市共有专卖店23家，建材超市进入一家。它采取统一的零售价格，经销商享受零售价格15(下浮点)的利润。促销手段采用免费喷涂及户外广告、少量的报纸广告和电视广告等传统促销方式。对经销商的返利是其最具特色的促销手段，并取得了较好的效果。

立邦：以销售乳胶漆为主。它采用分品牌代理及特殊消费群体代理辅以调色中心及大量的经销商经营的方式进行经营。它目前有品牌代理7家，装饰公司代理1家，工程代理1家，共开设调色中心32家，经销商80多家。它每月的销售额在600万元左右，年销售额约为5000万元。促销手段采用媒体广告宣传和开展规模促销活动等形式。立邦乳胶漆的市场份额很大，现正在木器漆方面进行大力推广，其2011年度整体推广投入约为350万元。

其他主要品牌如多乐士、嘉宝莉、美涂士等，除多乐士主要销售乳胶漆外，其余品牌均以木器漆为主，都是以开设加盟专卖店的方式经营，网点数量多乐士为46家，其余品牌网点数量均不多。

(三) 华光漆市场现状

目前华光漆产品中乳胶漆销量情况较好，但聚酯漆销售不佳。华光漆分销网点18家，门招制作28家，在案油漆工30多名，合作的家装公司5家。华光漆目前在成都市场处于开拓期，处于商家和消费者对其逐渐认识接受阶段，知名度还不高。它目前的工作重点除继续开发销售通路外，当务之急是设法力促产品的终端销售，提高品牌的知名度。

近期成都市已明文规定新建工程外墙禁止使用瓷砖、马赛克，而需使用涂料，而且近期全市有大量旧楼需进行外墙翻新，这对扩大涂料销售有一定价值意义。制定本营销方案的目的是促进华光漆进一步迅速开拓成都市场，较大幅度地扩大华光漆的销售量。

二、营销目标

提高华光品牌在成都市场的知名度和认受度，华光漆明年在成都市场的整体销售量突破 400 万元。

三、市场策略

为扩大销售量下一步采取的营销策略是：在继续开拓销售通道的同时，强化华光漆的推广。重点是强化广告公关推广，迅速提高华光漆的知名度。

四、行动计划

(一) 开拓销售通道方面

1. 在现有的华光经销商中培养专业化的样板，为经销网络树立榜样。从目前的经销网点看，分销商质量不高，大都为非专业经营涂料的沿路边店，涂料产品知识缺乏，经营能力较差。确定在府河市场和东都建材市场各培养一到两家忠诚度高、销量好、专业化程度高的经销商，为带动整个行销网络创造好的业绩树立样板。

2. 想办法进入东方家国和好来屋两家建材超市，同时发展增加分销网点，将分销网点扩展到 30 家左右。进入超市的目的是树立品牌的销售网络形象，而并不强求有较大的销售额。在两大超市中逐步建立起稳固的经销点，从而给整个分销网络增加强劲的生命力，在一定程度上起到稳定经销网络的作用。

为保证以上两项工作的完成，公司决定增加三名业务人员专门负责以上工作，并进行一定的资源投入。

3. 继续抓好油漆工网络的培育。油漆工是产品市场推广的主要媒介，通过一定的组织方式进一步加强油漆工对华光漆品牌各种产品的认识。

(二) 强化广告宣传公关推广方面

1. 在专业市场投放户外广告。

具体运作：① 红牌楼(东泰市场)投放一块户外广告(120 m)；② 八一市场投放一块户外广告(70 m)。

目的：① 提升品牌知名度，增强经销商对品牌的认知度和信心；② 吸引更多商家加盟华光漆的销售队伍。

2. 制作电视广告。

具体运作：制作 5 秒电视标版广告，选择四川电视台《天天房产精品版》以及成都电视台经济资讯频道作为广告依托载体。在《天天房产精品版》每天播放 12 次，计划连续播放两个月，在成都电视台每天的 20:30～23:00 电视剧特约广告时段播出两次，计划播放 30 天。

目的：① 通过在专业性版块节目里插播广告，提升品牌在群体中以及行业内的认知度；② 增强经销商对品牌的信心。

3. 销售终端展示。

具体运作：① 充分利用公司现有资源进行立体式的销售终端组合包装，包括对货架、灯箱、样板、样板架、样板册、样品罐、说明书、一次性单页资料、海报等进行有针对性的整合包装；② 联系广告公司进行咨询，力求在市场内做到终端的差异化包装。

目的：① 提升品牌形象，增加产品在终端的冲击力；② 烘托终端销售氛围，增强终端的销售力。

4. 小区推广。

具体运作：① 选择中高档住宅小区对华光进行重点推广，充分组合海报、单页、DM、横幅、样板架、样板册、太阳伞、小气球、拱门以及广告碟，达到整体宣传效果；② 一般采用导购员现场讲解和现场销售，每次推广活动均要求确定一个较为突出的主题进行宣传，如产品质量、服务、价格等。

目的：① 提高品牌知名度和亲和力，增强公司对终端用户的服务意识和服务能力；② 促进销售量；③ 拓展和培养油漆工网络。

此项活动因要求较高，对资源及人员要求充分完备，所以可以考虑在后阶段进行。

5. 环保公益事业赞助。

具体运作：选择较有影响力的环保事业项目进行赞助投入，并且与媒体保持良好的合作关系，努力进行品牌的信誉传播。

目的：① 提升品牌的信誉度和知名度；② 通过与公益事业项目的结合，提高品牌内涵宣传的深度和广度。

五、费用预算

1. 户外广告费用：××市场 37000 元/块；××市场 40000 元/块；××市场 8400 元/块。共计：85400 元。

2. 电视广告制作费用：92700 元。

3. 终端展示资源费用：4000 元。

4. 小区推广费用：××元。

5. 环保公益事业赞助费用：××元。

费用总计：××××××元。

六、方案效果预测评估

方案开始实施后，由公司市场部分阶段对行动计划的执行效果做归纳总结，并委托各分销商及时反馈销售情况和消费者反应，及时改进促销方法。

本方案有明确的思路和切实可行的执行办法，如果方案所有措施步骤逐一落实到位，在多方共同努力之下，营销目标可以达到，从而增强终端乃至整体市场的销售活力，实现华光漆在成都市场的完全销售量。通过成都市场又可对周边地级城市产生辐射作用，为公司在西南地区形成全国市场的局部优势打下基础，进而为下一个年度全国市场的整体成功提供涂料运作项目的经验。

**【评析】**

这个营销方案的核心点是营销目标——提高华光品牌的知名度和认知度，××年在成都市场的销售量要突破 400 万元——这是方案确定的要达到的预期目标。要达到这个预期目标需要采取什么样的策略、要做些什么事情，则写在“市场策略”和“行动计划”这两部分中了。全文的写作重点是在“行动计划”上，即具体如何去实现预期目标，“行动计划”是方案写作的落脚点。

# 第五节　条　据

## 一、概念与特点

条据是单位或个人之间，在工作或生活中用来交流信息、协调关系、存留凭证的综合性文书，它是便条和单据的合称。便条也叫说明性条据，属于书信类的应用文体。在日常生活中，如果我们有事要告知另一方，或委托他人办什么事时，在不能面谈的时候，可使用便条这种形式进行联系。条据实质是一种简单的书信，特点在于内容简短，三言两语，无须邮寄。单据是一种作为凭证的条据。单据有财务部门专门的发票、条据等表格式凭证，也有日常临时书写的便条式字据。

## 二、分类

### (一) 便条

常用的便条有请假条、留言条和托人办事条等。请假条是指因故需要请假而写给有关当事人的便条，主要说明请假的原因和时间。留言条是拜访他人而对方不在，将此次拜访相关的内容写成书面留言的便条。托人办事条是因有事要拜托别人而写的便条。

### (二) 便条式字据

常用的便条式字据有借条、领条、收条、欠条等。借条、收条、欠条是生活、工作中常见的条据，这三种条据虽然只有一字之差，但其法律含义却相差甚远。借条是出借人向借用人或者借款人出具的表示出借某物或者某款项的凭证，一般用来证明借用或者借款关系；收条是收领人向送给人出具的表示收到某物或者某款项的凭证，用来反映或者证明“收到”的事实；欠条，是债务人向债权人出具的表示尚欠某物或者某款项的凭证，一般用来证明债权债务关系。领条是领取钱物时写给发放人留存的条据。

## 三、写作的基本格式

### (一) 便条

便条一般包括标题、称谓、正文、结语、署名和日期、附件六个部分。

#### 1. 标题

标题居中标识，如“请假条”。留言条的标题可写可不写，托人办事条不用写标题。

#### 2. 称谓

称谓顶格标识，平时怎么称呼，这里就怎么写，后面加冒号。

#### 3. 正文

正文写明所要告知或请求的事项。涉及的时间、地点、事项等要交代清楚。如请假条直接写请假的原因，起止时间。请假的原因，即理由必须充分并符合有关的规章制度。如果有什么事要交代，也可以在写完请假原因之后接着写要交代的事情。

4. 结语

请假条正文写完后要加祝颂语，一般用“此致、敬礼”。留言条或托人办事条可视具体情况写祝颂语或礼貌性话语，如“谢谢”“拜托了”等，有时也可以不写。

5. 署名和日期

署名和日期写在正文右下方。

6. 附件

便条如有其他相关证明也可以附带上交，更有说服力，更容易获得批准。

### (二) 便条式字据

便条式字据一般包括标题、正文和落款三个部分。

1. 标题

标题一般有两种写法，一种是以文种为标题，如借条、领条、收条、欠条等，这类标题要写在正中间，字体一般要大一些。第二种是在空两格后写上“今借到”(借条)、“今领到”(领条)、“今收到”(收条)、“今欠”(欠条)等字样作为标题，而正文的其他内容放在下一行顶格写，其实这是一种省去标题的条据的写法。

2. 正文

与标题格式相对应，正文一般也有两种写法。如果是以“借条”“领条”等为标题，则正文另起一行，空两格写起。如果是以“今借到”“今领到”等为标题，则顶格写。

正文内容要准确、明晰、简洁，不能产生歧义。根据条据的不同性质安排不同的内容，一般要交代清楚时间、目的、对象等。一般正文先写“今借到”“今领到”“今收到”“今欠”字样，后依次写清楚对方名称，所借(领、收、欠)钱、物名称，以及数量。欠条要写清欠款的数额币种或者物品的数量以及名称、品质、规格或者型号等基本自然属性，拖欠的原因，返还的日期(要具体写清年月日)，逾期未还的法律后果，还要写清债权人、债务人的准确名称或者姓名。借条除了要写清上述事项外，还要写清借期、利息(或者租金)、注明利率及逾期不还的罚息(或者违约金)等事项。收条除了要写清上述相关事项外，还要写明法律后果是什么，如“至此，双方债务结清”“至此，双方委托代理合同终止”等。然后在文末加“此据”二字。

3. 落款

落款写在正文的右下方。署名应是对方的正式名称，而非小名、诨名或简称。正规的条据后还应加盖借(收、欠、领)方的经手人印章。单位、个人名称前一般写上“立据人”或“借款人”“债权人”等字样。日期必须有完整的年月日，不可简省。

## 四、写作的注意事项

(1) 一般单据中涉及数量的数目字均要大写，用汉字“零壹贰叁肆伍陆柒捌玖拾佰仟万”，数字前后不得空格，数字后面要写量词，如“元”“个”“双”“斤”等。不得以数字作为行尾或行头，整数后要加“整”字，以防涂改或添加；以十位开头的数字，在“拾”前必须加上基数词，如18应写成“壹拾捌”而非“拾捌”；所涉之物要写明品牌，用准量词；涉及钱款必须写明币种。

(2) 归还日期必须是“××时间之内”或“之前”，不可是“××时间之后”。是还清还是归还一部分，必须写清楚。

(3) 书写时要用档案墨水，以防止褪色，利于长时间保存。单据写成后，不可涂改，如需涂改时，应由出具单位或个人在涂改处签字盖章，以示负责。

(4) 特别注意，民间借贷的利率可以适当高于银行的利率，最高不得超过银行同期贷款利率的四倍，超出部分不予保护。

(5) 单据最好一式两份，双方各执一份。

(6) 借款时宜写“借条”，不宜写“欠条”。

借条和欠条均是一种债权债务关系的凭证，但两者有很大的区别。借条是借款人或借用人向出借人出具的借款、借物书面凭证，它证明双方建立了一种借贷合同关系；而欠条是双方基于以前的经济往来而进行结算的一种结算依据，它实际上是双方对过往经济往来的结算，仅代表一种纯粹的债权债务关系，并不代表借款或借用合同关系。借条背后一般存在着资金或者实物的流动，但欠条可能没有。在打借条的时候，出借人刚刚或者正在把物品、款项交付给借用人，为了确认这个“流动”的事实才用借条加以固定；欠条一般是结算或证明财产所有与占有的相反状态，即所有权人的东西被占有人占有、使用，这种状态在打欠条时已经存在，打欠条的目的是确认这种状态的存在。当事人在借款时有的写“欠条”，在诉讼中还需向法官解释“欠”款原因及用途，并承担举证不能的败诉风险。

(7) 请假条最重要的内容是写明“请假原因和日期”，一定要写明确。

## 范文示例

### 请　假　条

刘老师：

我因患重感冒，需卧床休息，不能上课，特请假2天(5月11日、12日)。请予准假为盼。

附：医大附属二院诊断书

此致

敬礼

学生：李青

2020年5月10日

### 留　言　条

小丽：

我在芒果影视城买了两张明晚 7 点的电影票，片名是《××××》，请你一起去看，留一张电影票在茶几上给你，到时影城见。

李辉
2020 年 5 月 20 日

**(托人办事条)**

王杰：

由于我临时出差，图书馆借阅的图书明天就到期了，麻烦你帮我把桌上的《追风筝的人》和《荆棘鸟》两本书明天之前归还图书馆。

谢谢！

余勇
2020 年 5 月 4 日

**【评析】**

以上三则条据属于说明性条据，行文简洁、清楚、礼貌得体。其中，请假条出于需要，还附上了病情证明，更有说服力，更容易获得批准。

## 借　条

今借到张丽人民币壹万元整，￥10 000.00 元，借款期限自 2020 年 2 月 9 日至 2020 年 8 月 8 日，共计 6 个月，利率为每月 0.8%，利息共计人民币肆佰捌拾元整，￥480.00 元，全部本息于 2020 年 8 月 8 日一次性还清。此据。

借款人：李和(签字、手印或签章)
2020 年 5 月 9 日

## 领　条

今领到校电教处发的××电视厂的 14 英寸××牌电视机捌部，我系师生电化教学用。此据。

物理系电教室：彭成功
2020 年 5 月 6 日

## 收　条

今收到宋杰网页设计劳务费人民币贰仟元整(￥2 000.00)。此据。

收款人：王刚
2020 年 5 月 1 日

## 欠　条

今于××电脑公司购得联想××型号电脑壹台，因所带现金不足，尚欠××电脑公司人民币贰佰叁拾元整(￥230.00)，2020 年 7 月 2 日中午之前偿还。此据。

欠款人：李宁
2020 年 7 月 1 日

【评析】

以上三则条据属于凭证性条据，行文准确，简洁，没有歧义。文中涉及数量、金额的数目字均用大写，书写规范，相关事项交代得清楚明白。

# 综合练习

## 一、填空

1. 计划是为了达到一定的目的，对今后的工作或任务等________的事务性文书。它具有________、________、________、________等特点。

2. 计划按名称分为________、________、________、________、________、________等。

3. 写作计划主要应注意________、________、________、________。

4. 总结是机关单位或个人对过去某一时期工作、学习进行回顾，并经过分析研究，找出________，得出________认识，以指导下阶段工作和学习的一种事务性文书。

5. 总结在内容上具有________，在材料上具有________，在理论上具有________，在作用上具有________。

6. 写作总结主要应注意________、________、________、________、________。

7. 调查报告是对某一事物或问题进行实际调查、分析、研究后写成的能反映________的事务性文书。

8. 调查报告主要特点有________、________、________、________、________。

9. 调查报告主要可分为________、________、________、________。

10. 调查报告的写作要把握好________、________、________三个环节。

11. 调查报告的主体部分用来叙述和分析评价调查获得的具体材料，这些材料可以用________的方式表述，也可以用________的方式表达。主体部分的结构方式一般有________、________和________三种。

12. 活动策划书具有明确的________和________以及实施方案的________。

13. 活动策划书是人们为了较大活动的成功举办而对其________的活动执行方案。

14. 条据是单位或个人之间，在工作或生活中用来________、________、________的综合性文书，它是________和________的合称。

15. 一般单据中涉及数量的数目字均要大写，用汉字“________”。

16. 一般单据所涉之物要写明________，用准________；涉及钱款必须写明________。

17. 条据正文内容要________、________、________，不能产生歧义。

18. 单据写成后，不可涂改，如需涂改时，应由出具单位或个人在涂改处________。

19. 民间借贷的利率可以适当高于银行的利率，最高不得超过银行同期贷款利率的

________倍，超出部分不予保护。

## 二、病文改错

指出下列应用文中的错误并加以修改。

### 1. 学习计划

五一：争取看完《基督山伯爵》。

五月一号：上午 8:00 起床至 8:30 刷牙吃早饭 8:30—10:00 写作业，10:00—11:30 看书，11:30—12:00 读英语。

五月二号：上午 8:00 起床至 8:30 刷牙吃早饭 8:30—10:00 写作业，10:00—11:30 看书，11:30—12:00 读英语。

五月三号：上午 8:00 起床至 8:30 刷牙吃早饭 8:30—10:00 写作业，10:00—11:30 看书，11:30—12:00 读英语。

五月四号：上午 8:00 起床至 8:30 刷牙吃早饭 8:30—10:00 写作业，10:00—11:30 看书，11:30—12:00 读英语。

五月五号：上午 8:00 起床至 8:30 刷牙吃早饭 8:30—10:00 写作业，10:00—11:30 看书，11:30—12:00 读英语。

五月六号：上午 8:00 起床至 8:30 刷牙吃早饭 8:30—10:00 写作业，10:00—11:30 看书，11:30—12:00 读英语。

五月七号：上午 8:00 起床至 8:30 刷牙吃早饭 8:30—10:00 写作业，10:00—11:30 看书，11:30—12:00 读英语。

### 2. 我的培训总结

半个月的培训转眼走到终点，真是如白驹过隙呀！依稀记得去年的时候那种依依不舍，今年这种感觉如期而至，不但没有消减，反而更加浓烈，像热恋中的情侣长长的分别，无聊的暑假中因为有了研修的存在而变得分外充实，但是时间总是短暂的，在这里只能用自己小女人闺秀但不软弱的文字感悟自己的收获，抒发未来的希望。

声乐模块教学作为一个最基本的模块，很多年来被重复的用旧的理念循规蹈矩。通过今年的培训发现自己在很多小细节上都存在一些问题，真的感叹专家的力量、集体的力量是多么的强大，感觉到自己面对新课程，理论上还是存在不足，个人的基本专业素养还有待发展。所以说自己要努力了，只有自己的素质走在新课程的前面，你才能有充分的能力去驾驭新课程，真正去构建高效课堂，取得优秀的教学成果。当然，学校领导的教学理念也存在问题，有些领导长期不学习，自己又不内行，却总是喜欢在后面指手画脚瞎指挥，严重影响了专业教师的教学改革和教学效果，这是不得不引起我们高度关注的事情。

展望未来，我相信大家都跟我一样充满信心并满怀期待，相信明天一定会更加光华夺目，因为我们全体教育人一直在努力！也希望有关部门多多安排这样的培训让所有的教师不断得到提高，让教育的明天更加灿烂辉煌！

### 3. 家电下乡不能只看重销量

掐指算来，家电下乡在全国范围内推广也有×年时间，从商务部最新公布的数据来看，尽管通过商务部家电下乡信息系统登记的发货金额与销售企业实际的销售金额有着近千亿元的差距，但不容置疑的是，家电下乡政策的确对扩大内需、带动农村消费起了相当积极的作用。

如此看来，接下来的一年，家电下乡无论是产品的销售数量还是产品的销售金额都将会明显提高。当然，除了产品丰富度增加之外，这与各省市家电下乡政策日渐深化也有着密切的联系，因为除了河南、山东、四川等地外，全国大多数省份都还处于政策推广的初期。

不过，在看到家电下乡前景一片向好的同时，我们也不能回避家电下乡政策执行过程中的种种问题。首先，产品售后服务问题。去年是家电下乡全国推广的第×年，广大农村也开始渐渐享受到政策的春风，购买家电下乡产品的积极性被迅速调动起来。但有一个问题却不容忽视：××××年家电下乡产品返修率非常高。在这里，我们不否认家电产品会出现或多或少的质量问题，但如果售后服务网络跟不上，换一个洗衣机零件要等上几个月，那么，对于农村消费者而言，下乡产品无疑是多了一个累赘。

其次，下乡产品的补贴问题。在近几年的磨合当中，购买下乡产品补贴手续繁杂仍是家电下乡难以被农村消费者广泛接受的原因之一，特别是当下乡产品价格与其他非下乡产品的价格相差无几时，不少农村消费者更是会直接放弃申请补贴的念头。尽管国家有意简化家电下乡补贴兑付程序，出台政策由销售网点代理审核并现场垫付补贴，但真正执行到位却又是执行部门的无法逾越的一道障碍。

再者，监管难题。到底所补贴的产品是否为真正的中标产品，所补贴的资金是否真正落到农民的口袋，如何防范"骗补"行为，对这些问题，相关监管部门能解决得了吗？

我们更愿意看到接下来一年当中，家电下乡政策在执行过程中能够更加顺畅，能够给农村消费者带来更多的实惠，而这也是政策执行者更应该关注的事情。至于销售额会有多少，我想，只要农民得到更多实惠了，销售额想冲不上去都难。但事实上，根据上述调查的问题，我们觉得，家电下乡在今年要想顺利实施，恐怕是难上加难的事情。

## 4. 策　划　书

一、活动目的

为了营造良好的校园文化氛围，全面提高大学生的综合素质，调动广大学生参与社团活动的积极性和主动性，使广大学生在活动参与中受到潜移默化的影响，思想感情得到熏陶，精神生活得到充实，道德境界得到升华。特此，我院大学生社团联合会策划举办此次社团风采展活动。

二、活动内容

1. 各社团的特色节目展示。

2. 各社团的海报展示。

3. 游戏互动。

三、活动流程

活动前期准备：

1. 提前两天出海报及通知宣传此次活动。

2. 社团在11月23日前将本社团的表演节目上报社联，由社联负责对节目进行统筹安排。

3. 社团在11月24日前将活动所需海报准备好，并打印巡礼月活动照片。

4. 各社团负责提供一个互动游戏，并设置奖项，由社联统一提供奖品。相关道具必须在11月24日前准备好。

活动当天：

1. 各社团将海报等放置在场地两侧。

2. 由各社团表演本社团的特色节目，如跆拳道社的破板表演、双节棍社的双节棍表演、吉他社的吉他演奏、魔术社的魔术表演等。

3. 由各社团介绍游戏规则，邀请过往学生组队参与，优胜者可以参与抽奖活动，奖品到社联咨询台处兑换。

活动后期工作：

1. 由社联负责统一打印各社团风采展活动当天照片，并出展板展示。

2. 将活动总结交至学院报社，由报社协助宣传。

四、活动当天安排

1. 所需桌凳在早晨9:00前准备到位。

2. 所需音箱、调音台等设备在早晨9:00前准备到位，并调试好。

3. 游戏道具在早晨9:30前准备到位，由社联统一安排各社团的活动场地。

4. 在10:00—10:30、15:30—16:00之间播放各社团录音的简介。

5. 在12:00—13:50之间安排各社团的节目展示，在12:40前关闭所有音响设施。

6. 在12:50—14:00、17:30—18:30之间安排各社团的互动游戏，18:30结束所有活动。

五、活动时间

准备工作：11月22—24日

开展活动：11月25或26日

六、活动人员

1. 提前完成对各个社团节目以及互动游戏等的审核，以确保活动顺利开展。

2. 活动当天安排人员负责维持场地秩序，尤其要充分考虑到各社团表演的安全问题。

3. 活动当天至少安排一名社联干事以上成员值班负责处理突发事件。

4. 活动当天安排专人拍照。

5. 如遇天气因素可适当推迟本次活动。

大学生社团联合会

2019-10-20

### 5. 借　条

今借到李冰拾万元，准予一年后归还。还借到扩音机1台，桌椅四十二套，准予一星期后归还。

王毅

## 三、写作训练

1. 以本学期为时限，结合自己所学专业，分别拟写一份个人学习计划和个人学习总结。

2. (1) 从以下题目中选择一题，学生分组拟出一份调查问卷。

(2) 根据课堂设计问卷调查表开展调查活动。

(3) 撰写出调查报告。

调查参考题目：

① 本校(本班)同学消费情况调查；

② 本校(本班)同学课外阅读情况调查；

③ 本校(本班)同学业余爱好调查；

④ 本校(本班)同学对各门学科的学习兴趣与成绩情况调查；

⑤ 对在同学中引起强烈反响的现实问题的调查。

3. 请以学校大学生社团联合会的名义设计一份“清朗网络　青春力量”微博大赛策划书。

4. 王丽因为购房需要，从朋友孙红处借了 5 万元人民币，约定无利息，一年后归还，请代拟一份借条。

5. ××学院××班学生为患病同学王菲捐款 2 000 元，请院团委转交。假设你是这个学院团委书记，请你写一份收条。

6. 2019 级金融事务 12 班劳动委员唐刚从学校总务处领取扫帚 10 把、拖把 5 把、垃圾篓 4 个，请你代写一则领条。

# 第三章　公关礼仪类文书

## 第一节　公关礼仪类文书概述

随着社会生活的发展，人们的交往日益频繁，交际方式也日益增多。根据不同的需要，在不同的场合，针对不同的对象，运用恰当的文字处理各种社交中的人际关系，已成为社会生活的必然要求，公关礼仪类文书恰恰满足了这种要求。迎来送往、节日庆典、婚丧寿贺、致谢慰问、告知公众、传播信息等各种礼仪和活动中，都必然使用各种公关礼仪类文书。它是人们在日常工作和生活中进行文明交往、密切人际关系、增强友好气氛、显示礼貌风范的一种重要工具。

公关礼仪类文书是指国家机关、企事业单位、社会团体或个人在社会交往、礼仪活动和商务活动中常用的各类文书，是在社会交往中，为了表示相互尊重，用来调整、改善或发展双方关系的文书。

公关礼仪类文书是在社交场合、人际交往和礼仪活动中所使用的书简、致辞等的统称。它包括迎来送往的讲话与慰问等，如欢迎词、欢送词、祝酒词、答谢词、颂词等；庆典、吊唁活动的致辞、贺词(电)、悼词、讣告等；邀请、聘用、答谢、告启等用的书函，如请柬、聘书、感谢信、申请书、启示等。

## 第二节　请　　柬

### 一、概念与特点

#### (一) 概念

“柬”即信件、名片、帖子之意。请柬是个人或单位为邀请有关人员参加某项活动而专门制发的日常礼仪类文书。

#### (二) 特点

**1. 对象的个人性**

请柬寄发的对象只能是个人，不能是集体。这在写“抬头”(即称谓部分)时就要写清楚。

**2. 内容的礼仪性**

不管单位或个人，只有遇到大的喜事，如校庆、班庆、奠基、开业、联谊、娱乐、宴会、婚礼、展览等，值得庆祝时，才会给交往较深的亲属、朋友、同事、领导寄发请柬。

3. 语气的敬请性

请柬虽属信函类，但比其他信函语气更简短，更庄重。它不抒情，不描写，不说明，不议论，只管陈述内容、时间、地点三要素，篇幅最短，并带敬请语气。

4. 制作的事前性

贺信、慰问信是事中发；感谢信是事后发；请柬与邀请函一样，一定是事前发，一般是提前一周左右。

## 二、写作的基本格式

请柬通常由标题、称谓、正文、落款四部分组成。

1. 标题

标题用大字书写“请柬”二字，有的标题还加事由，如“庆祝××公司成立10周年请柬”。

2. 称谓

称谓俗称“抬头”，顶格写，一般以职务或职称称呼，后加冒号。如邀请夫妇两人，应将姓名并排，加“伉俪”二字。

3. 正文

正文依次写明活动的内容(名称)、时间、地点。如有其他要求，也可简要地提出，以便被邀者事先准备。如需乘车乘船，应交代到达路线和有无专人接站等。最后写结语，如“敬请光临”“恭候莅临”“敬请出席”“敬请光临指导”等。

4. 落款

落款即署名，写明邀请单位或个人姓名，下行写日期。

## 三、写作的注意事项

(1) 文字要美观，用词要谦恭，要充分表现出邀请者的热情与诚意。

(2) 语言要精练、准确，凡涉及时间、地点、人名等的关键性词语，一定要核准、查实，书写正确。

(3) 语言要得体、庄重、明白，使人一看就懂，切忌语言乏味和浮华。

(4) 在纸质、款式和装帧设计上，要注意艺术性，做到美观大方。

**范文示例**

例文一

请　柬

吴局长：

兹定于5月12日晚7:00在×××医院医技楼二楼礼堂举行第×××届国际护士节表彰大会，届时敬请光临并致辞。

×××医院行政办

2020年5月4日

【评析】

医院邀请上一级领导参加护士节表彰大会，既庄重严肃，又显得喜庆和对领导尊重。时间、地点和具体内容在短短的一句话中全部表达出来，显得简洁明确。

**例文二 (如图 3-1、图 3-2 所示)**

1960—2020

纪念× ×学校建校60周年

请柬

图 3-1　请柬封面示例

李× ×同志：

兹定于 10 月 19 日（星期六）上午 9 时，在× ×学校综合馆隆重举行建校 60 周年纪念大会。

敬请

光临指导

× ×学校校长 王× ×
2019 年 10 月 10 日

图 3-2　请柬内页示例

【评析】

这则请柬目的明确，语言简洁，事情交代具体清楚，设计美观、庄重，是一则规范的请柬。

# 第三节　感　谢　信

## 一、概念与特点

### (一) 概念

感谢信是对关心、帮助和支持过自己的单位或个人表示感谢的文书。感谢信不仅有感谢之情，还有赞扬和表彰之意。

### (二) 特点

**1. 对象的多维性**

请柬的对象是个体；感谢信与邀请函、慰问信、贺信一样，对象可以是个体，也可以是群体。

**2. 语气的抒情性**

请柬与邀请函要用期请的语言；慰问信用问候与安慰的语言；贺信用祝贺的语言；感谢信要用感谢的语言，因而带有感谢性。请柬与邀请函实话实说，不能抒情；感谢信却常用“衷心地感谢”“热切地希望”等抒情语言，因而和慰问信、贺信一样，具有抒情性。

**3. 制发的事后性**

请柬和邀请函都是事前制发；贺信和慰问信在事中制发；感谢信在事后发出，因而具有制发的事后性。

## 二、分类

**1. 感谢养育类**

感谢长辈的养育之恩时写给长辈的信，属于养育感谢信。

**2. 感谢帮助类**

感谢朋友、同事、老师的帮助时写给他们的信，属于帮助感谢类。

**3. 感谢救援类**

感谢社会或个人的救援之恩时写给救援者的信，属于救援感谢信。

## 三、写作的基本格式

感谢信通常由标题、称谓、正文、结语、落款五部分组成。

1. 标题

感谢信标题的写法大致有以下几种：

(1) 单独由文种名称组成，即“感谢信”。

(2) 由感谢的对象和文种名称共同组成，即“致×××的感谢信”。

(3) 由感谢者、被感谢者和文种名称组成，即“××致××的感谢信”。

2. 称谓

称谓顶格书写在标题下一行，后面加冒号。

3. 正文

正文在称谓下面另起一行，空两格开始书写。正文的主要内容有两个：一是感谢原因，二是意义评价。

(1) 叙述部分：回顾对方对己方的关怀与帮助，写明事情发生的时间、地点、经过和结果。

(2) 议论部分：突出对方的帮助所产生的良好效果并评价其行为的意义，表示赞美和感谢之情。

4. 结语

结语致敬词，表示祝愿、敬意，如“此致敬礼”“致以最诚挚的敬礼”等。

5. 落款

落款即署上写信的单位或个人姓名，并署上成文日期。

## 四、写作的注意事项

(1) 内容真实。

感谢信的内容一定要真实，实事求是，只有这样才能言出肺腑，感动他人。

(2) 感情真挚。

写信时一定要感情充沛，情动于衷，语言要诚恳真切，充满敬意和感谢之情。

(3) 评赞适度。

叙事要符合实际，抒情、评赞要适度，合乎情理。

(4) 朴实简练。

文字要朴实恳切，简洁明了，详略得当，篇幅不可太长。

范文示例

例文一

感　谢　信

××部队全体官兵：

我县今年遭遇了特大洪水灾害。在万分紧急的情况下，你部全体干部、战士发扬了无私奉献的战斗精神，同我县人民并肩战斗，赢得了抗洪斗争的胜利。你们这种助人为乐的精神是值得我们学习的。为此，我们全县人民特向你们表示衷心的感谢！

我们决心步调一致，努力搞好工农业生产，以实际行动报答你们的关怀，为早日弥补洪灾造成的损失而努力。

此致

敬礼

××县人民政府

××××年××月××日

**例文二**

**感　谢　信**

尊敬的院领导、内科病房的实习老师们：

紧张而又美好的一年即将过去，我们的实习生活即将结束，我们满怀留恋，在此谨向医院领导及内科病房全体医护人员表示衷心的感谢和崇高的敬意！

近一年的实习生活漫长而又短暂，这期间与你们朝夕相处的经历更是令人难忘。领导的关怀、实习老师的言传身教，都已深深地刻在我们的脑海中。你们对患者亲人般的关怀、认真踏实的工作态度、爱岗敬业的工作精神为我们在不久的将来步入社会胜任护理工作做出了很好的榜样。

一年前，当我们刚刚进入贵院实习的时候，我们还是一群对一切都茫然、懵懂的学生，怀着对护理事业的崇敬踏入医院的大门，心中忐忑不安。贵院的领导和实习老师们给予我们父母般的关怀和谆谆教诲：忘不了病床前，实习老师们耐心细致地为我们讲解病例，不厌其烦地指导我们实践，更忘不了共迎新年的欢乐时光。是你们的关心与鼓励让我们有了家的温暖和快乐，也让我们能信心百倍地投入实习工作。在实习过程中，我们经受了锻炼，积累了经验，同时也集聚了无数的感恩之情。让我们再次真诚地说一声谢谢！感谢你们给予丝丝关怀，感谢你们严格的培训，我们将把在贵院学到的知识与技能运用到以后的工作中。真诚地祝福贵院明天更好！祝福你们身体健康，万事如意！

此致

敬礼！

×××卫校护理××××级1班全体实习生

××××年××月××日

# 第四节　申　请　书

## 一、概念与特点

### (一) 概念

申请书也叫申请信，是个人、单位或集体向有关上级组织、机关、团体、领导提出要求或请求时所写的一种专用书信。它在日常学习、工作和生活中被广泛应用。例如，个人想加入党(团)组织，要写一份入党(团)申请书；因某种原因本人需要转学，也必须给学校领导递交一份转学申请书；工作后想要求人事部门调换一下工作岗位，需要先写一份调动申请书；学生家庭困难，向银行或学校申请贷款或助学金，需要写一份贷款申请书或助学申请书；学生证不慎丢失，需要写一份要求补办证件的申请书；等等。

### (二) 特点

**1. 写作的事前性**

申请书是对某事的处理提出申请要求，希望事情结果能达到自己的目的，因此申请书必须在事前提交。

**2. 语气的期请性**

申请书是申请人向有关主管部门表达意愿、说明理由、请求批转的文书，因此需要用期请的语气说话，而不能用强硬的语气说话。

**3. 事项的单一性**

申请书只能一文一事，如果有若干申请事项，则要用若干份申请。

## 二、写作的基本格式

申请书一般包括标题、称谓、正文、结尾和落款五部分。

**1. 标题**

申请书的标题写在第一行的中间，有两种写法：一种只写文种“申请书”；另一种则根据申请书的内容，写出具体名称，即事由＋文种，如“入党申请书”“转学申请书”“补办证件申请书”等。

**2. 称谓**

称谓应写在标题下一行的顶格处，具体写出接受申请书的单位名称或负责人的姓与职务，如“××学校教务处”“××银行”“×处长”等，其后打上冒号。

**3. 正文**

正文是申请书的主要部分，先写申请的缘由或依据，再写申请的事项，申请事项和理由最好分段写。

**4. 结尾**

申请书结尾可以写“此致　敬礼”，格式与一般书信相同；也可以在正文下另起一行，空两格单独成段写上“恳请批准”“请予批准，不胜感激”等内容。

**5. 落款**

在祝颂语之后另起一行，在信的右下角署上申请人或单位的真实姓名。如果是单位，要盖上公章；如果是个人，要亲笔签名。在署名的下一行相应位置写上提出申请的具体日期。

## 三、写作的注意事项

(1) 内容明确。

正文一般先写明申请什么，要直截了当地提出申请的具体要求，不要拐弯抹角；写清楚申请的理由，突出申请的合理性、合法性；态度要明确，决心要坚定。

(2) 真实诚信。

申请的理由一定要实事求是，真实可信，不要虚夸和杜撰，陈述要具体、真实，细节要写清，数字更要具体准确。特别要注意的是，一些无关紧要的“理由”不要写，以免冲淡气氛，甚至起到反作用。当然，写申请书时更要避免出现相互矛盾的“理由”。

(3) 言辞恳切。

申请书是个人对组织、下级对上级表述某种要求的文书，因此要注意讲究礼貌，措辞严谨，行文应该围绕“请求”二字，语言简洁明了，诚恳朴实，使人信服。千万不要将自己的不合理要求或意见强加于人，那只能使申请失败。

## 范文示例

**例文一**

### 助学贷款申请书

尊敬的银行和学校领导：

我是华南理工大学化工与能源学院××级硕士××班的学生×××，家住湖南省×××，地处偏远的湖南西部山区，当地交通不便，经济极不发达。

××××年8月，当我接到大学录取通知书时，真是喜忧参半：喜的是，终于可以进入梦寐以求的大学学习；忧的是，每年5 000多元的学费从何而来？父母拿着我的录取通知书四处奔走，东拼西凑，可是9月份我到大学报到时，仍然还欠600元学费没有交清，是伟大的母校以她宽容的胸怀接纳了我这个寒门学子。之后三年中，我获得学校一次性减免学费2 400元、湖南省政府奖学金2 000元及减免学费1 550元、校奖学金500元、考研奖金1 000元以及每年500元师范专业奖学金，并且通过自己平时做社会工作获取报酬，我不但圆满完成了大学本科阶段的学习，还考上了华南理工大学的硕士研究生。

可是如今，父母不再年轻，体弱多病，家境亦无好转，面对每年8 000元的学费以及广州高昂的生活开支，亲朋好友的帮助简直是杯水车薪！而我除了要完成学业和科研工作之外，还兼任了社会工作，业余打工的所得十分有限。但是，我依然坚定地选择了读研这条路，因为我知道，在求学成才面前，任何经济上的困难都是暂时的，都是可以战胜的。我不畏惧困难，更不讳言贫穷，所以我郑重地向学校、向一贯以来支持寒门学子成长成才的中国银行提出助学贷款申请。

我在大学本科学习期间积极上进，遵纪守法，无任何违法违纪行为，品学兼优，多次获得各类奖项，诚实守信，没有任何不良行为；担任过学生会主席等职务，对社会工作尽职尽责，并于××××年加入了光荣的中国共产党。我希望在华南理工大学这个人才荟萃的大熔炉里能够继续创造佳绩，获得助学贷款会使我在今后的学习和科研工作中投入更多的精力，早出成绩，早日成才，早日为国家与社会贡献自己的才智和力量。

离校后我一定按照协议规定按时偿还贷款，决不拖欠，因为我知道还有很多和我处境差不多的学子等着这笔贷款去交学费。请银行和学校领导相信我，我以我的人格作为担保！

特此申请，望予批准！

此致

敬礼！

申请人：×××

××××年××月××日

【评析】

这是一份助学贷款申请书，标题醒目，称呼礼貌而亲切。正文首先自我介绍，然后交代申请缘由，有理有据，语言简洁明了，数字准确，语气诚恳，令人信服。结束语表示决心，态度诚恳，坚定有力。祝颂语紧扣申请书内容，礼貌而妥帖。通篇贯穿“请求”之意，是一份比较规范的申请书。

例文二

## 入党申请书

敬爱的党支部：

我是××科的×××。现向党组织郑重提出申请：我自愿要求加入伟大的中国共产党，成为一名光荣的中国共产党党员。

我是一名在党的阳光沐浴下成长起来的新时代青年，我学唱的第一首完整的歌是《没有共产党就没有新中国》，它深深地烙在我的心中。自小受到学校、家庭的良好熏陶，所以在学习和事业上我始终追求上进，在思想素质的提高上也能严格要求自己，努力把自己锻炼成为一名新时代的有志青年。

我想，作为一名新时代的青年，社会赋予我的职责不仅是要学好文化知识，努力钻研技术、业务，政治上也一定要严格要求自己。通过政治学习，我深刻地领会和了解了党的基本知识，提高了对党的基本认识，自觉坚持党的基本路线，坚持共产主义信念，端正入党动机，全心全意为人民服务，更坚定了我要加入中国共产党的决心，为成为一名合格的共产党员不懈奋斗。没有共产党就没有新中国，就没有社会主义建设和改革的发展；中国共产党是中国社会主义事业的领导核心，是全国各族人民利益的忠实代表；中国共产党以马列主义、毛泽东思想、邓小平理论、“三个代表”重要思想和科学发展观作为自己的行动指南，党的最终目标是实现共产主义。

共产党员是中国工人阶级的有共产主义觉悟的先锋战士，必须全心全意为人民服务，不惜牺牲个人的一切，为共产主义奋斗终生；共产党员永远是劳动人民中的普通一员，除了法律和政策规定范围内的个人利益和工作职权以外，所有共产党员都不得谋求任何私利和特权。我是积极要求上进、争取入党的青年，必须用共产党员的标准要求自己。首先我要从思想上入党，树立起自己的人生观和价值观，要有共产主义信仰，必须树立全心全意为人民服务的思想作风，树立为共产主义奋斗终生的信念。我还必须落实到行动中，认真学习马列主义、毛泽东思想、邓小平理论、“三个代表”重要思想和科学发展观，学习党的路线方针政策及决议，自觉坚持党的路线，学习科学文化和业务知识，努力提高为人民服务的本领，在学习、工作和生活中起模范带头作用，坚持党和人民的利益高于一切，个人利益服从党和人民的利益。入党不是一个短暂的行为，必须长期不懈地努力，入党是我人生的奋斗目标，加入中国共产党才能使自己得以不断提高和发展。

我随时准备着，接受党组织的考验！

申请人：×××

××××年××月××日

【评析】

申请书是下级向上级呈报的文书，所以在措辞方面一定要谨慎。例文是一份入党申请书，在正文开篇就表达了自己的心愿，接着谈自己入党的动机和对党的认识，在行文中时刻贯穿着自己对党的热情，最后表示准备随时接受党组织的考验，是一份比较规范的入党申请书。

# 第五节　启　　事

## 一、概念与特点

启事是机关团体、企事业单位、公民个人公开说明或希望协助办理有关事项所使用的一种应用文。启事不如公告、通告类公文具有较强的约束力和强制性，多具有祈求性、商洽性和告知性。公众可以参与，也可以不参与。

## 二、分类

启事可以处理公事、私事，种类很多，凡不便以通告、公告等公文文种行文时，都可采用启事。从内容来看，启事主要有三大类：

(1) 征召类启事，如招聘、招生、征文、征婚等启事。

(2) 声明类启事，如开业、停业、迁址、更名、遗失、改期等启事。

(3) 寻求类启事，如寻人、寻物、招领等启事。

## 三、写作的基本格式

一般来说，启事由标题、正文、落款三部分组成。

### 1. 标题

标题一般有完全式和省略式两种。完全式由启事单位名称＋事由＋文种构成，如《××中学招聘教师启事》；省略式多由事由＋文种构成，如《迁移启事》，有的则去掉事由，只写文种。

### 2. 正文

正文是启事的主体，因启事所说明的事项不同而有差异，总的要求是写明启事内容，包括原因、要求等，具体事项较多的，可分条列项。

不同类的启事，其正文的写法是各不相同的。

1) 寻物启事

寻物启事在丢失了东西，希望大家帮助寻找时使用。在正文的开头最好写上“由于本人不慎”将东西丢失的字句，这样既表示谦虚，又说明丢失东西的责任在于自己一方，使拾物者在交还时不至于有所顾虑。正文一定要把要寻找东西的特征、记号、式样、丢失的时间地点和联系方式写清楚，需要时还要写明酬谢方式。

2) 招领启事

如果拾到东西，又不知失主是谁，就可写一份招领启事，请失主前来认领失物。撰写招领启事时，须写清拾到物品的名称和联系方法，便于失主前来认领。至于所拾物品的具体数量、详细特征、丢失的时间地点等，没必要全部写出，可以待认领者前来一一核对，以防冒领。

3) 征文启事

征文启事是因某种需要或配合某项活动征求稿件时使用的一种启事。这种启事要写明征文单位或组织的名称、征稿的范围或对象、征文的目的和意义、稿件的内容和形式、写作的要求和注意事项、投稿的方法和截止日期等，还可写上奖励办法、评委会名单及其他事项。启事中要表明主办单位的诚意，希望大家积极支持，踊跃投稿。

**3. 落款**

在正文的右下方写明启事单位名称或个人姓名，并在其下注明发文日期。

## 四、写作的注意事项

(1) 标题醒目。

标题是启事的眼睛，只有用词简短、达意、醒目，才能引人注目，给人以清晰、深刻的印象，吸引人去阅读全文，使启事取得理想的效果。需要说明的是，千万不要把“启事”写成“启示”，免得弄成笑话。因为“启事”是公开说明某项事情的公文，而“启示”是启发、开导的意思，二者截然不同。

(2) 内容具体。

启事的内容主要是告知公众要在什么时间办好什么事情，有哪些具体要求，希望大家广泛参与、协助。因此写作启事应该一事一启，内容周全，要求具体，便于读者理解和记忆。凡是启事中涉及的时间、地点、单位、联系方式等都要写得准确无误，便于参加者联系。

(3) 语言简洁得体。

启事的行文要简洁明了，用语准确，没有歧义；文章要易懂，不要使用生僻的词语，也不要为追求所谓的文采而滥用辞藻。

**范文示例**

**例文一**

**寻 物 启 事**

由于本人不慎，于 5 月 14 日在学校足球场晨练时丢失九成新手机一部，品牌是

OPPO A11x 湖光绿，背面装饰哆啦 A 梦手机贴膜，屏保为蓝绿渐变图(附照片)。有拾到者或知情者，请与 2019 级电子商务 11 班×××联系，电话 139××××××××。本人将当面酬谢！

启事人：李××

2020 年 5 月 14 日

**【评析】**

这则寻物启事明确交代了失物人何时、何地、丢失何物，并写明了丢失物的大体特征，简洁明了；能规范使用习惯用语“不慎”和表示酬谢的话语，措辞得体。正文之后写清了联系人姓名和联系方式，还附有失物图片，便于知情者及时联系。

**例文二**

**招 领 启 事**

本人拾到钱包一个，内有银行卡及人民币若干元，请失主前来第六宿舍楼 302 室认领。

2019 级学前教育 13 班　刘××

2020 年 6 月 2 日

**【评析】**

这是一则失物招领启事，格式正确，语言简洁明了，清楚地说明了拾到物品的名称及内装物的品种，以及联系的具体单位和地点，便于失主前去认领。物品的具体数额和特征没有说明，这是失物招领的特点，以防有人冒领。可见，这是一份合乎要求的招领启事。

**例文三**

**2020 年“记忆年味”有奖征文启事**

2019 年已经过去，而留在我们心灵深处的是美好的回忆。回忆过去，就是回忆美好的生活。2020 年农历新春的钟声即将敲响，我们即将迎来一年中最美好的日子——春节。

春节，是我们记忆里最快乐、最难忘的节日，但随着社会经济的发展，年味已经成为我们时常回忆的往事。为继承和弘扬中华民族的优良传统，记录年味里的感人故事，寻找关于年味的美好回忆，从即日起，共青团××××省委宣传部、××新闻网、××××报社、××××文化传媒有限公司共同举办 2020 年“记忆年味”有奖征文活动。

一、主办单位

共青团××××省委宣传部

××新闻网

××××青年报社

××××在线文化传媒有限公司

二、征文要求

1. 本次征文活动以“记忆年味”为主题，内容可以叙述曾经的年味，或者这些年在城市里的年味，或者留在心灵深处的年味。

2. 文章要求观点鲜明，主题突出，内容健康向上，具有一定的思想性、文学性和较强的可读性。

3. 体裁以散文、随笔、图片、诗歌为主，散文类字数一般不超过3 000字，诗歌不超过30行。照片为单幅或组照，图片说明必须在150字以上。本次征文活动评奖图文并茂优先，所以，大家在投稿时尽量图文并茂。

4. 参赛作品须为原创作品，发表、出版均可。如发现有剽窃、抄袭等情况，一律取消评奖资格。

5. 来稿请注明“记忆年味”征文字样，并写清楚投稿人姓名、单位、地址及联系电话。所有来稿一律不退，请自留底稿。

三、评奖及奖项设置

征文截稿后，将邀请省内知名作家、评论家、编辑记者等组成评审委员会，按照公开、公平、公正的原则，评选出相应奖项。

大赛特设一等奖1名，颁发证书和奖品；二等奖5名，颁发证书和奖品，三等奖10名，颁发证书和奖品；优秀奖根据参赛稿件而定，颁发获奖证书。

优秀选手将在××新闻网等省内各大媒体上重点宣传，获奖名单将在××新闻网等省内主要新闻媒体公布。征稿期间，参赛作品择优在××新闻网和××××报刊登。活动结束后，优秀作品将酌情结集出版。

四、征文时间

征文自2020年1月20日至4月25日(以当地邮戳为准)。

五、投稿方式

来稿请寄：××省××市××街××号(信封上注明“记忆年味”字样)。

邮编：×××××。

电子信箱：×××××××@126.com (欢迎投递电子稿件)。

联系电话：××××-×××××××××。

本活动解释权归主办方所有。

**【评析】**

这是一篇面向公众征稿的启事，分条列项从作品主题、组织机构、征文要求、奖项设置、征文时间、投稿方式等方面做了详细说明。全文语言严谨周全，是一篇形式与内容都很规范的征文启事。

# 综合练习

## 一、填空

1. 公关礼仪类文书是指国家机关、企事业单位、社会团体或个人在__________、__________和__________中常用的各类文书。

2. 请柬的特点是____________、____________、____________、____________。

2. 感谢信分为__________、__________、__________三类。

4. 感谢信在写作上要求__________、__________、__________、__________。

5. 申请书也叫申请信，是__________、单位或集体向有关上级组织、机关、团体、领导__________________的一种专用书信。

6. 申请书的特点是__________、__________、__________。

7. 启事是机关团体、企事业单位、公民个人____________________________所使用的一种应用文。启事不如公告、通告类公文具有较强的__________和__________，多具有祈求性、商洽性和__________。

8. 启事分为__________、__________和__________三类。

二、病文改错

1. 请指出下列请柬存在的问题并改正。

×××老师：

您好！工作一定很忙吧！

英语系 05 级学友自毕业之后，多天各一方，然师长教诲之恩，未尝或忘，同窗之谊，时深梦寐。值此毕业十年之际，相约共聚×大，以谢师恩，并叙离情。谨择本月十四日(星期日)上午九时整在我校学术报告厅一楼接待室，举行师生联欢、座谈活动。敬请届时大驾光临。

敬颂

教安!

05 级全体同学

2019 年 7 月 18 日

2. 请指出下列感谢信存在的问题并改正。

**感　谢　信**

敬爱的××职业技术学院爱心社全体同学：

你们好!

今年五一劳动节长假期间，你们学院爱心社的十二名同学来到我们福利院传递爱心，让老人度过了十分愉快的一天。你们的高尚行为鼓舞了我们的工作人员，也教育了社会上的那些不肖子孙。我代表××福利院对你们利用节假日来我院为老年人服务的高尚行为表示最衷心的感谢，感谢你们为社会做出了榜样，为老人提供了服务。

再次感谢你们，我们要向你们学习，争取做一名合格的公民。

××福利院

××××年××月××日

3. 吴明由于违反校规受到处分，时过一年，已有转变，于是向学生处申请撤销处分。他的申请书是这样写的：

**申　请　书**

本人在老师的教育下，在父母的关心督促下，已经有了很大转变，我强烈要求学生处给我撤销处分。因为我即将毕业要出去找工作，所以一定要在我毕业前给我解决这个问题。

吴明

××××年××月××日

请指出以上申请书存在的问题并改正。

4. 请指出下列启事存在的问题并改正：

各位校友：

本人是××纺织大学阳光校区联通兼职学生，于 2019 年 9 月 4 日晚 7 点左右的兼职期间，在宿舍楼九栋附近遗失一部红色三星 A70s 手机。虽然此手机配置较差，却是我在安装宽带时，在自己手机没电的情况下临时向本校同学借用的。手机内有该女同学的大量照片，手机丢失她甚为伤心，切盼找回。而且手机号码为联通兼职工号，有大量的同学需要通过此号码来安装联通宽带和进行后期的宽带维护，号码丢失将给大家的生活带来极大的不便。

手机丢失系本人疏忽大意，与他人毫无瓜葛，因此只要有人愿意送此手机到九栋联通营业厅，或送到 11 栋楼管处，我将用以下可供选择的方式予以酬谢：

方式一：现金 400 元 + 书面感谢信一封。

方式二：4 兆包学期联通宽带 + 现金 100 元 + 口头感谢。

方式三：10 兆包学期联通宽带 + 兔斯基 + 七彩愤怒的小鸟 + 握手感谢。

期盼手机失而复得，共建你我和谐阳光。

2019 年 9 月 5 日

## 三、写作训练

1. 假如你是××学校××班的毕业生，请你以集体的名义写一份给任课老师陈××的请柬，邀请他来参加你班举行的毕业座谈会，时间、地点自拟。

2. 你已经踏进了大学的校门，可是从小学到中学，老师们的音容笑貌还浮现在眼前，他们在你的成长和学习过程中付出了心血和汗水。请你以自己的名义选择一位老师写一封感谢信，要写清感谢的内容，表达感谢的心意，语言准确得体。

3. 请你以自己的名义向学校写一份助学金申请书。

4. 根据以下情景写一则启事。

2019 级会计 2 班同学王××昨天在学校图书馆拾到钥匙一串，2 把铜制，3 把铝制，还有一个红色熊猫挂件，希望找到失主，归还原物。

# 第四章　求职类文书

求职，包含了求取职业和职位两层意思。求职手段和技巧越来越被重视，它贯穿在求职的整个过程。而作为求职前期工作的求职类文书的写作，在职场中也显得越来越重要。目前在不同的环境中求职，常见的文书有求职信、求职简历、竞职演讲稿和申论。求职信和求职简历主要用于职业的求取，也可以用于职位的求取；竞职演讲稿主要用于职位的求取；申论则只用于国家公务员的招考。它们的共同特点是针对性强、行文简短、内容真实、意向明确，应用非常广泛。

## 第一节　求　职　信

### 一、功用与分类

求职信又称求职书、应聘书、自荐信等，是求职者为了求取一定的职业或职位而写给用人单位的专用书信。它一般可以分为自荐信和应聘信两类。自荐信是求职者向用人单位自我推荐时所写的申请某个职业或职位的书信。应聘信则是针对用人单位的招聘信息为谋取其中的某个职业或职位所写的书信。

### 二、写作的基本格式

求职信一般包括标题、称谓、正文、祝语和落款五个部分。

1. 标题

求职信的标题通常只写文种，即在第一行中间写上“求职信”或“自荐信”三个字。

2. 称谓

求职信的称谓是对招聘方的称呼必须用敬称，而且应用单人敬称。在写作称谓时，如果知道对方的职务时称职务，不知道职务或无固定对象时，称“尊敬的领导”，一般不用“先生”或“女士”的称谓。称单位或公司时，也要用敬称，即用全称，而不可用简称。

3. 正文

正文分开头、主体和结尾三部分。

1) 开头

求职信的开头主要说明求职者的基本情况，包括姓名、学历、求职缘由和求职意向等，有的还需要说明性别和户口所在地。

2) 主体

主体部分主要说明自己求职的有利条件，应措辞得当，针对对方需要招聘的职业或职位认真分析自身的优势进行陈述。一般来讲，应交代以下几点：

(1) 专业知识条件，主要谈最高学历和匹配专业的获取经历、在校期间所主修的专业课程、辅修或自修的其他课程、这些课程的掌握程度、所受培训情况以及操作技能等。

(2) 能力条件，主要谈在实习实训、工作、竞赛中所获得的荣誉、个人擅长的工作技术、掌握的工作经验等。

(3) 工作经历，主要包括实习实训和兼职工作的项目和时间长度。

(4) 对将要从事的专业和所求职位的认识和规划，应包括对待职位的态度和自身将如何发展以更好地适应未来的工作。

3) 结尾

求职信的结尾主要是表达获得所求职位的迫切心情和对录用消息的殷切期待。

**4. 祝语**

祝语必须对应称谓。如果称谓是对领导的，后面则用对人的祝语；如果称谓是对单位的，祝语应是对单位。其形式和内容与一般书信的祝语大致相同。

**5. 落款**

在祝语下一行右下角分两行写上求职者的姓名和该信的写作时间。如果有相关证明材料的附件，可以在落款下提行顶格写上“附件”二字，并加上冒号，再在冒号下列写明附件序号和标题。

## 三、写作的注意事项

(1) 了解情况，有的放矢。

求职者在写作求职信之前，必须对招聘单位的性质、历史和现实的经营状况、招聘职位的具体要求等有一个较为具体准确的了解；如果是向多家求职，最好是建立各家档案。这样，才不至于在信中出现与所求单位或职位不相关或不相称的废话，才可能有很强的针对性。

(2) 抓住重点，写出个性。

很多求职信写得文通理顺、文采翩翩、成绩斐然、能力众多，有的求职者甚至将自己小学、初中、高中的获奖情况和任职情况也写出来了，但对自己目前所求职位的优势却“少言寡语”。求职信所展示的知识水平应该是大学期间及其后的；个人能力应该是人无我有，人低我高，单位必需的。如果求职者只是泛泛而谈，好像自己无所不能，那就等于你一无所能。这种毫无个性特色的求职信是不可能顺利达到求职目的的。

(3) 行文简洁，谦虚自信。

求职信的篇幅不可过长，一般在600字左右。招聘方所面对的求职信往往不止一份，有的甚至会达到几百份。如果求职信写得卖弄文采、拖泥带水、啰唆有加又不得要领，这既表现出求职者汉语能力的欠缺，办事缺乏干练果断的品质，又让招聘方无暇卒读。求职信中的用词、语气等，既要表现出对自己能力的充分自信，又要表达出坦诚谦虚的态度，要做到自信而不自傲，自谦而不自卑。结尾不可用大话和套话。

另外，求职信中不可有错别字，不可有不通顺的句子；最好自己亲手书写，即使是打印，最后的签名也要亲手签写，以示慎重和自信。打印稿中要注意全文格式统一，字体大小和行间距合适。

## 范文示例

**例文一**

### 求　职　信

××公司人力资源部：

从《××日报》招聘启事上，看到贵公司急需几名销售方面的人员，我非常高兴，真心希望能成为贵公司的一员，为贵公司的发展尽自己的微薄之力。

我叫李敏，男，××××年××月出生，是××大学的应届毕业生。我学习的专业是市场营销，与贵公司招聘的职位专业对口。附件是我所学课程的成绩，希望贵公司满意。

在校三年我系统地学习了市场营销专业的课程，主要有经济学基础、基础会计、会计电算化、出纳实务、商品知识、商品经营技巧、销售语言技巧、商务礼仪、公关实务、广告学、市场营销基础、营销心理学、商务谈判技巧等课程。我学习成绩优良，表现突出，曾两次被评为校级三好学生，今年被学校推荐为市级优秀毕业生。在校期间我取得了营销员资格证书、普通话二级甲等等级证书和办公自动化等级证书。

在校期间，我注意培养和锻炼自己各方面的能力。我曾担任学校广播站的播音员和主持人，有一定的工作能力和交际能力。我还利用假期在国美电器做过促销，并获得商家的肯定。

我的业余爱好比较广泛，尤其喜好体育运动及书法艺术。踢足球和打篮球是我的特长。我还曾获得学校书法大赛钢笔字一等奖。

我自信，以我各方面的实力，定能胜任贵公司营销员的职位。希望贵公司能给我一次机会，让我加入到你们的服务行列中，为公司的发展共同努力。我将热诚地期待贵公司的答复。

此致

敬礼

李敏

××××年××月××日

附件：(略)

联系地址：××大学男生公寓315室

电话：×××××××××

**例文二**

### 求　职　信

尊敬的××经理：

您好!

我是××学校电算化财务会计专业即将毕业的学生。我从××××年××月××

日的《××日报》上看到贵公司的招聘启事，得知贵公司因业务发展的需要招聘两名会计，特来应聘。

会计在单位里起到管财、理财，向领导提供财务咨询的任务，是辅助领导管理财务的重要助手。忠于职守、忠于事业的高度责任感，是对会计人员思想品德的最高要求，也是我终生不渝的追求。作为一名电算化财务会计专业的学生，我热爱这个专业，并在三年学习生活中为其投入了极大的热情和精力。在求学期间，我参加过严格的计算机操作技能训练，这使我有能力在贵公司这样一家专业化水平很高的单位任职，能熟练运用计算机处理各种会计业务。此外，我还辅修了人际关系和心理学方面的知识，这将有利于我在将来的工作中与公司的客户建立融洽的业务关系。

我曾在××百货公司进行了三个月的会计实习，在实践中我受益匪浅，有了一定的会计工作实践经验。贵公司的事业正欣欣向荣，如能在贵公司工作，我将感到十分幸运。我将贡献我的所学，与公司同仁一道，为公司做出贡献。感谢您在百忙之中给予我的关注，热切期盼您的回音。随信附上我的简历、学历证明、成绩单、获奖证书等的复印件。

此致

敬礼！

求职人：××

××××年××月××日

联系地址：××××××

邮编：××××××

联系电话：×××××××××

联系人：××

【评析】

这份求职信，主旨鲜明，开篇针对××公司的招聘启事，明确提出了自己的求职要求。随后在第二部分，简明扼要地陈述了自己所具备的基本条件和特长。这部分让招聘者读后，既觉得应聘者诚实，又能让招聘者感受到应聘者的自信。最后应聘者所附上的资料还可让招聘者加深对应聘者的了解，增强对应聘者的信任感。另外，这份求职信的格式正确完备，称谓恰当，在正文部分对自己的基本情况和特长的描述实事求是，不虚夸。

## 第二节　求职简历

### 一、功用与分类

求职简历是应聘者为了顺利谋求职位而准备的一系列个人材料。它与求职信的功用殊途同归，但比求职信的内容更具体、更直接，因而效果更好，使用更广。求职简历一般可以分为简表式和文档式两种。简表式是表格填写的方式，把求职需要的有关材料用表格显示出来，求职者可以直接填写；文档式则是采用由上至下依次叠列的形式，将所有求职材料用一到两个版面表现出来，或者将求职的有关材料按顺序编排，装订成册，比较全面地展示求职者的求职资料。

## 二、写作的基本格式

### (一) 简表式求职简历

简表式求职简历是一份简明扼要的履历表，有基本固定的表格模式，一般包括以下几个部分：

(1) 个人身份的基本信息，包括姓名、性别、年龄、民族、婚姻状况、健康状况、政治面貌、联系地址及方式等。

(2) 接受教育的信息，包括所受的最高学历教育的信息(其中又包括学历、毕业院校、主修专业、主修课程等)、培训的信息等。

(3) 工作实践经历，包括实习、实训、兼职等信息。

(4) 所具备的专业知识水平和能力水平。

(5) 个人兴趣爱好。

(6) 求职意向。

如果有关于求职的证明材料，可另作附件附后。

下面是一份简表式求职简历的普通模板，见表 4-1。

**表 4-1　简表式求职简历的普通模板**

<table>
<tr><td>姓名</td><td></td><td>性别</td><td></td><td>民族</td><td></td><td rowspan="3">照片</td></tr>
<tr><td>出生年月</td><td></td><td>政治面貌</td><td></td><td>籍贯</td><td></td></tr>
<tr><td>毕业院校</td><td></td><td>专业</td><td></td><td>学历</td><td></td></tr>
<tr><td>家庭住址</td><td></td><td>联系电话</td><td></td><td>邮箱</td><td colspan="2"></td></tr>
<tr><td>兴趣爱好</td><td colspan="6"></td></tr>
<tr><td>求职意向</td><td colspan="6"></td></tr>
<tr><td>学习经历</td><td colspan="6"></td></tr>
<tr><td>社会实践</td><td colspan="6"></td></tr>
<tr><td>证书情况</td><td colspan="6"></td></tr>
<tr><td>获奖情况</td><td colspan="6"></td></tr>
<tr><td>自我评价</td><td colspan="6"></td></tr>
</table>

### (二) 文档式求职简历

文档式求职简历有两种形式，一种是活页式，一种是装订式。

**1. 活页式**

活页式一般有1～2页纸，以Word文档的形式分列个人基本情况、接受教育和培训的信息、主要工作经历、兴趣爱好、自我评价、求职意向、联系方式等。

**2. 装订式**

装订式是一本比较全面的求职材料，一般包括封面封底、目录、求职信、个人简历、证明材料等，有的在目录前面还设计扉页，应届毕业生在履历表后还附有学校的《就业推荐表》。

(1) 封面封底。封底一般不作要求，净版也可以。封面是给招聘者的第一印象，需要做一番设计。封面上一般有应聘者的姓名和毕业学校、系别、专业，有简笔画式的图案设计。学校名称有时也可不写，视情况而定。整个设计要求简洁美观、整体感强、个性突出，表现出积极向上的精神面貌。

(2) 目录。目录要求将简历中所载材料类别按顺序列出，让招聘者对里面的内容要点一目了然，同时也显示出应聘者做事的井井有条。如果设计扉页，扉页上可以写一句话(名言警句或个人的座右铭)或者一首小诗，以表明个人的一种追求与精神。

(3) 求职信。求职信的具体内容见本章第一节。

(4) 个人简历。个人简历包括个人基本信息、教育经历、工作经历。个人基本信息包括姓名、性别、年龄、民族、毕业院校、籍贯、家庭住址、联系电话等内容。教育经历包括学历教育和培训经历，其中学历教育经历一般以大学教育为主，重点交代修业年限和主修课程；培训经历重点交代受培训的业务和技术。应届毕业生的工作经历主要指兼职、实习和见习。

(5) 证明材料。证明材料的排列依次为：文凭、从业资格证书、等级证书、获奖证书、其他有关证书；获奖的作品和发表的作品。应届大学生还需附上在校期间主要课程的学习成绩。各类获奖证书和作品可以按照两种顺序排列，一是时间顺序，二是级别顺序。所有证书和作品都使用复印件而不是原件。

以上所述两种形式，可以适用于不同的场合。前者适用于网上投递简历，后者更适合现场投递。求职者要灵活机动，“见机行事”。

## 三、写作的注意事项

(1) 个性化。

简历千千万，你的简历可以参考别人的制作，但绝不可以和别人的有所雷同。求职简历要努力反映出应聘者个人独特的精神面貌、独特的思想观点、独特的工作经历和独特的工作能力。

(2) 针对性。

求职简历针对不同的职位，必须加强相关的材料，千万不可“以不变应万变”。

(3) 条理性。

一本简历，可以反映出应聘者的工作态度和工作能力。材料杂乱无序、零乱不齐，这个人的工作态度和能力一定不怎么样。所以，简历内容的取舍安排要重点突出，纸张的剪裁装订要整齐有序。

(4) 充实性。

简历是为了让招聘者比较充分地了解应聘者的经历、能力等方面的情况，而反映这些情况的，就是简历中具体的求职材料。正所谓口说无凭，只有充实而有说服力的材料才能使招聘者相信应聘者能力的真实性，才能打动招聘者的心。一本空洞无物的简历，只能让招聘者一笑而弃之。

(5) 严谨性。

简历是寻找工作的敲门砖，招聘单位也常常通过简历以小见大获得对应聘者的初步印象，因此简历制作过程中千万不可忽略细节，如错别字、病句等，标点符号、年代、地点等要逐一核查清楚。

**范文示例**

## 个 人 简 历

**• 基本情况 •**

姓　名：周××

性　别：女

出生年月：××××年××月

年　龄：××

籍　贯：云南文山

政治面貌：团员

毕业院校：××医学高等专科学校

专　业：康复治疗技术

地　址：云南省文山州马关县

电　话：×××××××××××

E-mail: ××××××@qq.com

照片

**• 求职意向 •**

××××市第一人民医院北城分院的一名康复治疗师

**• 教育背景 •**

××××年毕业于××医学高等专科学校

××××年毕业于文山州第一中学

××××年毕业于文山州马关县篾厂中学

××××年毕业于马关县桂皮山小学

**• 专业课程 •**

康复评定技术、运动学基础、神经病学、运动治疗技术、物理因子治疗、作业治疗技术、中国传统康复技术、疾病康复等。

**• 实习经历 •**

××××年××月至现在　××市第一人民医院北城医院　康复科

【工作轮转】运动治疗室、作业治疗室、针灸室、物理因子治疗室

【老师反馈】该同学基础知识扎实、善于思考、认真细心、动手能力强，有礼貌，

态度端正，希望以后继续努力。

**• 个人经历 •**

见习经历：××××—××××年利用周末在××市第一人民医院北城医院见习
社会经历：××××—××××年利用假期做兼职
在校经历：××××—××××年担任大学生社团联合会副主席
××××—××××年担任临床医学系勤工助学部志愿者
××××—××××年担任班级纪律委员

**• 个人技能 •**

专业技能：高级保健按摩、针灸推拿
语言水平：英语四级、普通话二级乙等
计算机水平：计算机二级

**• 自我评价 •**

1. 工作认真负责，善于思考问题，吃苦耐劳，亲和力强，有强烈的责任心。
2. 一年的共青团干部经历锻炼了我的综合能力和素质，也培养了我为人处世的积极态度。
3. 具有良好的适应能力，能在短时间内适应工作环境和工作压力。

**• 获奖情况 •**

1. 在××××—××××年度荣获“国家励志奖学金”。
2. 在第×届“青春榜样，曲医之星”评选活动中被评为“勤学敬业之星”。
3. 荣获××××年“优秀班干部”“优秀共青团员”“优秀共青团干部”。
4. 在临床医学系第七届求职模拟大赛中荣获一等奖。
5. 在××医学高等专科学校××××年求职模拟招聘大赛中荣获三等奖。
6. 在××医学高等专科学校××××年心理情景剧大赛中荣获二等奖。
7. 参加××医学高等专科学校××××年“青马工程”培训获得结业证书。
8. 在××××年10月临床医学系迎新晚会中荣获“优秀志愿者”称号。
9. 在××××年11月临床医学系手工艺大赛中荣获优秀奖。
10. 在青年志愿者协会六周年庆典晚会中荣获“优秀志愿者”称号。
11. 在校际礼仪队中表现优秀被评为“最美成员”。
12. 在××医学高等专科学校××××年五四晚会中被评为“最美礼仪奖”。
13. 在××××年5月医技系举办的求职模拟大赛中荣获“优秀志愿者”称号。
14. 在医技系第三届秘书节晚会中荣获“最佳礼仪奖”。

**【评析】**

这份求职简历属于文档式，所有的内容采取上下叠列式，有条不紊地交代了自己各方面的信息。作者的求职意向是一家市级医院的康复师，因而，文档中所列出的材料主要是与康复师岗位有关的信息。无论是课堂内的还是课堂外的，所有的经历都向招聘者表明：我有良好的专业成绩，我有沟通能力，我非常喜欢你们医院，希望你能录用我。这就叫针对性强。开篇留下联系方式，表达了求职者对获取这个职业的诚恳态度。

# 第三节　竞职演讲稿

## 一、功用与分类

竞职演讲稿是竞职者为了在竞聘会上通过与同行竞争而获得某个职位时所写的讲话稿。竞职演讲稿又可分为求职演讲稿和竞聘演讲稿两种。求职演讲稿是求职者面对用人单位招聘面试时所做的自我介绍；竞聘演讲稿是个人竞争企事业单位和部门的管理职位所做的竞选演讲。它本是演讲词的一个类别，但由于它专门用于求职，所以我们把它提到本章学习。

竞职演讲稿写作的目的是竞争职位，因而这种演讲一定是竞职者本人，但稿件的写作则可以是他人。为了竞争到竞职者心仪的职位，演讲稿一定要有突出的主题，有能与别人竞争取胜的内容，有准确而又富于激情的语言。

## 二、写作的基本格式

竞职演讲稿一般包括标题、称呼、正文三个部分。

### 1. 标题

竞职演讲稿的标题形式一般有三种。一是双行标题式，即分正副标题。其中正标题是文章式标题，内容往往是竞职者的决心或品行的概括，或者是其目标意愿。副标题则是公文类标题，由事由和文种构成。二是单行标题式，是如上所述的副标题形式。三是单行标题式，是只有文种名的形式。

### 2. 称呼

竞职演讲稿的称呼是对演讲受众的称谓，视其对象可用“尊敬的各位领导”“尊敬的各位评委”“尊敬的各位听众”等。有时，可以在称呼的后面用上一句配有时间的问候语，如“大家下午好”。

### 3. 正文

竞职演讲稿的正文分开头、主体和结尾三个部分。

(1) 开头：主要介绍个人的基本情况，包括姓名、年龄、学历、政治面貌、现任职务、竞聘职位及其原因等。

(2) 主体：主要说明自己优于别人的竞职条件和竞争到职位后的工作思路、目标、措施等。其中竞职条件应包括个人的政治业务水平、工作经历和能力等。

(3) 结尾：呼应标题，表达自己竞职的强烈愿望与决心及信心，并对听众表达谢意。

以上的结构样式是一个基本的体式，在具体的写作中，根据需要，可以灵活地调整各内容所在的段落，不必拘于一格，生搬硬套。

## 三、写作的注意事项

(1) 意向明确，主题突出。

所求何职应在演讲稿中明明白白地写出来，不可含含糊糊甚至忘写。因为有时一场竞聘会可能不止一个职位拿出来竞争。

(2) 个性突出，理由充足。

竞职演讲稿中用来作为竞职条件的材料必须有质量有数据，真实典型。这样，竞职的理由才可以征服听众和评委。虚假的、夸大的、非典型的材料，只能引起听众的一片唏嘘之声。这些材料，就是理由，就是竞聘的优越条件。这些条件应该是别人所不具备的。这样才有说服力。

(3) 语言通俗，篇幅适中。

竞职演讲稿允许提前写好，但最终要通过口语向面对的听众表达，这些人可能成分各异，水平不一，其工作职位也各不相同，因而，演讲稿的语言要适应听众的文化水平，不可有过多的专业术语或文言词语，更不可有大话套话。在非本土地区竞职，用语应尽量少使用异地的方言俚语。同其他各类演讲一样，竞职演讲也是有一定的时间限制的，不可过长，但也不要太短。太长则内容繁杂，听众厌烦；太短则论说不足，无法充分展示自己。一般可按会议规定的一个人演讲的时间写作演讲稿，尽量不要超时或提前结束。

## 范文示例

**例文一**

### 学生会办公室主任竞选稿

尊敬的老师、亲爱的同学们：

大家好！

我叫×××，来自临床系2019级临床3班，很高兴能够参加学生会主席团的竞选。我竞选的职位是学生会办公室主任。

歌德曾经说过这样一句话：“你若要喜爱你自己的价值，你就得给世界创造价值。”而我想说：“你若要给世界创造价值，你就得展现自己的价值。”既然竞选学生会办公室主任，我相信我有足够的能力胜任这个职位。

首先，我有足够的工作热情。在红十字会办公室工作一年期间，凭借热情，我从以前只会按上级要求办事到现在能独立策划、组织各种活动，在处理各种问题的时候我总会放开自己的思路，大胆地去想，积极和同学们讨论，常常取得超常的效果。拥有了热情才能主动服务于同学，拥有了热情才能成为同学的朋友，进而成为老师的助手！

其次，我深知团队合作的重要性。一座大厦不可能只由一根柱子来支撑。要想搞好一个组织，就得分工合作，结合团队的最大力量，进而更好地建设学生会办公室，从而使学生会得到更好的发展！

第三，我具备了一定的组织领导能力。我在班上担任班长，班内事务我都能安排得井井有条，得到老师的好评和同学的支持。

第四，我有较为丰富的实践经验。自参加红十字会后，我一直从事办公室工作，积累了许多宝贵的经验，深知办公室工作在学生会工作中的重要性，知道办公室的职责、任务和规范，明白办公室人员应具备的素质和要求，悟出了一些办公室工作的方法策略，取得了一定成绩。

学生会办公室作为学生会的重要组成部分，它的强大同其内部组员良好的个人素质及完善的协调合作是分不开的。如果我能担任学生会办公室主任，我一定重视并加强内部建设！

第一，部门成员的素质提高是保持组织活力的基本保证。办公室的内部成员必须有过硬的写作能力、组织协调能力、判断分析能力。作为办公室的一员，就要有能够协调学生会内各个部门的能力，良好的分工协作是保证工作顺利进行的前提。

第二，合适的礼节是一个部门精神状态的良好体现。作为一个先进集体的成员，恰当的礼仪，是保证工作顺利进行的润滑剂。我会注重礼节要求。

最后，灵活的知识运用也是学生会先进性、创新性的标志。百花齐放的校园生活中，能够保持自身的创新以及把握先进方向是学生会发展的关键。我们应该抓住时机，主动出击，打造出更具影响力的学生会。

另外，我们还要积极地借鉴以往的先进经验，发挥主席团和各部门之间的桥梁纽带作用，并加强和各系学生会之间的联系！

校园活动在向创新性、多样性发展，以往的单个部门承办活动的模式略显不足。学生会办公室作为一个重要的部门，其内部团队协作以及同外界的交流是其保持与时俱进的关键。所以，各个部门之间的交流合作对于学生会的全面发展是必需的，同外部的交流也将成为办公室工作的重要方面。这样才能不断地推陈出新，不断地发展完善。

综上所述，在学生会办公室的工作中，内部建设以及对外交流将成为我们生存及发展的基础，只有做好这两方面，我们才能够保持先进性，体现创新性，并把这种先进性和创新性，集中贯彻到学校管理的每一项工作中，让每一位老师和同学都能切身体会到我们的作用。

俗话说："欲穷千里目，更上一层楼。"只有站得更高才会看得更远，我希望在更高的位置发挥更大的作用，去带领学生会办公室，把学生会的各项工作做得更好。

亲爱的老师们、同学们，我相信通过我们的共同努力，我们学生会、学生会办公室一定能够为学校的学生管理工作交上一份满意的答卷！

**【评析】**

这篇竞职演讲稿的语言精练准确，毫无赘余。从结构上来讲，正文分为四个部分：第一部分介绍个人的基本情况；第二部分说明竞职的优越条件；第三部分表达竞职成功后的工作打算；最后结尾表示希望获得职位的愿望。全文充满自信和理智。

**例文二**

**竞选班长演讲词**

同学们：

你们好！

今天，我走上演讲台的唯一目的就是竞选班长。我的竞选口号是"做个彻底的平民班长”。班长应该是架在老师与同学之间的一座桥梁，能向老师提出同学们的合理建议，向同学们传达老师的苦衷。我保证做到在任何时候、任何情况下都首先“想同学们之所想，急同学们之所急”。当师生之间发生矛盾时，我一定明辨是非，坚持原则。特别是当老师的说法或做法不尽正确时，我将敢于积极为同学们谋求正当的权益。

班长作为一个班级的核心人物，应该具有统御全局的能力，我相信自己是够条件的。首先，我有能力处理好班级的各种事务，因为我具有较高的组织能力和协调能力。凭借这一优势，我保证做到将班委的积极性都调动起来，使每个班委扬长避短，互促互补，形成拳头优势。其次，我还具有较强的应变能力。所谓“处变不惊，临乱不慌”，我能够处理好各种突发事件，将损失减少到最低限度。再次，我相信自己能够为班级的总体利益牺牲一己之私，必要时，我还能“忍辱负重”。最后，因为我平时与大家相处融洽，人际关系较好，这样在客观上就减少了工作的阻力。

我的治班总纲领是：在以情联谊的同时以“法”治班，最广泛地征求全体同学的意见，在此基础上制定出班委工作的整体规划，然后严格按计划行事，推选代表对每个实施过程进行全程监督，责任到人，奖罚分明。我准备在任期内与全体班委一道为大家办十件好事：略。

同学们，请信任我，投我一票，给我一次锻炼的机会吧！我会经得住考验的，相信在我们的共同努力下，充分发挥每个人的聪明才智，我们的班务工作一定能搞得十分出色，我们的班级一定能跻身全校先进班级的行列，步入新的辉煌！

谢谢大家！

# 第四节　职业生涯规划书

## 一、概念、功用与意义

### （一）概念

职业生涯规划是指个人与社会职业需求相结合，通过对个人职业生涯的主客观条件进行测定、分析、总结，确定最佳的职业奋斗目标，并为实现这一目标做出行之有效的安排。职业规划并非就是按自己意愿去选择工作。

### （二）功用

(1) 做好职业生涯规划，可以分析自己，以既有的成就为基础，为确立人生的方向提供奋斗的策略。

(2) 通过职业生涯规划，可以重新安排自己的职业生涯，突破生活的格线，塑造清新充实的自我。

(3) 通过职业生涯规划，可以准确评价自己的特点和强项，在职业竞争中发挥自己的优势。

(4) 通过职业生涯规划，可以评估自己目标和现状的差距，为个人提供前进的动力。

(5) 通过职业生涯规划，可以准确定位职业方向。

(6) 通过职业生涯规划，可以重新认识自己，知道自己的优缺点，然后通过反思和学习，不断完善自己，使自己增值。

(7) 通过职业生涯规划，可以全面了解自己，增强职业竞争力，发现新的职业机遇。

(8) 职业生涯规划通常建立在个体的人生规划上，因此，做好职业生涯规划，可以将自己的生活、事业与家庭联系起来，让生活充实而有条理。

### (三) 意义

做好职业生涯规划，能够使人们的求职速度加快，能够使人们的求职成本降低，能够使人们对工作的持久性增强，能够使人们对工作满意度更高，可以充分提升个人的职业竞争力，使人们获得更高的价值回报。

## 二、职业生涯规划的步骤

面试时主考官常常会问这样一个问题：如果你获得这个职位，你将如何开展工作？这就是你必须回答的一个简单的职业生涯规划内容。面对日益激烈的职场竞争，每个人都不得不面对这样的问题：我未来的路在哪里？如何找到我满意的工作？所以每个人其实都有潜移默化地在心里想过自己的职业规划。也许这只是一个很模糊的意识。每个人通过问自己以下几个问题，职业生涯规划过程就明确了。

(1) 你是什么样的人？这是自我分析过程。分析的内容包括个人的兴趣爱好、性格倾向、身体状况、教育背景、专长、过往经历和思维能力。这样会对自己有个全面的了解。

(2) 你想要什么？这是目标展望过程。它包括职业目标、收入目标、学习目标、名望期望和成就感等。特别要注意的是学习目标，只有不断确立学习目标，才能不被激烈的竞争淘汰，才能不断超越自我，登上更高的职业高峰。

(3) 你能做什么？自己的专业技能何在？最好能学以致用，发挥自己的专长，在学习过程中积累自己的专业相关知识技能。同时个人工作经历也是一个重要的经验积累，能够帮你判断你能够做什么。

(4) 什么是你的职业支撑点？你具有哪些职业竞争能力？你的各种资源和社会关系，如个人、家庭、学校、社会的种种关系，也许都能够影响你的职业选择。

(5) 什么是最适合你的？行业和职位众多，待遇、名望、成就感和工作压力及劳累程度都不一样，哪个才是适合你的呢？选择最好的未必是合适的，选择合适的才是最好的。这就要根据前四个问题的答案来思考。

(6) 你能够选择什么？通过前面的过程，你就能够做出一个简单的职业生涯规划了。机会偏爱有准备的人，你做好了你的职业生涯规划，为未来的职业做好了准备，当然比没有做准备的人机会更多。

## 三、职业生涯规划的基本原则

### (一) 择己所爱

从事一项你所喜欢的工作，工作本身就能给你一种满足感，你的职业生涯也会从此变得妙趣横生。兴趣是最好的老师，是成功之母。调查表明：兴趣与成功概率有着明显的正相关性。在设计自己的职业生涯规划时，务必注意：考虑自己的特点，珍惜自己的兴趣，择己所爱，选择自己所喜欢的职业。

（二）择己所长

任何职业都要求从业者掌握一定的技能，具备一定的能力条件。而一个人一生中不能将所有技能都全部掌握。所以你必须在进行职业选择时择己所长，从而有利于发挥自己的优势。运用比较优势原理充分分析别人与自己，尽量选择冲突较少的优势行业。

（三）择世所需

社会的需求不断演化着，旧的需求不断消失，新的需求不断产生，新的职业也不断产生。所以在设计你自己的职业生涯规划时，一定要分析社会需求，择世所需。最重要的是，目光要长远，能够准确预测未来行业或者职业发展方向，并做出选择。择世所需，不仅仅是有社会需求，并且这个需求要长久。

（四）择己所利

职业是个人谋生的手段，其目的在于追求个人幸福。所以你在择业时，首先考虑的是自己的预期收益——个人幸福最大化。明智的选择是在由收入、社会地位、成就感和工作付出等变量组成的函数中找出一个最大值。这就是选择职业生涯中的收益最大化原则。

通过以上的简单步骤和原则，个人就可以设计职业生涯规划了。根据不同的情况，个人可以制订一个整体生涯规划，作为一个纲领性长期规划；或者制订一个 3～5 年的生涯规划，作为一种发展的中期规划；或者制订一个 1 年的生涯规划，作为一个可操作性强、变化较小的短期规划。有了规划，生活就有了目标，就不会迷失前进的方向。尤其要注意的是，职业生涯规划是人生规划的主体部分，是同个人、家庭和社会生活结合在一起的，是和个人追求幸福生活密不可分的。所以制订职业生涯规划，要和个人人生目标结合起来，要把职业生涯和家庭、社会生活结合起来。

## 四、写作的基本格式

职业生涯规划书在格式上应包括标题、前言、正文、结束语四个部分。

1. 标题

标题最好写出自己的名字、规划年限或者起止时间，这样才能反映职业生涯个性化的特征和时间坐标原则，具有开始规划自己人生的特别意义。

2. 前言

前言概括说明自己写作职业生涯规划书的意义和要达成的目标。

3. 正文

正文应包括“自我分析(知己)→职业分析(知彼)→职业定位→计划措施→评估调整”五个递进分析部分。

1) 自我分析

自我分析的目的，是认识自己、了解自己。因为只有认识了自己，才能对自己的职业做出正确的选择，才能选定适合自己发展的职业生涯路线，才能对自己的职业生涯目标做出最佳抉择。

自我分析应包括分析自己的职业兴趣(喜欢干什么)、职业能力(能够干什么)、个人特质(适合干什么)、职业价值观(最看重什么)和胜任能力(优劣势是什么)等方面。

2) 职业分析

职业分析主要是评估各种环境因素对自己职业生涯发展的影响，每个人都处在一定的环境之中，离开了这个环境，便无法生存与成长。所以，在制订个人的职业生涯规划时，要分析环境条件的特点、环境的发展变化情况、自己与环境的关系、自己在这个环境中的地位、环境对自己提出的要求以及环境对自己有利的条件与不利的条件等。只有对这些环境因素充分了解，才能做到在复杂的环境中避害趋利，使你的职业生涯规划具有实际意义。

3) 职业定位

综合第一部分(自我分析)及第二部分(职业分析)的主要内容得出个人职业定位的SWOT分析，即通过分析个人从业中的优势因素(S)、弱势因素(W)、机会因素(O)和威胁因素(T)寻找到自己未来的职业目标、职业发展策略和发展路径。

职业生涯目标的设定，是职业生涯规划的核心。一个人事业的成败，很大程度上取决于有无正确适当的目标。

目标的设定，是在继职业选择、职业生涯路线选择后，对人生目标做出的抉择。其抉择是以自己的最佳才能、最优性格、最大兴趣、最有利的环境等信息为依据。通常目标分短期目标、中期目标、长期目标和人生目标。短期目标一般为一至二年，短期目标又分日目标、周目标、月目标、年目标。中期目标一般为三至五年。长期目标一般为五至十年。

4) 计划措施

在确定了职业生涯目标后，行动便成了关键的环节。没有达成目标的行动，目标就难以实现，也就谈不上事业的成功。这里所指的行动，是指落实目标的具体措施，主要包括工作、训练、教育、轮岗等方面的措施。例如，为达成目标，在工作方面，你计划采取什么措施，提高你的工作效率；在业务素质方面，你计划学习哪些知识，掌握哪些技能，提高你的业务能力；在潜能开发方面，你计划采取什么措施开发你的潜能；等等。这些都要有具体的计划与明确的措施，并且要特别具体，以便于定时检查。

5) 评估调整

俗话说："计划赶不上变化。"是的，影响职业生涯规划的因素很多，有的变化因素是可以预测的，而有的变化因素难以预测。在此状况下，要使职业生涯规划行之有效，就须不断地对职业生涯规划进行评估与修订。修订的内容包括：职业的重新选择；职业生涯路线的选择；人生目标的修正；实施措施与计划的变更；等等。

**4. 结束语**

职业生涯规划结束语是同学们在写职业生涯规划书时的最后一步。正所谓画龙点睛，它便是这点睛之笔，写好了，更能突显出规划书的优异之处。

范文示例

## ×××2019—2029年职业生涯规划书

### 前　言

21世纪，是一个竞争非常激烈的时代，我们不得不努力提高自己的职业素质和学习能力，来适应这个千变万化的社会环境。在今天这个人才竞争的时代，职业生涯规划开始成为人才争夺战中的另一利器。对每个人而言，职业生命是有限的，如果不进行有效的规划，势必会造成生命和时间的浪费。作为当代大学生，若是带着一脸茫然踏入这个拥挤的社会，怎能满足社会的需要，使自己占有一席之地？

我一直有这样的一个意识：如果自己要戴上船长的帽子，要驾驶事业的轮船，自我的人格与办事能力，有时比我们的文凭还重要。我们应该从自身出发，立足社会，根据所学专业实事求是地确定目标，落实措施。

志向是事业成功的前提，没有志向，事业成功也就无从谈起。我就读的是××医学高等专科学校，我选择的是助产专业，助产士的工作是协助医生使产妇顺利分娩，是一个崇高而神圣的职业。我的理想是将来成为一个主管护师。

因此，我试着为自己拟定一份职业生涯规划书，将自己的未来好好地设计一下。有了目标，才会有动力。俗话说："世上无难事，只怕有心人。"只要在以后的学习和工作中一步一个脚印，踏踏实实学习，努力工作，并把所学的理论知识与实际相结合，相信我一定可以成为一名优秀的护理工作者，从而实现自己的理想。

一、个人志向

我来自云南大山深处的文山，现在在助产班。因为爸妈希望我能有一个美好的未来，因此取名翠英。

万丈高楼平地起，青山翠竹乃是最平凡的事物，但它们不断地吸取精华，以至能够保持长久的青翠。而我将会向它们学习，做一个一路前行，一路不断积极进取的人。助产士平凡而伟大，因为助产士是人类繁殖后代生生不息的一个好帮手，她一手托起一个家庭的幸福，一手托起祖国的未来，可见其责任的重大，而我将来也正是这茫茫人海中的一员。我是多血质和胆汁质的结合体，性格开朗活泼，亲和力强，做事认真，责任心强，我相信只要我不断地吸取万物的精华，我的未来就是光明的。我为人比较耿直，容易得罪人，但我会不断地改正。对待工作，我能够保持长久的热情，在工作中我会不断总结经验、充实自己、提升自己并朝着我的理想前进，做一个有思想、有道德、有技能的助产士。

二、自我评估

古希腊人说："认识自己才能富于智慧，得福免祸。"我时常会想自己以后要做什么，但是对自己想要做什么、自己适合做什么、自己能够做什么等还是没有好好地思考过。自我认识当然相当重要。所以，我使用了一系列的测评工具对自己进行了测评，再加上身边人对我的评价，进行了详尽地自我认知。这也让我发现了第二个我、第三个我。自我评估结果如下：

(一) 职业兴趣

有句老话说，兴趣是最好的老师。为了最后的职业选择，为了得到一个客观、具体的结果，我做了职业兴趣测评，见图 4-1、表 4-2。

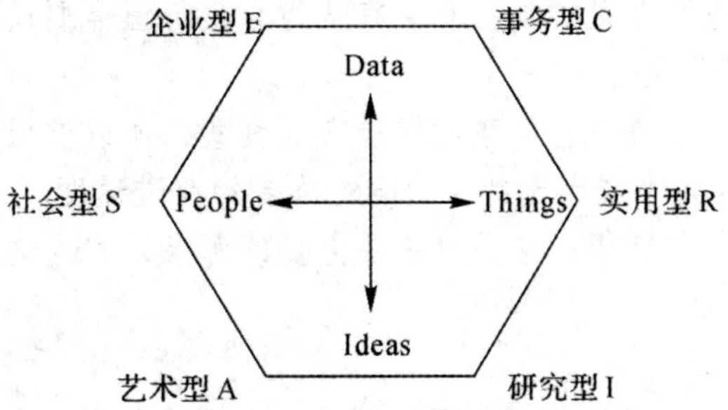


图 4-1　霍兰德六边形

**表 4-2　霍兰德六边形测评**

| 类　型 | 得分 | 简 单 描 述 |
|---|---|---|
| E 企业型(Enterprising) | 7 | 喜欢领导决策，擅长语言技能 |
| S 社会型(Social) | 6 | 喜欢人际交往，倾向于服务团体；对教育活动等感兴趣 |
| A 艺术型(Artistic) | 5 | 常常被认为是充满想象力的、内省的和独立的 |
| C 事务型(Conventional) | 3 | 喜欢结构性和条理性强的工作 |
| R 实用型(Realistic) | 3 | 也许显得有些直率、实际和固执；通常具备一些技能和技巧 |
| I 研究型(Investigative) | 3 | 喜欢以任务为导向，并且常常将领导权转让给别人 |

小总结：在职业兴趣测评结果中显示，像助产士、教师、管理人员、律师、福利机构工作者、销售人员等职业都符合我的兴趣。

(二) 职业价值观

职业价值观是我们人生价值能否得以体现的又一重要评定，接下来，我又在想：在工作中，我要获得什么呢？好环境、够稳定、对社会有贡献、高收入……这些好像都是我想得到的。我又做了测评，如图 4-2 所示。

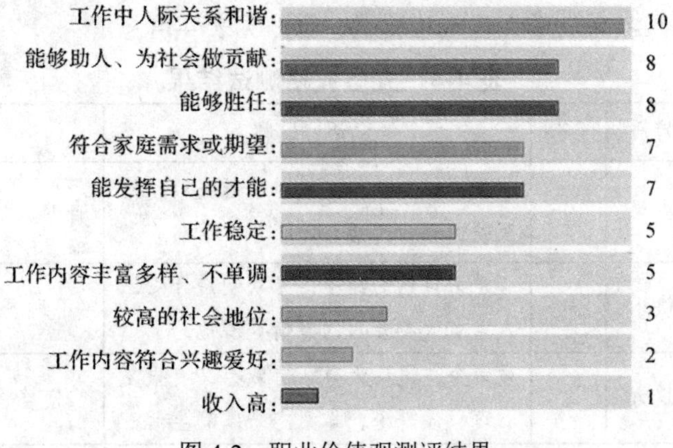


图 4-2　职业价值观测评结果

评测结果简单清晰、一目了然，我明白了自己在未来的职业中分别看重哪些东西：

(1) 工作中人际关系和谐：这是我最看重的。人际关系是工作的大环境、大背景，任何工作的出色完成都离不开他人的支持与帮助。

(2) 能够助人、为社会做贡献：我一直认为自我价值需要通过社会价值的体现而体现，“有贡献于社会”是最高评价。

(3) 能够胜任：我希望自己的路能够走得顺利些，所以要根据自己的“脚”选择适合自己的“鞋”，鞋太小或太大都会影响行路者的前进速度。

(4) 符合家庭需求或期望：家是我奋斗力量的源泉，家人的意见对我最终的职业选择有较大影响。

(三) 职业能力

知彼才会让自己的职业生涯更容易，可是一个人还是要有自己的特长和专业才会让自己有个出发点和立足点。上面的价值观测评中，我很在乎自己能不能胜任从事的职业。在选择之前，我又做了一下霍兰德职业倾向测试，结果见表 4-3。

**表 4-3　霍兰德职业倾向测试结果**

| 类　型 | 得分 | 简单描述 |
|---|---|---|
| S 社会型 (Social) | 7 | 喜欢人际交往，倾向于服务团体；对教育活动等感兴趣 |
| E 企业型(Enterprising) | 6 | 喜欢领导决策，擅长言语技能 |
| A 艺术型 (Artistic) | 4 | 常常被认为是充满想象力的、内省的和独立的 |
| C 事务型 (Conventional) | 4 | 喜欢结构性和条理性强的工作 |
| R 实用型 (Realistic) | 3 | 也许显得有些直率、实际和固执；通常具备一些技能和技巧 |
| I 研究型 (Investigative) | 3 | 喜欢以任务为导向，并且常常将领导权转让给别人 |

小总结：在得到了职业能力测评的结果后发现，很显然我是一个热爱工作，对工作充满积极态度的女孩，而助产士和护士特别需要的就是这种持久的热情。

(四) 性格测评

每个人都具有不同的气质及个性特征，而一个人的个性特征对其心理特点和行为有着很大的影响。所以，在制订职业生涯规划时，对自己个性特征的分析有助于我们把握正确的方向。我又做了九型人格测试，得分见表 4-4。

**表 4-4　九型人格测试结果**

| 名称 | 欲望特质 | 得分 | 生活风格 | 心情型号 |
|---|---|---|---|---|
| 成就型 | 追求成果 | 9 | 爱诉说自己的成就，逃避失败，按照长远目标过活 | 自恋、炫耀、害怕亲密 |
| 活跃型 | 追求快乐 | 9 | 爱讲自己的经验，喜欢制造开心，人生有太多开心的事情等着他 | 不耐烦、冲动、上瘾 |
| 领袖型 | 追求权力 | 8 | 爱命令，说话大声、有威严，有报复心理、爱辩论，靠意志来掌管生活 | 侵略、挑战、反叛 |

续表

| 名称 | 欲望特质 | 得分 | 生活风格 | 心情型号 |
|---|---|---|---|---|
| 智慧型 | 追求知识 | 8 | 爱观察、批评，把自己抽离，每天有看不完的书 | 好辩、抽离 |
| 和平型 | 追求和平 | 7 | 爱调和，做事缓慢，易懒惰、压抑，生活追寻舒服 | 怕羞、怕事、懒惰 |
| 博爱型 | 追求助人 | 7 | 爱报告事实，逃避被帮助，忙于助人，否认问题存在 | 自豪、骄傲、占有、控制 |
| 完美型 | 追求原则 | 6 | 爱劝勉教导，逃避表达愤怒，相信自己每天有干不完的事 | 愤怒、不满、失望、沮丧 |
| 忠诚型 | 追求忠心 | 6 | 爱平和讨论，惧怕权威，传统可给予安全感，害怕成就、逃避问题 | 害怕、忧虑、犹豫、忠诚 |
| 艺术型 | 追求独特 | 3 | 爱讲不开心的事，易忧郁、妒忌，生活追寻感觉好 | 嫉妒、爱比较、自我沉醉、自怜 |

由表4-4可以看出，我是成就型和活跃型的女孩。

除此之外，我还选择了获得广泛认同的MBTI测评工具对自己的个性特征做测评，结果见图4-3，表4-5。

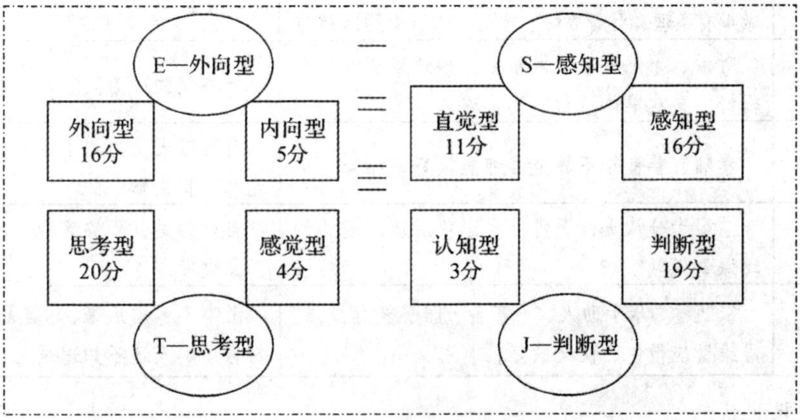


图4-3　各维度得分

**表4-5　四种气质类型**

| | |
|---|---|
| SJ<br>传统主义者/维护者 Legalist/Guardian | NF<br>通情者/理想主义者 Empathise/Idealist |
| SP<br>现实主义者/工匠 Realist/Artisan | NT<br>理性主义者/分析者 Rationalist/Analyst |

经测评之后，从四个维度的结果来看，我属于SJ——传统主义者；MBTI类型为ESTJ——外向、感知、思考、判断。这种性格的优缺点见表4-6。

**表 4-6　ESTJ 性格优缺点对比**

| 优　点 | 缺　点 |
|---|---|
| 具有强烈的事业心和责任心 | 持保守的价值观，过分推崇规则 |
| 办事能力强，风风火火 | 爱出风头 |
| 能组织各种细节工作 | 对细节很挑剔 |

小总结：个性特征测评完成后发现，我是一个兴趣广泛的女孩，爱好学习，喜欢看书，热爱体育，喜欢热闹。我擅长与人交流，性格开朗，调皮起来像个男孩，总是喜欢呼朋唤友。我获得了与自己个性特征最相符的职业类型，如助产士、教师、银行职员、保险代理、中小型企业主管等。

(五) 360° 评价

为获得更准确、更全面的自我认知，我又进行了 360° 评价，即尽可能多地获得他人对我的评价，结合自我评价后，多方位、多角度地展现一个更加立体的我。我发现了别人眼中的自己，见表 4-7。

**表 4-7　360° 评价结果**

| 评价主体 | 优　　点 | 缺　　点 |
|---|---|---|
| 自我评价 | 注重人际关系、善良、热爱运动、幽默、有责任感、朝气蓬勃、诚实守信、具有洞察力、做事有条理、沉着冷静、虚心好学、有团队精神 | 意志不够坚强，做事不果断，缺乏动手能力 |
| 父　　母 | 听话、不惹事、爱做家务、和亲戚朋友一直很好、喜欢集体活动、爱打球 | 性格倔强，为人直率，常犯错误 |
| 其他家人 | 孝顺、善良，不管是谁都能很好地相处 | 有时候表现得过于倔强了，一点儿都不肯认输 |
| 老　　师 | 学习十分认真，课堂上也比较活跃，能够带动课堂气氛 | 自以为是，不够虚心，做事不认真，欠考虑 |
| 好　　友 | 很随和、乐于助人、不吝啬、理解能力很强、思维反应很快、仗义耿直，有恩必报 | 做事不考虑后果，总容易得罪人，伤害了别人还不知道是怎么回事 |

三、职业认知

达尔文的进化论使我想到，在不同的环境中，相同的个体会有迥然不同的“境遇”。所以在进行职业生涯规划设计时，对环境的分析也就成为重中之重。

(一) 学校环境分析

(1) 学校建设：

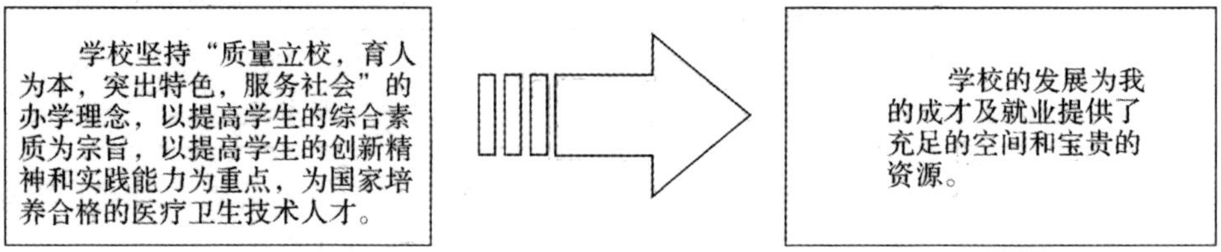

(2) 学校概况：

××医学高等专科学校于 2006 年 2 月经国家教育部批准成立，是公办的普通医学高等专科学校。学校各实习医院具有完善的实习管理机构、规章制度和一批具有丰富临床经验和带教能力的指导教师，实习医院能满足各专业的实习要求。有附属综合性医院一所，属国家三级甲等医院。

学校设有普通专科专业 7 个，其中临床医学、护理、助产专业为学校骨干专业，眼视光技术、药学、检验技术、医学影像技术为特色专业。成人专科专业 2 个，为临床医学和护理专业。联办成人本科专业 4 个和五年制大专专业 4 个。

(3) 专业优势：

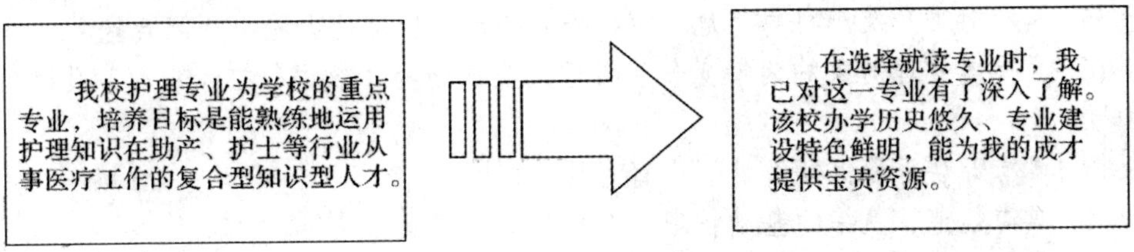


(二) 家庭环境分析

我家在文山丘北一个美丽小山村，父母都是农民，家庭经济不宽裕，但是我有关心我的爸爸、妈妈，理解我的两个姐姐，可爱的弟弟妹妹，我是那么的幸福。

(1) 经济情况：贫困。我在大学期间的学习需要借助各种助学贷款帮助完成学业，在高中上学时生活费就是我自己打工攒的，大学我也在努力做兼职工作。

(2) 家庭成员职业情况：爸爸、妈妈均为农民，我和弟弟妹妹均为学生。

(3) 家人期望：希望我做助产士、教师、公务员、医生等。

(4) 家乡地貌：大石山区。

**小总结：对学校环境和家庭环境有了了解和分析后，我进一步框定了自己的意向职业——回到家乡做一名助产士、护士等。**

(三) 职业环境分析

我校助产专业为省内外各级医疗卫生单位培养德、智、体、美、劳全面发展，具有良好的职业道德、现代服务理念和具备临床助产、临床护理和妇幼保健工作必需的专业知识和技能的高素质中、高级应用型助产专门人才。该专业学生毕业后能在各级医疗、预防、保健机构和社区卫生服务中心从事助产、护理、母婴保健等工作。该专业前景看好，随着国民经济的发展及人民生活水平的提高，社会对妇女保健服务人才规格需求也不断提高。人性化全程陪伴分娩，要求大批高素质的助产士。本专业学生毕业后可报考双证(护理资格证和助产士资格证)，就业前景良好。根据国家有关规定，凡在基层从事计生专干工作，必须持有助产士资格证方可上岗。

四、职业决策

我在上述环境分析中说过，我来自一个贫穷家庭，懂得生活的艰难，要好好学知识才能使我的生活过得更好。根据我的意向和爸妈的意愿，助产士应该是我选择的职业。

那么助产士这一职业到底适不适合我呢？接下来，我将从这一职业本身入手，看一看它需要的条件等，以确保自己的选择是正确的。

(一) 从业资格

以助产专业岗位需求为标准，通过 3 年学习，我要求自己毕业时具有以下专业知识、职业技能与服务态度，并能顺利通过国家执业资格考试。

(1) 掌握本专业必需的人文社会科学、基础医学、临床医学和预防保健知识。

(2) 掌握遗传、优生优育的有关知识及国家计划生育的政策和法规知识。

(3) 掌握护理学的基本理论，具有以护理对象为中心，运用护理程序实施整体护理的基本能力。

(4) 具有观察和规范地处理正常分娩、正常产褥、新生儿护理及健康指导的能力，能配合医生进行妊娠诊断、产前检查。

(5) 具有对难产及产科急、危、重症病人初步的应急处理能力和配合抢救能力。

(6) 具有对护理对象的病情变化、心理反应和药物疗效进行初步观察和处理的基本能力。

(7) 具有开展母婴保健及计划生育指导的能力。

(8) 具有规范、熟练的基础护理和专科护理基本操作技能。

(9) 具有良好的人际沟通能力、团队合作精神和较强的服务意识。

(10) 具有良好的职业道德、法律意识和医疗安全意识。

(11) 具有熟练的计算机基本操作能力和一定的英语应用能力、自学能力和职业创新能力。

(12) 具有健康的身体、良好的心理素质、规范的职业行为和较强的适应能力。

小总结：综合以上分析，加上我的专业优势，在从业过渡阶段做好就业准备就可以好好工作，当然学习基础知识是主要的。

(二) 工作环境

毕业后的我，把文山州妇幼保健院定位为我的职业蓝图的理想医院。文山州妇幼保健院属全民所有全额财政拨款卫生事业单位，创建于 1973 年，如今已发展成为集保健、临床、教学、科研、培训、技术指导为一体的综合性地区妇幼保健机构，是全州最大的妇幼保健业务技术指导中心。目前该院拥有妇产科、儿科、内科、手术室、检验科、保健科、口腔科等临床科室，配备有 500mAX 光机、全自动血球计数仪、半自动生化分析仪、洁净手术室系统、B 超、电子阴道镜、红外乳腺诊断治疗仪、产后康复综合治疗仪、胎儿监护仪等。随着国民经济的发展及人民生活水平的提高，社会对妇女保健服务人才规格需求也不断提高，要求大批高素质的助产士。我一直认为，助产士不只是一名简单的护理工作者，而应是慈母般的服务员，让病人感到温馨舒适才是履行自己的“使命”。

小总结：在这一点中，主要就是以服务病人为主，在前面的测试中，我是一位乐于助人的小女孩，对服务充满着热情。助产士对我来说再适合不过了。

(三) SWOT 分析及职业定位

做了那么多的测评与分析，应该是最后下决心的时候啦！尽管已经有了很多现实依据支持我去从事助产士这一职业，但是为了确保万无一失，我最后决定采用 SWOT

分析再做一次评估，见表 4-8。

表 4-8　助产士 SWOT 分析

| 优势(Strength) | 机遇(Opportunity) |
|---|---|
| ▲ 口头表达能力好<br>▲ 测评结果显示适合从事社会型工作<br>▲ 综合素质较好 | ▲ 行业属于传统行业<br>▲ 国家职业资格认证<br>▲ 社会渐趋人性化，对医疗人才需求量只增不减 |
| 劣势(Weakness) | 威胁(Threat) |
| ▲ 并非就读于本科学院<br>▲ 没有从事这一职业的知识储备 | ▲ 对专业技能、专业知识储备量要求较高<br>▲ 同行业竞争激烈<br>▲ 整体上来说，大学生就业形势严峻 |

**小总结：整合上述职业的 SWOT 分析结果后，可得出以下结论：我从事助产士这一职业，具有专业优势，对各方面背景有所了解，改变家庭经济劣势的可行性高。**

五、实施计划

经过确定基本方向、分析学校环境优势、分析家庭环境、目标职业探索、SWOT 分析结果横纵向整合后，结合自我认知，我终于为自己确立了最终职业目标：助产士。

认知自己、选择了目标职业之后，必须要付诸行动，才能使自己努力向既定目标靠拢。只有制订了翔实可行的计划，才能使自己接下来的行动“有法可依”，才能脚踏实地循序渐进，最终实现目标。

(一) 职业通道

我最终为自己设定的发展路径为：获得护士资格证——回到家乡从事护士工作——在工作中积累经验——向主管护师靠近，如图 4-4 所示。

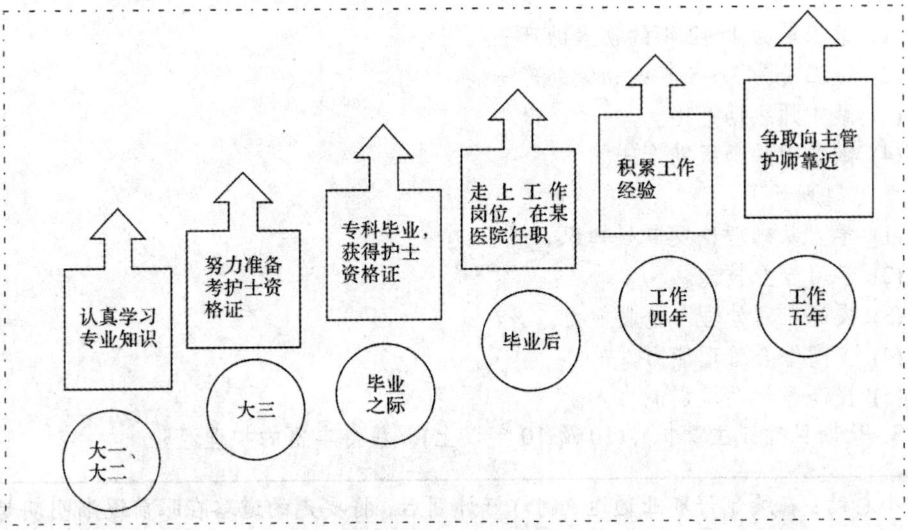


图 4-4　职业通道

通过亲手绘制简要职业通道，我觉得自己需要为目标职业做出努力了！

(二) 整体计划

为充分利用时间，有计划、高效率地实现既定目标，结合为自己制订的职业通道，我为自己制订了短、中、长期目标规划：

1. 短期目标：在校及实习期间(2013—2016 年)

总规划：认真学习助产和护理相关专业课程，利用图书馆资源查找相关书籍资料等，深入学习助产专业知识；获得 CET-A 级资格证。

具体规划如下：

一年级——试探期

(1) 认真学习基础课程和专业课程。

(2) 初步了解职业(了解我将来要从事的助产专业)。

(3) 了解助产专业将来的就业情况。

(4) 增加人际沟通与交流。

(5) 学习计算机知识。

二年级——冲刺期

(1) 学习求职技能。

(2) 搜集用工信息。

(3) 确定是否专升本

三年级——分化期

(1) 提高动手操作能力，并不断积累经验。

(2) 准备职业资格证书考试。

(3) 完成求职工作。

2. 中期目标：助产士五年规划(2016—2021 年)

总规划：在家乡的某一医院任职，一边累积护理经验，一边继续学习相关知识，深入了解护理职责和服务精神；进修相关课程，参加考试并获得资格证书。

工作规划如下：

(1) 做工龄为 1～2 年的初级助产士。

(2) 做工龄为 3～5 年的初级助产士。

(3) 做护师级助产士。

(4) 做主管护师级助产士。

学习规划如下：

(1) 学习基础理论及专科知识。

(2) 学习专业技能。

(3) 提高应急处理与抢救能力。

(4) 提高综合管理能力。

(5) 提高教学及培训能力。

3. 长期目标：主管护师(10 及 10 年以上)，获得丰富的护理经验

小总结：在绘制好职业通道、制订好计划后，将要走的道路在眼前逐渐明朗起来，需要做些什么努力、需要进行哪些准备也不再混沌一片。当然，仅仅制订计划是远远不够的，接下来，我就要全力以赴，向未来进发啦！

六、自我监控

(一) 评估与方案

(1) 各种考试是否顺利？如何弥补？

(2) 毕业是否顺利？短中长期目标不成功是否考虑放弃？

(3) 目标职业评估：各种因素综合影响是否考虑换工作？

(二) 调整原则

(1) 可持续发展原则。

(2) 不断自省原则。

(3) 分段检查原则。

(三) 次选职业

(1) 当各种因素影响了我的首选职业——助产士的顺利发展时，我将会把我的职业转向育婴师、母婴保健等行业，以求更好地发展。(大二时我将会参加育婴师培训，并确保取得中级育婴师资格证书。)

(2) 当受到种种阻碍无法进入我的首选医院——文山州妇幼保健院时，我将会把目标转向县级以上的妇幼保健院，以帮助更多的产妇。

(3) 如果首选职业和首选医院都受到阻碍，我将会选择回到农村，去做一些母婴保健宣传方面的工作，帮助农村妇女掌握一些简单的医学常识，以此来实现我投身医疗事业并为医疗事业奋斗终生的人生理想。

**小总结：计划赶不上变化，我将会根据实际情况对自己的规划进行调整，并且定期做自我评估，再结合自身条件及各方面因素不断进行修正，使自己更能适应社会的需求，使自身能得到更好的发展。**

七、结束语

路漫漫其修远兮，吾将上下而求索。不经历风雨，怎能见彩虹？我们要时刻保持清醒的大脑，随时为自己的目标而奋斗。其实，每个人心中都有一幅美丽的画，描绘着理想、信念、追求；每个人心中都有一片森林，承载着鸟语花香的甜蜜、阴森恐惧的彷徨。一个人，若要获得成功，必须拿出勇气，付出努力，拼搏，奋斗。机遇不同情眼泪的忧伤、不相信颓废的绝望，只期待爱打拼、时刻准备着的人。古罗马哲学家塞内卡有句名言：“如果我不知道驶向哪一个港口，那就没有一个风向适合我。”我终于尽全力画出了自己的职业蓝图，希望这包含着我信心、激情、坚持的蓝图，能够构建我最完美的未来！

当然，做好规划仅仅是我迈出的第一步。接下来，就让自己一步步坚定地迈向梦想吧！

**【评析】**

这份职业生涯规划书的作者是一名大一的学生，她详尽地对自己未来的职业做了规划，格式完整，分析到位，能很好地结合自身实际，看得出来是认真查阅了相关资料后所做的分析，实用性很强。不足之处是：她对自身评估时所用评估方法过多；因社会经验缺乏，对社会因素的分析也还有欠缺；计划措施部分规划过于简略。

# 综 合 练 习

## 一、填空

1. 求职类文书的共同特点是＿＿＿＿＿，＿＿＿＿＿，＿＿＿＿＿，＿＿＿＿＿＿，应用非常广泛。

2. 求职信的主体部分应介绍自己的＿＿＿＿＿＿＿＿、＿＿＿＿＿＿＿＿、＿＿＿＿＿＿＿和对将要从事的专业和所求职位的认识和规划。

3. 求职信的写作要求是：＿＿＿＿＿＿＿＿、＿＿＿＿＿＿＿＿、＿＿＿＿＿＿＿＿。

4. ＿＿＿＿＿＿＿＿＿＿是应聘者为了顺利谋求职位而准备的一系列个人材料。它一般可以分为简表式和文档式两种。

5. 写作求职简历应注意突出＿＿＿＿、＿＿＿＿、＿＿＿＿、＿＿＿＿、＿＿＿＿等特点。

6. 竞职演讲稿是竞职者为了在竞聘会上通过与同行竞争而获得某个职位时所写的讲话稿，因此主要说明自己＿＿＿＿＿＿＿条件和竞争到职位后的工作思路、目标、措施等。

7. 竞职演讲稿的语言应使用＿＿＿＿向面对的听众表达，不可有过多的专业术语或文言词语，更不可有大话套话。

8. 职业生涯规划是指＿＿＿＿＿与＿＿＿＿＿需求相结合，通过对个人职业生涯的主客观条件进行测定、分析、总结，确定最佳的＿＿＿＿＿＿目标，并为实现这一目标做出行之有效的安排。

9. 做好职业生涯规划，能够使人们的＿＿＿＿＿＿速度加快，能够使人们的＿＿＿＿＿成本降低，能够使人们对工作的＿＿＿＿性增强，能够使人们对工作＿＿＿＿度更高，可以充分提升个人的＿＿＿＿＿，可以使人们获得更高的＿＿＿＿＿回报。

10. 职业生涯规划的基本原则是＿＿＿＿＿、＿＿＿＿＿、＿＿＿＿＿、＿＿＿＿＿。

11. 职业生涯规划书的正文应该包含的主要内容包括“＿＿＿＿＿→＿＿＿＿＿→＿＿＿＿＿→＿＿＿＿＿→＿＿＿＿＿”五个递进分析部分。

## 二、病文改错

1. 请指出下文中格式、文字、内容安排等方面的错误，并加以改正。

### 求 职 信

尊敬的先生/小姐：

您好！

衷心感谢医院领导给我们这些即将毕业的学生提供这个学习和发展的平台。我也很荣幸能亲手向您呈上我的求职信，希望您在翻阅这份简历的时候能够发现我的优点和不足，并给以宝贵的意见。

据我了解，玉溪市人民医院始建于 1950 年，在几代人的努力下逐渐发展成为今天环境优美、设施齐全，集医疗、教学、科研、预防保健为一体的三级甲等综合医院。玉溪市人民医院是云南省地州上的首家三级甲等医院，是各家医院的模范，也是很多优秀人才求职的首选之地。

我叫刘静，来自昭通，××××年8月进入医学学校学习护理专业。我很喜欢我学的专业，因此，我十分珍惜学校学习的机会。在过去的三年中，我本着严谨求学的态度，认真学习了专业知识，掌握了专业技能，能够熟练运用Word、Excel、PPT等办公软件，还初步具备了一名护理人员的素养。除了专业知识外，我还注重其他能力的提升，在刚入学后就加入了学校大学生社团组织的活动和学校组织的各项活动。如大学生运动会虽未获得名次，但我运动我快乐。在班上我积极参加班级组织的活动。现在我敢说我是一件合格品！

尊敬的领导，您作为现代社会的睿智管理者，挑选有用的专业人才，一定是您此次招聘的初衷。对于即将完成学业的我，既有专业知识，又有较强社会实践能力。我满怀自信的向您推荐自己，希望能在贵院的发展中尽自己的一份绵薄之力。给我一个机会，我将还您一份惊喜。在收笔之余，祝贵院前程似锦！

此致

敬礼

××××年××月××日

求职者：刘静

2. 比较下面两份求职简历见(表4-9、表4-10)，说说哪一份好，为什么？

**表4-9　简　历　一**

| 姓名 | 刘强 | 性别 | 男 | 民族 | 汉 | 照片 |
|---|---|---|---|---|---|---|
| 出生年月 | 1990.6.6 | 政治面貌 | 党员 | 籍贯 | 北京海淀 | |
| 毕业院校 | ××大学 | 学历 | 本科 | 婚姻状况 | 未婚 | |
| 身份证号 | 略 | 联系电话 | 139…… | 家庭住址 | 略 | |
| 社会实践 | (1) 2018年寒假与同学一起在花市卖花<br>(2) 2019年在学校科技节与同学一起为学校拉到赞助5 000元 | | | | | |
| 所学专业知识 | …… | | | | | |
| 获奖情况 | …… | | | | | |
| 证书情况 | …… | | | | | |
| 兴趣爱好 | 喜欢打篮球 | | | | | |
| 求职意向 | 希望找与企业管理专业相关的工作 | | | | | |
| 自我评价 | 本人性格开朗自信，做事情谨慎细心，具有高度的责任感，善于处理人际关系，专业知识扎实，有较强的分析问题和解决问题的能力，能顾全大局，具备团队合作精神 | | | | | |

**表 4-10　简　历　二**

<table>
<tr><td>姓名</td><td>刘强</td><td>性别</td><td>男</td><td>民族</td><td>汉</td><td rowspan="3">照片</td></tr>
<tr><td>出生年月</td><td>1990.6.6</td><td>政治面貌</td><td>党员</td><td>籍贯</td><td>北京海淀</td></tr>
<tr><td>毕业院校</td><td>××大学</td><td>学历</td><td>本科</td><td>婚姻状况</td><td>未婚</td></tr>
<tr><td>身份证号</td><td>略</td><td>联系电话</td><td>139……</td><td>家庭住址</td><td colspan="2">略</td></tr>
<tr><td>相关工作经验</td><td colspan="6">(1) 2017 年新生入校后，我发现许多同学都需要买手机卡，便联络了一家手机卡供应商来学校直接销售，因为减少了中间环节，结果同学们都买到了便宜的手机卡。我因此得到了同学们的信任。之后同学们有什么需要都会找我来商量，我成了同学们心中的“商务通”<br>(2) 2018 年春节，我们几个同学决定利用寒假开展一次创业活动。我们在花市租了一个临时小摊位，从购花到卖花做好分工，非常辛苦，但这年的春节太冷了，最后还下了雨，我们辛苦了两周，却没有赚到一分钱，还好保了本。从这件事上我明白了赚钱不容易，不只是吃苦就能行，还必须懂得思考、分析和学习<br>(3) 2019 年 9 月，学校举办科技节，我和几个同学为了给学校拉赞助，跑到一个科技大厦，我们把在大厦办公的公司一家家全都拜访了，最后终于为学校拉到了 5 000 元的赞助费，非常自豪<br>(4) 2019 年 10 月，我开始在电脑城××代理处从事销售电脑的工作</td></tr>
<tr><td>所学专业知识</td><td colspan="6">商务管理……</td></tr>
<tr><td>获奖情况</td><td colspan="6">……</td></tr>
<tr><td>证书情况</td><td colspan="6">……</td></tr>
<tr><td>兴趣爱好</td><td colspan="6">喜欢打篮球、踢足球和所有班集体的活动，热爱集体生活，性格开朗，乐于助人，特别喜欢与人分享和交流，热爱与人打交道</td></tr>
<tr><td>求职意向</td><td colspan="6">我非常喜欢从事销售工作，尤其是电脑行业的销售；我喜欢研究电脑，业余时间常常为同学们组装电脑，具备电脑专业知识；21 世纪是网络世纪，人们离开了电脑几乎就无法生活，我愿意为人们有更高的生活品质而努力</td></tr>
<tr><td>自我评价</td><td colspan="6">我是对未来事业有追求的人，喜欢集体生活，乐于与人交往，擅长与人打交道；我认真分析了我的特点、特长和兴趣，认为我未来的职业理想就是成为一个优秀的电脑销售员。我一直为此努力学习所有与之相关的知识和技能，我相信机会永远留给有准备的人</td></tr>
</table>

3. 下面是一位同学在院学生会干部竞聘会上的竞职演讲稿，请指出不足并在其基础上重写一份。

**竞职演讲稿**

大家好：

自我介绍一下，我叫×××，来自机电学院应电专业××××班，现任团支部书记。

拿破仑有句名言：不想当将军的士兵不是好士兵。凭着团支书的工作经验，我来竞选院学生会干部。

我要对各位说："我没有什么值得夸耀，有的，是热血、辛劳和汗水。"

我认为，学生会主席不只是个称号，不只是个光环，它背后有实质性的内容，与数千位校友息息相关。所以，假若我当选，我不会让这个"主席"成为一个虚名。

此刻，在我面前的是高手如林的竞争，在各位参与竞选者身后的是一万多位校友的校园生活。我，正是为丰富我们的校园生活而来。有人问："你的施政纲领是什么？"我要说："我的施政纲领就是用我全部的能力，用各位给我的全力支持，用我所具有的所有力量来改善、丰富我们的校园生活；集合各位的愿望与要求，组织开展一系列富有年青一代个性与特色的文体活动。"有人问："你的目标是什么？"我这样回答："你们的认可——不惜付出，去赢得你们的认可；无论多么困难，无论付出多少努力和汗水，也要赢得你们的认可！"

我没有拖沓繁复的规划，我的所有计划都会从实际着手。我承诺得不多，但是我所说的一切，我都会尽力去做。我可以许诺：此刻，我所说的一切永远都不会只是一张空头支票。

此时此刻，我觉得我可以要求各位的支持，我要说："来吧，让我们并肩携手，一同努力！"

如果您觉得×××值得信赖，请投出您明智的一票。

4. 请指出下列职业生涯规划书的错误之处，并提出改正方案。

**大学生职业生涯规划书**

人生无处不青山，考入大学的我们，手握通知书，背上行囊进入理想中的大学生活。在如今人才济济的社会，想要在工作中得心应手，就必须给自己做好计划。特别是像我这样刚进入大学的学生，应该对自己的未来生活有个好的规划。因此，我给自己制订了一个大学生职业生涯规划书，认真设计自己的未来。

一、自我分析

(一) 基本情况

姓名：×××　　性别：女　　血型：A/B 型　　气质：胆汁质兼抑郁质

职业价值观：志愿型　　出生地：云南省曲靖市会泽县

出生年月：1997 年 8 月　　学历：大专　　专业：临床医学

(二) SWOT 分析

优势：

1. 具有较强的沟通能力，喜欢交友。

2. 做事情较为稳重，宽以待人。

劣势：

1. 缺乏自信心，对身边的事物较为敏感。

2. 胆子较小。

机会与威胁：目前医务专业人才比较紧缺，但是三年之后人才市场趋于饱和，更何况对一个专科生来说。

(三) 家庭状况

出生于农村，家庭并不富裕，父母在外打工，知道了父母的辛苦，知道了以后的生活必须靠自己的双手努力，所以我必须好好学习。

二、职业分析

以现在的行业来看，医学专业就业太困难，但随着社会的发展，学医的人越来越多，医学专业就业会更困难，因此，我对所学专业进行了调查，结果如图 4-5 所示。

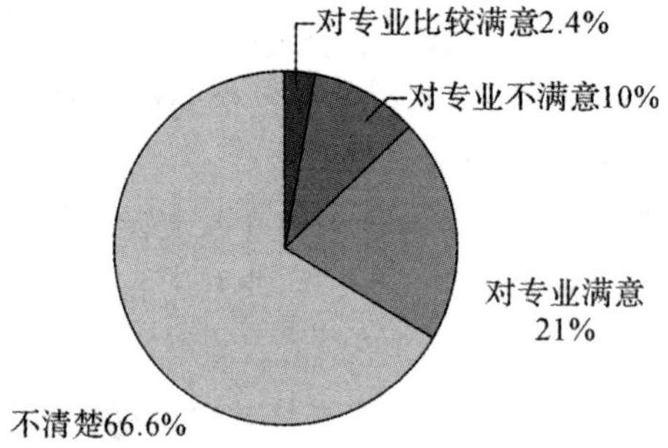


图 4-5　调查结果

三、未来职业规划

1. 2016—2017 年努力学习，争取在期末考试的时候每个科目都顺利过关，为今后的学习打下扎实的基础。

2. 2017—2018 年多考几个其他专业的证书。

3. 2018 年出去实习能做个好的医生，做一个能让病人满意的医生，并顺利拿到毕业证。

4. 2019 年毕业后能顺利找到一份工作，并随时充电，争取向我的下一个目标奋斗。

四、结束语

每个人都说大学是我们享受时光的生活，可我就想问：把大学的美好时光享受了，未来的时光你怎么去享受？难道你愿意用三年的美好时光换取你一生的幸福吗？

## 三、写作训练

1. 某营销企业近期想招聘 3 名业务员，很多应届毕业生都想应聘！请你写一份求职信和制作一篇求职简历去报名。

2. 三天后，你很荣幸地看到了企业笔试结果的公示，你通过了企业笔试，但是企业同时通知你，为了录取到他们真正满意的人才，现在初步录取了6名应聘者，这6人要通过企业安排的面试，才能最后确定是否被录取。相信你有这个自信，不会错过这个良机吧？那就赶快准备一篇竞职演讲稿吧！成功一定属于你！

3. 请结合你自己的专业为自己做一份未来十年的职业生涯规划书，要求格式完整，规划合理。

# 第五章　党政公文类文书

## 第一节　党政机关公文概述

### 一、概念

党政机关公文简称公文，即公务文书。中共中央办公厅、国务院办公厅 2012 年发布的《党政机关公文处理工作条例》(以下简称《条例》)中指出："党政机关公文是党政机关实施领导、履行职能、处理公务的具有特定效力和规范体式的文书，是传达贯彻党和国家方针政策，公布法规和规章，指导、布置和商洽工作，请示和答复问题，报告、通报和交流情况等的重要工具。"

党政机关公文的种类、格式、行文规则都有法定规定，即必须遵照中共中央办公厅、国务院办公厅发布的《条例》及中华人民共和国国家质量监督检验检疫总局、国家标准化管理委员会于 2012 年 6 月 29 日发布的《党政机关公文格式》(GB/T 9704—2012)执行。

### 二、特点

#### 1. 作者的法定性

公文不是任何单位或组织都能制发的，制发公文必须具有法定资格，即法定的作者。所谓法定的作者，是指依据《中华人民共和国宪法》(以下简称《宪法》)和其他有关法律、章程、规定成立的能以自己的名义行使法定的职能权力和担负一定的任务、义务的机关、组织或代表机关组织的领导人。在我国，各级党政机关、社会团体、企事业单位，只要是依据《宪法》和其他有关法律、条例的规定并经过一定的审批程序建立和存在的，都是法定的作者。这些法定的作者可以在自己的职权范围内制发相应的公文。

#### 2. 效力的权威性

公文是由法定作者制发的，法定的作者具有一定的权威性，这就决定了公文可以代表发文机关发言，并代表了机关的法定职权和权威。

#### 3. 现实的执行性

现实的执行性是公文的本质属性。公文的制发总是为反映一定的现象、解决一定的问题而产生的。现实的执行性有两方面含义：一是执行性，即在有关职权范围内，公文一旦制发，就要贯彻执行；二是在一定时间内具有执行性。没有一份文书是永久有效的，旧的公文会被新的文公替代，旧的法律法规会被废止、修改，还有的公文一旦办理完毕，其执行性也就完结了。

### 4. 体式的规范性

为维护公文的严肃性和便于公文的处理，公文从形成、处理到管理都需要遵守一系列体式。例如，公文专用词语表开头的有根据、依据、按照、为了(为)、由于、兹有等，表称谓的有我、本、贵、你、该等。

## 三、分类

按照《条例》中的规定，党政机关公文主要有15种，即决议、决定、命令(令)、公报、公告、通告、意见、通知、通报、报告、请示、批复、议案、函、纪要。其具体适用范围见表5-1。

**表 5-1　党政机关公文的具体适用范围**

| 序号 | 文种 | 适 用 范 围 |
|---|---|---|
| 1 | 决议 | 适用于会议讨论通过的重大决策事项 |
| 2 | 决定 | 适用于对重要事项做出决策和部署，奖惩有关单位和人员，变更或者撤销下级机关不适当的决定事项 |
| 3 | 命令(令) | 适用于公布行政法规和规章，宣布施行重大强制性措施，批准授予和晋升衔级，嘉奖有关单位和人员 |
| 4 | 公报 | 适用于公布重要决定或者重大事项 |
| 5 | 公告 | 适用于向国内外宣布重要事项或者法定事项 |
| 6 | 通告 | 适用于在一定范围内公布应当遵守或者周知的事项 |
| 7 | 意见 | 适用于对重要问题提出见解和处理办法 |
| 8 | 通知 | 适用于发布、传达要求下级机关执行和有关单位周知或者执行的事项，批转、转发公文 |
| 9 | 通报 | 适用于表彰先进-批评错误-传达重要精神和告知重要情况 |
| 10 | 报告 | 适用于向上级机关汇报工作、反映情况，回复上级机关的询问 |
| 11 | 请示 | 适用于向上级机关请求指示、批准 |
| 12 | 批复 | 适用于答复下级机关的请示事项 |
| 13 | 议案 | 适用于各级人民政府按照法律程序向同级人民代表大会或者人民代表大会常务委员会提请审议事项 |
| 14 | 函 | 适用于不相隶属机关之间商洽工作，询问和答复问题，请求批准和答复审批事项 |
| 15 | 纪要 | 适用于记载会议主要情况和议定事项 |

按照不同的标准，又可以将公文划分为不同的类型。

### 1. 按行文方向分

按行文方向，可以将公文分为上行文、下行文和平行文。

(1) 上行文是指下级机关向上级机关报送的公文，如请示、报告等。

(2) 下行文是指上级机关向所属下级机关的行文，如命令、指令、决定、指示、公告、通知、通告、通报、批复等。

(3) 平行文是指同级机关或不同隶属机关之间的行文，如函等。意见根据其内容也可作为平行文。

### 2. 按时限要求分

按时限要求，可以将公文分为特急公文、急办公文和常规公文。

(1) 特急公文是指内容事关重大而紧急，必须以最快的速度制发处理的公文。特急公文文面注明“特急件”。

(2) 急办公文是指涉及重要工作和需要急速形成和处理的公文。急办公文较之特急件处理时限稍缓，文面注明“急件”。

(3) 常规公文是指按常规时间和程序办理的公文，文面不须注明。

(4) 特急及急办公文应随到随办，时限要求越高，传递、办理的速度也就要求越快，但要“快中求准”。随着社会的发展，对公文的时效要求越来越高，即使常规公文，也应随到随办，以提高办文效率。

### 3. 按机密程度分

按机密程度，可以将公文分为绝密公文、机密公文、秘密公文和普通公文。

(1) 绝密公文通常是党和国家的核心机密，一旦泄密会对党和国家造成特别重大损失。

(2) 机密公文通常是党和国家的重要秘密，一旦泄密会对党和国家造成重大损失。

(3) 秘密公文通常是党和国家的一般秘密，其内容也不允许泄密。

(4) 普通公文也称非保密文件，但普通文件并非任何人都可以传阅。

## 四、写作的基本格式

### (一) 通用格式

按照公文格式各要素可将党政机关公文划分为版头、主体、版记三部分。公文首页红色分隔线(包括)以上的部分称为版头；公文首页红色分隔线(不含)以下、公文末页首条分隔线(不含)以上的部分称为主体；公文末页首条分隔线以下、末条分隔线以上的部分称为版记。

### 1. 版头部分

公文首页红色分隔线(包括)以上的各要素统称为版头。版头包括份号、密级和保密期限、紧急程度、发文机关标识、发文字号、签发人、分隔线等要素。

(1) 份号。

份号是公文印制份数的顺序号。份号的标注一般用 6 位 3 号阿拉伯数字，顶格编排在版心左上角第一行，如第一份标为 000001。

(2) 密级和保密期限。

涉密公文依据《中华人民共和国保守国家秘密法》的规定按涉密程度明确标注“绝密”“机密”“秘密”和保密期限。如需标注密级和保密期限，一般用 3 号黑体字，顶格编排在版心左上角第二行；保密期限中的数字用阿拉伯数字标注。

(3) 紧急程度。

紧急程度是对公文送达和办理的时限要求。如需标注紧急程度，一般用 3 号黑体字，顶格编排在版心左上角；如需同时标注份号、密级和保密期限、紧急程度，按照份号、密级和保密期限、紧急程度的顺序自上而下分行排列。

(4) 发文机关标识。

发文机关标识是公文版头部分的核心，由发文机关全称或者规范化简称加“文件”二字组成，也可以使用发文机关全称或者规范化简称。如中共中央文件、云南省人民政府文件等。

发文机关标识居中排布，上边缘至版心上边缘为 35 mm，推荐使用小标宋体字，颜色标识为红色，以醒目、美观、庄重为原则。

联合行文时，如需同时标注联署发文机关名称，一般应当将主办机关名称排列在前；如有“文件”二字，应当置于发文机关名称右侧，以联署发文机关名称为准上下居中排布。

(5) 发文字号。

发文字号是党政机关制发公文的编号，由发文机关代字、年份、发文顺序号组成。如教育部 2019 年发布的第 1 号文件的发文字号为“教发〔2019〕1 号”。

发文字号编排在发文机关标识下空二行位置，居中排布。年份、发文顺序号用阿拉伯数字标注；年份应标全称，用六角括号“〔〕”括入；发文顺序号不加“第”字，不编虚位(即 1 不编为 01)，在阿拉伯数字后加“号”字。

上行文的发文字号在红色分隔线上居左空一字编排，与最后一个签发人姓名处在同一行。

(6) 签发人。

上行文应当标注签发人姓名，体现机关负责人应对所签发的公文负责。

签发人的标注由“签发人”三字加全角冒号和签发人姓名组成(如签发人：张三)，居右空一字，编排在发文机关标识下空二行位置。“签发人”三字用 3 号仿宋体字，签发人姓名用 3 号楷体字。

如有多个签发人，签发人姓名按照发文机关的排列顺序从左到右、自上而下依次均匀编排，一般每行排两个姓名，回行时与上一行第一个签发人姓名对齐。

(7) 分隔线。

分隔线是位于发文字号之下 4 mm 处，居中排布的一条与版心等宽的红线。

**2. 主体部分**

公文首页红色分隔线(不含)以下至公文末页首条分隔线(不含)之间的要素为主体部分。主体部分包含标题、主送机关名称、正文、附件说明、发文机关署名、成文日期、印章、附注、附件等要素。

(1) 标题。

标题由“发文机关名称 + 事由 + 文种”构成，称为标题三要素。例如，《国务院关于加快发展现代职业教育的决定》一文，发文机关是“国务院”，事由是“加快发展现代职业教育”，文种是“决定”。标题一般用 2 号小标宋体字，编排于红色分隔线下空二行位置，分一行或多行居中排布；回行时，要做到词意完整，排列对称，长短适宜，间距恰当；标题排列应当使用梯形或菱形，不应使用上下长度一样的长方形或上下长、中间短的沙漏形。

(2) 主送机关名称。

主送机关名称指公文的主要受理机关，应当使用机关全称、规范化简称或者同类型机关统称。编排于标题下空一行位置，居左顶格，回行时仍需顶格，最后一个机关名称后标全角冒号。当主送机关名称过多导致公文首页不能显示正文时，应当将主送机关名称移至版记。

(3) 正文。

正文是公文的主体，用来表述公文的内容。公文首页必须显示正文。正文一般用 3 号仿宋体字，它编排于主送机关名称下一行，每个自然段左空二字，回行顶格。文中结构层次序数依次可以用“一”“(一)”“1.”“(1)”标注；一般第一层用黑体字标注，第二层用楷体字标注，第三层和第四层用仿宋体字标注。

(4) 附件说明。

附件说明指公文附件的顺序号和名称。如有一个附件，在正文下空一行左空二字编排“附件”二字，后标全角冒号和附件名称。如有多个附件，使用阿拉伯数字标注附件顺序号(如“附件：1.××××××”)，附件名称后不加标点符号。附件名称较长需回行时，应当与上一行附件名称的首字对齐。

(5) 发文机关署名、成文日期和印章。

① 加盖印章的公文。

成文日期一般右空四字编排，印章用红色，不得出现空白印章。

单一机关行文时，一般在成文日期之上、以成文日期为准居中编排发文机关署名，印章端正、居中下压发文机关署名和成文日期，使发文机关署名和成文日期居印章中心偏下位置，印章顶端应当上距正文(或附件说明)一行之内。

联合行文时，一般将各发文机关署名按照发文机关顺序整齐排列在相应位置，并将印章一一对应，端正、居中下压发文机关署名，最后一个印章端正、居中下压发文机关署名和成文日期，印章之间排列整齐，互不相交或相切，每排印章两端不得超出版心，首排印章顶端应当上距正文(或附件说明)一行之内。

② 不加盖印章的公文。

单一机关行文时，在正文(或附件说明)下空一行右空二字编排发文机关署名，在发文机关署名下一行编排成文日期，首字比发文机关署名首字右移二字；如成文日期长于发文机关署名，应当使成文日期右空二字编排，并相应增加发文机关署名右空字数。

联合行文时，应当先编排主办机关署名，其余发文机关署名依次向下编排。

③ 加盖签发人签名章的公文。

单一机关制发的公文加盖签发人签名章时，在正文(或附件说明)下空二行右空四字加盖签发人签名章，签名章左空二字标注签发人职务，以签名章为准上下居中排布。在签发人签名章下空一行右空四字编排成文日期。

联合行文时，应当先编排主办机关签发人职务、签名章，其余机关签发人职务、签名章依次向下编排，与主办机关签发人职务、签名章上下对齐；每行只编排一个机关的签发人职务、签名章；签发人职务应当标注全称。签名章一般用红色。

④ 成文日期。

成文日期用阿拉伯数字将年、月、日标全，年份应标全称，月、日不编虚位(即 1 不编为 01)。

(6) 附注。

附注指公文印发传达范围等需要说明的事项。如有附注，居左空二字加圆括号编排在成文日期下一行。

(7) 附件。

附件是公文正文的说明补充或者参考资料，应当另面编排，并在版记之前，与公文正文一起装订。“附件”二字及附件顺序号用 3 号黑体字顶格编排在版心左上角第一行。附件标题居中编排在版心第三行。附件顺序号和附件标题应当与附件说明的表述一致。附件格式要求同正文。

如附件与正文不能一起装订，应当在附件左上角第一行顶格编排公文的发文字号并在其后标注“附件”二字及附件顺序号。

**3. 版记部分**

公文末页首条分隔线与末条分隔线之间的各要素为版记部分，包括抄送机关、印发机关、印发日期等要素。

版记应置于公文最后一面，版记的最后一个要素置于最后一行。也就是说，版记一定要放在公文的最后，即公文的最后一面的最下面位置。

(1) 版记中的分隔线。

版记中的分隔线与版心等宽，首条分隔线和末条分隔线用粗线(推荐高度为 0.35 mm)，中间的分隔线用细线(推荐高度为 0.25 mm)。首条分隔线位于版记中第一个要素之上，末条分隔线与公文最后一面的版心下边缘重合。

(2) 抄送机关。

抄送机关指除主送机关外需要执行或者知晓公文内容的其他机关。如有抄送机关，一般用 4 号仿宋体字，在印发机关和印发日期之上一行、左右各空一字编排。“抄送”二字后加全角冒号和抄送机关名称，回行时与冒号后的首字对齐，最后一个抄送机关名称后标句号。

如需把主送机关移至版记，除将“抄送”二字改为“主送”外，编排方法同抄送机关。当既有主送机关又有抄送机关时，应当将主送机关置于抄送机关之上一行，之间不加分隔线。

(3) 印发机关和印发日期。

印发机关和印发日期一般用 4 号仿宋体字，编排在末条分隔线之上，印发机关左空一字，印发日期右空一字，用阿拉伯数字将年、月、日标全，年份应标全称，月、日不编虚位(即 1 不编为 01)，后加“印发”二字。

版记中如有其他要素，应当将其与印发机关和印发日期用一条细分隔线隔开。

(4) 页码。

页码一般用 4 号半角宋体阿拉伯数字，编排在公文版心下边缘之下，数字左右各放一条一字线；一字线上距版心下边缘 7 mm。单页码居右空一字，双页码居左空一字。公文的版记页前有空白页的，空白页和版记页均不编排页码。公文的附件与正文一起装订时，页码应当连续编排。

### (二) 公文的格式

#### 1. 信函格式

信函格式发文机关标识使用发文机关全称或者规范化简称，居中排布，上边缘至上页边为 30 mm，推荐使用红色小标宋体字。联合行文时，使用主办机关标识。发文机关标识下 4 mm 处印一条红色双线(上粗下细)，距下页边 20 mm 处印一条红色双线(上细下粗)，线长均为 170 mm，居中排布。如需标注份号、密级和保密期限、紧急程度，应当顶格居版心左边缘编排在第一条红色双线下，按照份号、密级和保密期限、紧急程度的顺序自上而下分行排列，第一个要素与该线的距离为 3 号汉字高度的 7/8。

发文字号顶格居版心右边缘编排在第一条红色双线下，与该线的距离为 3 号汉字高度的 7/8。标题居中编排，与其上最后一个要素相距二行。第二条红色双线上一行如有文字，与该线的距离为 3 号汉字高度的 7/8。首页不显示页码。版记不加印发机关和印发日期、分隔线，位于公文最后一面版心内最下方。

#### 2. 命令(令)格式

命令(令)格式发文机关标识由发文机关全称加“命令”或“令”字组成，居中排布，上边缘至版心上边缘为 20 mm，推荐使用红色小标宋体字。发文机关标识下空二行居中编排令号，令号下空二行编排正文。签发人职务、签名章和成文日期的编排与前面介绍相同。

#### 3. 纪要格式

纪要格式发文机关标识由“×××××　纪要”组成，居中排布，上边缘至版心上边缘为 35 mm，推荐使用红色小标宋体字。标注出席人员名单，一般用 3 号黑体字，在正文或附件说明下空一行左空二字编排“出席”二字，后标全角冒号，冒号后用 3 号仿宋体字标注出席人单位、姓名，回行时与冒号后的首字对齐。

标注请假和列席人员名单，除依次另起一行并将“出席”二字改为“请假”或“列席”外，编排方法同出席人员名单。纪要格式可以根据实际制定。

# 第二节　通　　知

## 一、概念与特点

通知适用于发布、传达要求下级机关执行和有关单位周知或者执行的事项，批转、转发公文。通知具有使用范围的广泛性、执行的指导性和一定的时效性。

## 二、分类

根据适用范围的不同，通知可以分为以下几种类型：

(1) 印发规章性通知。印发规章性通知用于告知有关单位，某一规章制度、方案等已经批准，予以印发，如《国家卫生计生委关于印发中国癌症防治三年行动计划(2015—2017年)的通知》《全国爱卫会关于印发 2015 年全国爱国卫生工作要点的通知》。

(2) 贯彻执行性通知。贯彻执行性通知用于上级机关指导下级机关开展工作，要求下级机关严格贯彻执行有关精神，或者结合本地区、本单位实际情况提出具体执行意见，如《教育部办公厅关于开展第三届“礼敬中华优秀传统文化”系列活动的通知》《国家卫生计生委办公厅关于印发人感染 H7N9 禽流感疫情防控方案(第三版)的通知》。

(3) 事务性通知。事务性通知主要用于处理日常工作中带事务性的事情，一般是下级机关执行和了解某些事项时使用。机构成立、合并、撤销、启用新印章等都需要用到这类通知，会议通知也属于这类通知，用于告知有关人员参会的时间、地点及参会要求等，如《国家卫生计生委关于建立社会组织参与艾滋病防治基金的通知》《中共教育部党组关于×××同志免职的通知》。

(4) 批转性通知。批转性通知用于上级机关批转下级机关的公文，体现的是领导与被领导的关系，如《国务院批转国家发展改革委关于 2016 年深化经济体制改革重点工作意见的通知》。

(5) 转发性通知。转发性通知用于转发上级机关和不相隶属的机关的公文给所属人员，让他们周知或执行，如《国务院办公厅关于转发卫生计生委等部门全国精神卫生工作规划(2015—2020 年)的通知》。

## 三、写作的基本格式

通知一般由标题、主送机关、正文、落款组成。

### 1. 标题

标题的构成方式有以下三种：

(1) 由“发文机关 + 事由 + 文种”三要素构成。重要的通知必须具备这三个要素，如《中共中央办公厅、国务院办公厅关于严禁用公费变相出国(境)旅游的通知》。

(2) 由“事由 + 文种”构成，如《关于×××等职务任免的通知》。

(3) 直接用文种为标题，用于日常生活和工作中一些非重大事项的通知。

### 2. 主送机关

通知的主送机关可以是一个或者多个，这时可以将所有主送机关名称全部写上，如果是普发文件，可以概括为各部门、各有关单位。

### 3. 正文

#### 1) 开头

开头用来交代通知的缘由，一般应交代发布通知的背景、目的、理由等，既要提出准备“干什么”，又要讲清“为什么”或“凭什么”。在行文时应写得简明扼要，为下文提出通知事项做好铺垫。

#### 2) 主体

主体用来阐明需要受文单位完成的任务或应当办理的事项，以及在办理过程中应把握的原则、重点、政策界限、注意事项等。在行文时，主体要力求明确具体，让有关单位知晓“要求干什么”“应该怎么干”“干成什么样”。主体的具体段落层次根据文章内容多少来设定。

(1) 印发规章性通知通常是首先用一两句话引出发布的法规或者规章名称(通常采用

“现将”)，然后提出贯彻执行的要求(通常采用“请认真贯彻执行”“请照此执行”)。

(2) 贯彻执行性通知要明确、具体地交代应知和应办的事项，要做到条理清晰，便于领会、理解和执行。

(3) 事务性通知要把应知和应办的事项写清楚，讲清目的、要求、措施、办法等，主要的、重要的事项写在前面。

(4) 批转、转发性通知，所转发的文件内容要出现在标题中，但不一定要使用书名号。批转、转发类公文有两种结构形式：① 单一的批转、转发通知，由批转、转发依据，通知的具体内容和执行要求三部分组成。例如，经××研究同意，现将《××××××》(通知的具体内容)批转/转发给你们，请认真贯彻执行(执行要求)。② 由批转/转发通知和批转/转发指示构成。批转/转发通知如上所示；“批转/转发指示”指被批转/转发公文的基本精神提要、强调和补充，请受文单位重视。批转/转发指示一般包括三方面内容：一是写明被批转、转发或印发的文件；二是指明通知事项的意义；三是提出具体的贯彻执行的意见或要求。

3) 结尾

结尾常用“特此通知”或“请遵照(参照)执行”等作为结语。贯彻执行性通知可以在结尾处提出需要贯彻执行的有关要求。篇幅短小的通知一般不需要专门的结尾部分。

### 4. 落款

落款由发文机关和成文日期组成，一般写在正文的右下方。

## 四、写作的注意事项

(1) 行文及时，语言简洁。

有些通知时效性强，如果不及时办理就会延误工作。无论哪类通知都要求语言简洁明了，批转、转发性通知不必在正文中复述转发文件的内容，提出执行要求即可。

(2) 重点突出，措施具体。

通知是要求受文单位周知或者执行的公文，因此写作中要明确重点，讲清道理，措施具体可行。

**范文示例**

**例文一(批转性通知)**

**国务院批转国家发展改革委关于**
**2016年深化经济体制改革重点工作意见的通知**

**国发〔2016〕21号**

各省、自治区、直辖市人民政府，国务院各部委、各直属机构：

国务院同意国家发展改革委《关于2016年深化经济体制改革重点工作的意见》，现转发给你们，请认真贯彻执行。

国务院

2016年3月25日

【评析】

这是国务院批转国家发展改革委的一份文件。标题由批转文件机关名称、主要内容和文种三要素构成。正文部分载明了两层内容：一是表明对批转文件《关于 2016 年深化经济体制改革重点工作的意见》的态度；二是提出了贯彻执行的要求。全文内容集中明确，是批转或转发通知的一般写法。

例文二(转发性通知)

国务院办公厅关于转发卫生计生委等部门
全国精神卫生工作规划(2015—2020 年)的通知

国办发〔2015〕44 号

各省、自治区、直辖市人民政府，国务院各部委、各直属机构：

卫生计生委、中央综治办、发展改革委、教育部、公安部、民政部、司法部、财政部、人力资源和社会保障部、中国残联，《全国精神卫生工作规划(2015—2020 年)》已经国务院同意，现转发给你们，请结合实际认真贯彻执行。

国务院办公厅
2015 年 6 月 4 日

【评析】

这是一篇转发性通知。正文首先指出转发文件，然后表明态度，提出要求。

例文三(印发性通知)

国家卫生计生委关于印发卫生计生行业经济管理后备领军人才培养计划的通知

国卫财务函〔2015〕421 号

各省、自治区、直辖市卫生计生委，新疆生产建设兵团卫生局、人口计生委：

为促进我国卫生计生行业经济管理人员整体素质全面提升，着力培养一批卫生计生行业骨干经济管理人才，经研究，我委计划从 2016 年开始，启动实施卫生计生行业经济管理后备领军人才培养工作。现将我委制定的《卫生计生行业经济管理后备领军人才培养计划实施方案》(详见附件 1)印发给你们(可从 http：//www.nhfpc.gov.cn/下载)，请遵照执行，并就做好 2016 年首批后备领军人才培养选拔工作的有关事项通知如下：

一、培养学员确定方式

培养学员由省级卫生计生行政部门在我委下达的名额内(详见附件 2)，通过必要的审核、筛选、选拔、公示等程序予以确定，报经我委财务司审核后，提请国家卫生计生委卫生计生行业经济管理领军人才培养工作领导小组审定。

二、集中培训时间与地点

2016 年首批卫生计生行业经济管理后备领军人才培养开班及第一次集中培训时

间初步定于2016年4月上旬，地点在北京国家会计学院。具体开学时间和有关要求由北京国家会计学院书面通知培训学员。

三、其他事项

请各省级卫生计生行政部门于2016年3月15日前，将本地区选拔确定培训学员的方式方法、程序流程、审核公示等详细情况、人员名单汇总表(需加盖公章，详见附件3)以及职称、学历、外语水平、科研能力等人员基本情况的证明，以正式文件形式报送我委财务司。同时将人员名单汇总表电子版发送至cwscwc123@126.com。逾期视为自动放弃。

附件：1. 卫生计生行业经济管理后备领军人才培养计划实施方案(略)
　　　2. 卫生计生行业经济管理后备领军人才名额指标表(略)
　　　3. 卫生计生行业经济管理后备领军人才报名汇总表(略)

国家卫生计生委
2015年12月29日

**【评析】**

这是一篇发布性通知，国家卫生计生委用于公布卫生计生行业经济管理后备领军人才培养计划的通知。标题由发文机关、发布的事项、文种构成。正文层次分明、言简意赅地围绕培养计划将有关事项交代清楚。

# 第三节　请　　示

## 一、概念与特点

### (一) 概念

请示用于向上级机关请求指示、批准，是下级向上级机关针对有关问题请求给予指示或者批准的上行文。简单来说，就是下级针对自己无权解决或者不知道该如何解决的问题向上级请示。

### (二) 特点

(1) 权限明确性。请示必须向自己的直属上级主管部门请示，一般情况下不得越级请示，也不能向自己的同级机关或者不相隶属机关请示。

(2) 单一性。单一性体现在两个方面：一是只能有一个主送机关，不能多头报送；二是一文一事，一份请示只写一件事情。机关部门有各自的职能分工，一文多事必然涉及多个部门，给公文的办理带来困难。因此，多头报送或者一文多事都涉及多个主管部门，容易形成相互推诿现象，影响行文效果。

(3) 时效性。请示必须是事前请示，请示涉及的事项往往是比较紧急或者重要的事情，应及时上报，等上级机关批复之后才能办理。

## 二、分类

根据请示的适用范围，可将请示分为两类：

1. 请求指示类

请求指示类的请示是工作中遇到了不易解决的难题，需要向上级机关说明情况，请求给予明确的指示。例如，对有关政策方针存有疑问，工作中遇到无章可循的新问题，或者由于意见分歧无法统一执行等，均可用请示行文。

2. 请求批准类

请求批准类的请示是工作中遇到了超出本机关职权范围，因情况特殊需要变通处理或者法定程序上必须上级机关批准的请示，如机构设置、人员编制、工资审批等事项。

## 三、写作的基本格式

请示一般由标题、主送机关、正文、落款组成。

1. 标题

(1) 由“发文机关 + 事由 + 文种”构成完整标题，如《××医院关于医疗仪器设备招标采购的请示》。

(2) 由“事由 + 文种”构成，如《关于调整函授学员培训费标准的请示》。

2. 主送机关

请示的主送机关就是负责受理和答复请示的机关。请示的主送机关只能有一个，不得越级，不能送给领导个人。

3. 正文

1) 开头

开头一般写请示问题或事项的原因、背景、理由。这部分要求事实清楚，理由充足，因为它是上级机关批准的依据，只有把缘由讲清楚，再写请示的事项才具有说服力。

2) 主体

主体为请示事项，这是请示的核心，就是要将请示上级机关给予指示、批准或批转的具体问题及事情全盘托出，请求上级机关做出答复。提出请示事项要详细，阐述说明道理要充分。如需要上级机关审核、批准的事项，要进行具体细致的分析，还可提出处理意见和倾向性意见，供领导参考。提出的请示，要符合有关方针、政策，切实可行。

3) 结尾

请示的结语部分，为了使请示的事项得到答复，发文机关应明确提出要求解决问题的方法或途径。一般是另起一行空两字书写。请示结语语气要谦恭，常用的结语有“妥否(当否)，请批示(指示)”“如无不妥，请批准”“以上请求，请批复”等。

4. 落款

落款由发文机关和成文日期组成，一般写在正文之后的右下方。

## 四、写作的注意事项

(1) 一文一事。

请示必须一事一文，不能一文数事，以免上级机关不好批文而贻误工作。

(2) 避免多头请示。

请示只能有一个主送机关，以免出现单位之间互相推诿的情况，延误工作。如果是受双重领导的机关，可以根据请示内容，主送一处上级机关，同时抄送另一上级机关。

(3) 不得越级请示。

请示应根据隶属关系和职权范围逐级进行，除战争、自然灾害、特大事故或上级交办并指定直接越级上报等特殊紧急情况外，不得越级请示。如果因情况特殊或事项紧急必须越级请示，要同时抄送越过的上级机关。

(4) 语言谦和有礼。

下级机关制发请示，语气必须谦恭，要尊重上级，不要有要挟、命令、催促的口吻。在写请示事项时，只能写“拟”怎么办，不能写“决定”怎么办。

**范文示例**

(请求批准的请示)

**××市市级粮食储备库**
**关于组织部分人员到加拿大进行培训的请示**

××市粮食局：

自××××年开展仓储管理年以来，在经历了标准化、规范化等几个阶段以后，我库仓储管理水平明显提高，仓储面貌发生了根本性的变化。但在硬件建设达到一流的同时，存在着软件与硬件建设发展不相配套的问题。为切实提高我库仓储职工的业务技术素质，全面解决软硬件建设不相配套的问题，经库党委研究，我库拟组织选派部分人员到加拿大进行培训。现将有关事宜请示如下：

一、培训人员及费用

拟从库全体职工中选拔仓储业务骨干20人参加培训学习。培训费用为1 000元/人。

二、时间安排

培训时间初步定于××××年××月××日至××日。

三、拟培训内容

(一) 国内外储粮新技术的应用。

(二) 储粮害虫防治。

(三) 储粮四项新技术的应用。

(四) 粮食物流方面的业务知识。

(五) 储粮生态系统知识。

四、其他相关问题

为切实组织好此次培训，我库准备安排库副主任×××同志带队参加培训，全面负责解决培训过程中出现的问题。

当否，请批复。

××市市级粮食储备库
××××年××月××日

【评析】

这是一篇请求批准的请示，这类请示发文的根本目的在于说服上级，从而使有关事项获得批准。正文以理由 和目的开头，具体陈述此次培训的目的、学习内容及具体安排，以使请示内容体现出难以拒绝的说服力。

## 第四节　报　　告

### 一、概念与特点

报告用于向上级机关汇报工作、反映情况，回复上级机关的询问，是下级向上级机关呈送的陈述性公文，是上级机关了解和掌握下级机关工作及情况的一种常用文种，起下情上达，指导沟通的作用。

报告具有沟通性和陈述性，用于下级向上级陈述本单位“做了什么工作”“怎样做的”“取得了哪些成绩”“还存在哪些不足”等内容。

### 二、分类

按照报告的适用范围，可将报告分为三类：

1. 工作报告

工作报告经常用于下级向上级汇报自己的工作。工作报告又可以按照工作过程分为事前报告、事中报告和事后报告。事前报告通常是为了向上级汇报某一拟开展工作的情况，目的在于获得上级支持。事中报告用于向上级反映某项工作的进展情况，以便领导掌握工作进程。事后报告是工作结束后向上级写出的总结报告。

2. 情况报告

情况报告用于某些新问题、新事物或者突发事件(如火情、灾情)发生时向上级汇报情况。

3. 答询报告

答询报告是上级机关询问、督办事项时做出回复所使用的一种报告。答询报告通常要做到“有问必答”，领导问什么答什么，紧紧围绕上级所关注的主要问题，说明情况，回答问题。

### 三、写作的基本格式

报告一般由标题、主送机关、正文、落款组成。

1. 标题

报告的标题由“发文机关 + 事由 + 文种”三部分组成，如《国家计划革命委员会、财政部关于开展清产核资工作的报告》。

2. 主送机关

报告的主送机关要尽量少，一般送一个上级机关即可，但单位受双重领导的情况比较多见，有时候主送机关可以不止一个。

3. 正文

1) 开头

开头交代报告的起因、缘由或说明报告的目的、主旨及意义。开头一般用“现将有关情况报告如下”承启下文。答复报告开头要首先引述来函文号及询问的问题，然后过渡到下文，答复上级的询问。

2) 主体

主体交代报告事项，是正文的核心。主体要准确简要、条理清晰地将有关工作的主要情况、措施与结果、成效与存在的问题等分段加以表述，要以数据和材料说话，内容力求既翔实又概括。

不同类型的报告，内容上各有不同的侧重点。

(1) 工作报告一般以成绩、做法、经验、体会、打算、安排为主，在叙述基本情况的同时，有所分析、归纳，找出规律性认识。这类报告相对篇幅较长，一般可标出序数，分条分项陈述。

(2) 情况报告可分两种情况：一是采用“情况—问题—意见”的写法，适用于反映情况为主的报告；二是采用“情况—做法(经验)—不足”的写法，适用于总结经验为主的报告。

(3) 答询报告一般写答复的意见或处理结果，行文目的是回答上级机关的询问，要依据上级要求回答的问题进行写作，所以要写得周全而有针对性。这种报告内容针对性最强，上级询问什么，就答复什么，不能答非所问。这类报告往往还具有很强的时效性，必须在上级规定的时限内办结。

3) 结尾

报告的结尾比较简单，可以重申意义，展望未来，也可以采用程式化结语。工作报告和情况报告的结束语常用“特此报告，请审阅”“以上报告，请审查”；答复报告多用“专此报告”。报告属于陈述性公文，应避免出现“以上报告当否，请批示”的结束语。

4. 落款

若标题下方已标明发文单位和日期，则正文之后不用标注；若标题下方没有标明发文单位和日期，则需在正文之后右下方写上发文机关和成文日期。

## 四、写作的注意事项

(1) 不要夹带请示事项。

报告属于陈述性公文，在日常工作中报告与请示不能混用。报告事项不得夹带请示事项，否则会因报告不需批复而影响请示事项的处理和解决。

(2) 重点要突出。

一般来说，报告的材料都很丰富，但不能面面俱到，要根据主题的要求来安排，分清主次轻重。要注意处理好点和面的关系，既要有典型的事例，又要有面上的综合性的情况，条理清晰，逻辑严密。

(3) 语言要精练。

报告是下级用来向上级机关汇报工作的材料，通常涉及的事项都比较多，在汇报中应该本着语言精练、实事求是的态度，充分运用概述和突出重点的表达方式，做到避繁就简，善于归纳综合，寻求规律，讲究提炼。

## 范文示例

**例文一(工作报告)**

### 政府工作报告(节选)

——××××年××月××日在×××全国人民代表大会第×次会议上×××

各位代表：

现在，我代表国务院，向大会报告政府工作，请予审议，并请全国政协各位委员提出意见。

一、2015年工作回顾

过去一年，我国发展面临多重困难和严峻挑战。在以习近平同志为总书记的党中央坚强领导下，全国各族人民以坚定的信心和非凡的勇气，攻坚克难，开拓进取，经济社会发展稳中有进、稳中有好，完成了全年主要目标任务，改革开放和社会主义现代化建设取得新的重大成就。

——经济运行保持在合理区间。国内生产总值达到67.7万亿元，增长6.9%，在世界主要经济体中位居前列。粮食产量实现“十二连增”，居民消费价格涨幅保持较低水平。特别是就业形势总体稳定，城镇新增就业1312万人，超过全年预期目标，成为经济运行的一大亮点。

——结构调整取得积极进展。服务业在国内生产总值中的比重上升到50.5%，首次占据“半壁江山”。消费对经济增长的贡献率达到66.4%。高技术产业和装备制造业增速快于一般工业。单位国内生产总值能耗下降5.6%。

——发展新动能加快成长。创新驱动发展战略持续推进，互联网与各行业加速融合，新兴产业快速增长。大众创业、万众创新蓬勃发展，全年新登记注册企业增长21.6%，平均每天新增1.2万户。新动能对稳就业、促升级发挥了突出作用，正在推动经济社会发生深刻变革。

——人民生活进一步改善。全国居民人均可支配收入实际增长7.4%，快于经济增速。去年末居民储蓄存款余额增长8.5%，新增4万多亿元。又解决了6434万农村人口饮水安全问题。扶贫攻坚力度加大，农村贫困人口减少1442万人。

科技领域一批创新成果达到国际先进水平，第三代核电技术取得重大进展，国产

C919 大型客机总装下线，屠呦呦获得诺贝尔生理学或医学奖。对我国发展取得的成就，全国各族人民倍感振奋和自豪！

回顾过去一年，成绩来之不易。

…………

一年来，我们主要做了以下工作：

一是着力稳增长调结构防风险，创新宏观调控方式……

二是围绕激发市场活力，加大改革开放力度……

三是聚焦提质增效，推动产业创新升级……

四是着眼开拓发展空间，促进区域协调发展和新型城镇化……

五是紧扣增进民生福祉，推动社会事业改革发展……

六是促进社会和谐稳定，推动依法行政和治理方式创新……

…………

二、“十三五”时期主要目标任务和重大举措

…………

——保持经济中高速增长，推动产业迈向中高端水平……

——强化创新引领作用，为发展注入强大动力……

——推进新型城镇化和农业现代化，促进城乡区域协调发展……

——推动形成绿色生产生活方式，加快改善生态环境……

——深化改革开放，构建发展新体制……

——持续增进民生福祉，使全体人民共享发展成果……

…………

三、2016 年重点工作

…………

今年要重点做好八个方面工作。

(一) 稳定和完善宏观经济政策，保持经济运行在合理区间……

(二) 加强供给侧结构性改革，增强持续增长动力……

(三) 深挖国内需求潜力，开拓发展更大空间……

(四) 加快发展现代农业，促进农民持续增收……

(五) 推进新一轮高水平对外开放，着力实现合作共赢……

(六) 加大环境治理力度，推动绿色发展取得新突破……

(七) 切实保障改善民生，加强社会建设……

(八) 加强政府自身建设，提高施政能力和服务水平……

…………

各位代表！

奋斗才能赢得未来。让我们更加紧密地团结在以习近平同志为总书记的党中央周围，凝心聚力，奋发进取，努力完成今年经济社会发展目标任务，确保全面建成小康社会决胜阶段良好开局，为建成富强民主文明和谐的社会主义现代化国家、实现中华民族伟大复兴的中国梦做出新的贡献！

【评析】

这是一篇综合性的工作报告。每年人大、政协召开大会时，各级有关领导就要做这样的报告。报告主体分为三部分：第一部分是“2015 年工作回顾”，第二部分是“十三五时期主要目标任务和重大举措”，第三部分是“2016 年重点工作”。从过去一年工作的开展情况、面临的困难及取得的成绩到“十三五”时期的打算及 2016 年的重点工作等，内容虽多，但层次清楚，有条有理。

**例文二(情况报告)**

**××县人民政府办公室**

**关于进一步清理兑现农民工工资工作情况的报告**

市政府办公室：

根据你办××××年××月××日《关于进一步加大清欠工作力度确保农民工工资按时兑现的紧急通知》(×府办发〔××××〕×号)精神，现将我县近期进一步清理兑现农民工工资的有关情况报告如下：

一、我县高度重视农民工工资按时兑现工作……

二、进一步排查农民工工资和工程款拖欠底数……

三、落实清欠责任，抓好专项督办……

四、突出清欠重点，优先支付农民工工资……

五、政府带头清欠，清欠工作取得较大进展……

六、进一步建立和完善长效机制，防止新的拖欠……

(印章)

××××年××月××日

【评析】

这是一篇情况报告，文章采用“情况－问题－意见”的结构，针对清理兑现农民工工资工作，一是深入自查，二是说明存在的问题，三是说明下一步打算。整篇报告内容集中，主题突出。

**例文三(答询报告)**

**关于张××同志职称评定问题的答复报告**

××市人民政府办公室：

接市办 5 月 20 日查询我单位张××同志有关职称评定情况的通知后，我们立即进行了调查。现将有关情况报告如下：

张××同志是我集团公司二分厂工程师。该同志××××年起曾在××工学院受过四年函授教育，学习了有关课程。由于受到其他原因的影响而未能取得学历证明。因缺乏学历证明，在今年上半年职称评定时，根据上级有关文件精神，我单位职称评委会决定暂缓向上一级职称评委会推荐评定他的高级工程师职称，待取得学历证明后补办。该同志认为这是刁难，因而向市政府提出了申诉。

接到市政府办公厅查询通知后，我们专程派人去××工学院查核有关材料，得到

××工学院的支持，正式出具了该同志的学历证明。现在，我集团公司职称评委会已为张××同志专门补办了有关评定高级工程师的推荐手续，并向该同志说明了情况。对此，他本人已表示满意。

特此报告。

××集团公司
××年××月××日

【评析】

这是一篇回复上级机关询问的报告。正文开门见山写接到市办查询通知并进行了调查，这是行文的背景。接着以文种承启语导出主体。主体写张××一事的缘由、调查和处理的情况，有理有据。报告处理结果，尤其是张××本人对处理结果的态度，是上级最关心也是本文的关键一笔，简洁明白，可令上级满意。

## 五、请示与报告的区别和联系

历史上曾经将请示和报告作为同一个文种使用，故至今仍有人将二者混用，现将两者进行比较，见表 5-2。

表 5-2　请示与报告的联系和区别

| 类别 | 联系 | 区别 | | | | | |
|---|---|---|---|---|---|---|---|
| | | 内容要求 | 行文时间 | 行文目的 | 处理结果 | 正文篇幅 | 报送要求 |
| 请示 | 都是上行文，都具有反映情况、提出建议的功用 | 一文一事 | 必须事前 | 批准或者解决问题 | 办件，上级需要答复 | 行文简洁，篇幅一般较短 | 只送一个主送机关 |
| 报告 | | 一文一事，也可一文数事 | 事前、事中、事后均可 | 了解下情，掌握情况 | 阅件，上级可答复，亦可不答复 | 涉及面较广，篇幅一般较长 | 可以报送一个或多个上级机关 |

# 第五节　函

## 一、概念与特点

函用于不相隶属机关之间商洽工作、询问和答复问题、请求批准和答复审批事项。函通常指信件，这里是作为国家法定文种之一，反映平行关系的书信性质的公文，与其他文种一样具有制发机关权限决定范围内的法定效力。

函的特点是：具有平等性，体现的是不相隶属双方平等沟通的关系；具有广泛性，机关公务往来中使用范围广，使用频率高；具有单一性，内容单纯，一份函只能写一件事情。

## 二、分类

函按照不同角度有多种分类方法。

### (一) 按照发文目的分类

函按照发文目的分为发函和复函。

主动制发的函称为发函，回复对方的来函称为复函。例如，××省人民政府报给国家林业局的《关于××市建设中国森林博览城的函》就是发函，国家林业局回复给××省人民政府的《关于××市建设中国森林博览城的复函》就是复函。

### (二) 按照适用范围分类

函按照适用范围分为商洽函、问答函和请批函。

1. 商洽函

商洽函是用于不相隶属机关之间商洽工作的函。这类函在机关交流中使用最多，如参观交流、联系业务等。

2. 问答函

问答函包括询问函和答复函，用于不相隶属机关之间询问和答复。

3. 请批函

请批函包括请求函和批准函，是向不相隶属机关请求批准和答复审批事项时使用的函，如减免税收、申请办理补助等。

此外，函按照行文方向可以分为上行函、平行函、下行函，按照性质可以分为公函和便函。

## 三、写作的基本格式

函由标题、主送机关、正文、落款组成。

1. 标题

函的标题有以下两种组成方式：

(1) 由“发文机关 + 事由 + 文种”三部分组成，如《国务院办公厅关于四川攀枝花三线建设博物馆冠名问题的函》《国务院办公厅关于云南大理经济开发区升级为国家级经济技术开发区的复函》。

(2) 由“事由 + 文种”两部分组成，如《关于毕业生分配问题的函》。

2. 主送机关

函的主送机关一般只有一个，但有时内容涉及多个部门，也可以排列多个主送机关。

3. 正文

1) 开头

发函的开头一般概括交代商洽、请求、询问或告知事项的目的、依据、背景、原因等。

如果是复函，则首先引述来函的日期、发文字号、标题等，如“你单位××××年××月××日××〔2019〕×号函收悉”或“××××年××月××日《关于……的函》收悉”，接着简要复述对方提出的问题和要求，然后用“现将有关问题说明如下”或“现将有关事项函复如下”等过渡语转入下文。

2) 主体

主体是函的核心部分，需要写清楚商洽、请求、询问或告知事项的主要内容。商洽函写明商洽事项及行文人意见；请批函要写清请求批准的事项内容及原因，并向对方提出希望或要求，或请求批准，或请求指示；问答函要写明询问问题或者对所询问问题发表意见；复函要有针对性地写答复事项，即针对发函所提出的商洽、请求、询问等问题做出具体明确的答复。

3) 结尾

结尾是向对方提出希望或者请求，或希望对方给予支持，或请求对方批准等。发函按是否要求回复而采用不同的惯用语，如要对方回复，一般用“特此函询，请函复”“即请函复”“敬请大力支持为盼”；如无须对方回复，一般用“特此函达”“特此函告”等。复函的结束语一般用“此复”“特此函复”等。

4. 落款

正文之后右下方写上函的发文机关和成文日期。

## 四、写作的注意事项

(1) 一函一事，行文简洁。

为保证文件的时效性，函的主体部分内容单一，一函一事，切忌一函多事；行文不必详叙过程，不必大发议论，要言简意赅，直陈其事。

(2) 用语得体，把握分寸。

函是平行文，行文中要注意礼貌，用语要谦和诚恳，平实得体，既不谦卑恭敬、曲意客套，也不强人所难、盛气凌人。

## 五、函与请示的联系和区别

函与请示的联系和区别见表 5-3。

**表 5-3　函与请示的联系和区别**

| 类别 | 联系 | 区别 | | | |
|---|---|---|---|---|---|
| | | 行文时间 | 行文方向 | 行文作用 | 行文结果 |
| 函 | 适用范围中都有请求批准的作用 | 必须事前 | 用于平行文 | 除共同点外还可以商洽工作、询问和答复问题 | 用“函”回复 |
| 请示 | | 事前、事中、事后均可 | 用于上行文 | 请示只能用来请求指示、批准 | 用“批复”回复 |

范文示例

例文一(问答函)

## 关于征求对《室内空气质量标准》意见的函

卫办法监函〔××××〕×××号

各省、自治区、直辖市卫生厅局、环保局，国务院有关部委，各有关单位：

为保障人体健康，预防和控制室内空气污染，卫生部和国家环保总局正在组织制订《室内空气质量标准》。现将该标准的征求意见稿及编制说明印发给你们，请研究并提出修改意见，于××××年××月××日前将书面意见反馈给我们。

联系人：卫生部卫生法制与监督司　××

地址：北京市西直门外南路××号　　邮编：××××××

电话：×××-×××××××××　　传真：×××××××××

国家环保总局科技标准司　××

地址：北京市西直门内南小街×××号

邮编：××××××　电话兼传真：×××-×××××××××

附件：室内空气质量标准(征求意见稿)及编制说明(略)

卫生部办公厅　国家环保总局办公厅

××××年××月××日

【评析】

这是一篇问答函，正文开篇表明行文的目的——为保障人体健康，预防和控制室内空气污染，卫生部和国家环保总局正在组织制订《室内空气质量标准》，提出了具体要求。文章内容具体明确，使对方一看便懂。

例文二(复函)

## 国务院办公厅关于云南大理经济开发区升级为国家级经济技术开发区的复函

国办函〔2014〕25号

云南省人民政府、商务部：

你们关于云南大理经济开发区升级为国家级经济技术开发区的请示收悉。经国务院批准，现函复如下：

一、国务院同意云南大理经济开发区升级为国家级经济技术开发区，定名为大理经济技术开发区，实行现行国家级经济技术开发区的政策。

二、大理经济技术开发区规划面积仍为5.93平方公里，区域范围为国务院有关部门公布的开发区审核公告确定的四至范围。

三、要深入贯彻落实科学发展观，加快转变经济发展方式，深化改革、扩大开放，按照先进制造业与现代服务业并重、利用外资与境内投资并重、经济发展与社会和谐并重的要求，致力于提高发展质量和水平，致力于增强体制机制活力，促进国家级经济技术开发区向以产业为主导的多功能综合性区域转变，充分发挥窗口、示范、辐射和带动作用。

四、必须严格实施土地利用总体规划和城市总体规划，按规定程序履行具体用地报批手续；必须依法供地，以产业用地为主，严禁房地产开发，合理、集约、高效利用土地资源。

五、商务部要会同有关部门加强指导和服务，促进大理经济技术开发区健康发展。

国务院办公厅

2014 年 2 月 18 日

**【评析】**

这是一篇国务院办公厅回复云南省人民政府、商务部关于云南大理经济开发区升级为国家级经济技术开发区的函。这类函的内容一般包括三部分：一是告知情况，说明来函收悉，并简要复述对方询问的问题，用“经国务院批准，现函复如下”作为承上启下的过渡；二是答复意见，针对来函给予明确具体的答复；三是结尾，以“此复”“特此函复”等作为结语，有时也可不用结语(例如此文)。

需要注意的是，此文中对方来函是“请示”国务院办公厅在国务院授权情况下可以给予答复，但国务院办公厅与省政府在级别上是平级，不能使用“批复”，只能用函。

**例文三(请批函)**

## ××省人民政府法制办公室关于在规定时段切断互联网上网服务营业场所接入服务问题的函

国务院法制办公室：

我省在加强互联网上网服务营业场所管理方面，对涉及电信业务经营者在规定时段切断互联网经营服务场所接入服务问题，电信业务主管部门和文化市场管理部门有不同的意见。电信业务主管部门认为，《电信管理条例》第三十八条规定“未经批准，电信业务经营者不得擅自中断接入服务”，电信业务主管部门规定要求各电信业务经营者定时切断服务不合法。文化市场管理部门认为，依据《互联网上网服务营业场所管理条例》第二十二条规定“互联网上网服务营业场所每日营业时间限于 8 时至 24 时”，各单位应在每日的零时起至上午八时停止对所有互联网上网服务营业场所接入服务。

我们认为，《电信管理条例》第三十七条规定的，未经批准应是未经电信业务主管部门批准。《电信管理条例》和《互联网上网服务营业场所管理条例》的规定并不冲突。作为省级电信业务主管部门可以要求全省的电信业务经营者在规定时段切断互联网上网服务场所的接入服务。

特此函询，盼复。

××省人民政府法制办公室

××××年××月××日(印章)

【评析】

这是一份针对工作中有关不明确的政策问题向有关主管部门询问的函，主要表明针对不同部门的不同意见，表明自己的态度，让有关主管部门界定是否可行并给予答复。

# 第六节　纪　　要

## 一、概念与特点

纪要用于记载会议的主要情况和议定事项。

纪要具有如下特点：内容的纪实性，要如实反映会议内容及会议精神，传达会议议定的事项和形成的决议；称谓的特殊性，一般采用第三人称写法，常以“会议”作为表达主体，如“会议认为”“会议指出”“会议决定”等；作用的指导性，纪要一经下发，将产生约束力，起着类似于指示、决定等指挥性公文的作用。

## 二、分类

从纪要范围来划分，纪要可以分为以下三种：

### 1. 例会和办公会议纪要

这是机关单位研究处理日常行政事务的会议，常常有固定的时间和出席人，召开一次就做一次会议纪要。

### 2. 综合性和专题性会议纪要

有的会议召开涉及问题较广，内容繁多，把这种会议的内容和结果写成纪要就是综合性会议纪要；有的会议是专门为研究某一问题召开的，任务集中，内容单一，这种会议纪要就是专题性会议纪要。

### 3. 决议性会议纪要和情况信息性会议纪要

召开的会议具有决定和决议的性质，反映的事情往往具有政治性和政策性形成的是决议性会议纪要；反映某一会议基本情况或者报道会议消息的纪要是情况信息性会议纪要。

## 三、写作的基本格式

纪要在结构格式上与其他公文有所不同，有的纪要可以省略眉首、主送机关、署名及印章。纪要通常由标题和正文两部分组成。

### 1. 标题

纪要的标题有以下两种组成方式：

(1) 由“会议事项＋文种”组成，如《继续医学教育工作座谈会纪要》。

(2) 由“会议主持单位＋事由＋文种”组成，如《××市人民政府第×次常务会议纪要》。

### 2. 正文

纪要的正文一般由开头、主体、结尾三部分组成。

1) 开头

开头一般介绍会议概况，包括会议召开背景、原因、名称、目的、时间、地点、参加人员、规模、主持人、议程、主要成果以及对会议的总体评价等。开头具体有两种写法：一是分列式，适合办公会、例会或小型会议；二是概括式，适合专题会议或者大中型会议。这部分表述完毕后，可用“会议纪要如下”或“会议确定了如下事项”等惯用语作为过渡，转入主体部分。

2) 主体

主体是纪要的核心部分，一般包括会议的主要精神、会议议定的事项、会议上达成的共识、对今后工作的安排、会议上各种主要观点及争鸣情况等。常用的写法一般有三种：一是条文式，即把会议的主要内容分条列项地表述，把会议分成几个大问题，然后加上标号或小标题，分项来写。工作纪要多用此种写法，便于理解、执行。二是综述式，就是把讨论研究的主要问题、与会人员的认识、议定的有关事项，进行整体的阐述和说明。大型会议多采用这种方式。这种写法有利于概括丰富的内容，有利于从原则高度把问题说深讲透。三是记录式，就是按照会上发言顺序或不同内容的有关发言顺序，把与会人员的发言要点记录下来。这种写法能比较如实地反映与会人员的意见。纪要多用“会议认为”“会议指出”“会议提出”“会议听取了”“会议讨论了”等惯用语作为各层意思的开头语，以体现内容的层次感。

3) 结尾

结尾通常用来强调会议的意义、提出希望和要求、发出号召等，也可省略结尾。

## 四、写作的注意事项

(1) 要突出会议中心。

纪要写作要围绕会议解决的主要问题，抓住中心来写。纪要不必有言必录、面面俱到，而应根据会议的宗旨分析综合各种意见，集中反映多数人的意见。

(2) 要忠实会议内容。

纪要需要概括、提炼，但不能离开会议讨论情况，不得随意割舍，会议讨论是什么样就是什么样，忠实反映会议情况，如实体现会议决策、决定和领导的思想、意图。

(3) 要进行提炼加工。

会议记录是写好纪要的基础，但纪要是在会议记录的基础上对会议讨论的意见进行理论上的概括，是提纲挈领、画龙点睛、总结提炼的过程。

**范文示例**

**例文一(办公会议纪要)**

**××县人民政府第六次常务会议纪要**

时　间：××××年××月××日×点至×点

地　点：县政府常务会议室

主　持：县长×××

出　席：副县长×××、××、××、×××　办公室主任×××

请　假：×××(出差)

列　席：×××、×××、×××

记　录：×××

现将会议讨论及决定的主要事项纪要如下：

一、会议听取了副县长×××关于召开经济工作会议准备的情况汇报，讨论了扩大县属企业自主权的十条规定。会议同意县经济工作会准备情况汇报，并决定于×月×日召开全县经济工作会议。今年各项经济工作指标，要以市经委下达的为准，不再调整县原各公司的主要经济指标。在县经济工作会议上，由县经委与县原各公司签订经济责任书。

二、会议原则同意县民政局关于民政事业费管理使用办法的修订意见。

三、会议同意将县政府办公室提出的转交机关工作作风的规定意见(讨论方案)印发各部门，广泛征求意见，做进一步修改后，以县政府文件印发。

××县人民政府办公室

××××年××月××日

**【评析】**

这篇纪要首先把会议基本情况，包括时间、地点、主持人、出席人等一一写明，然后把讨论的主要问题、与会人员议定的事项用概括叙述的方法说明，结构清晰。

**例文二(专题性会议纪要)**

### 继续医学教育工作座谈会会议纪要

为了进一步加强继续医学教育工作的管理，适应卫生事业发展和改革的需要，保证继续医学教育工作的健康发展，全国继续医学教育委员会办公室于××××年××月××日在北京召开了“继续医学教育工作座谈会”。部分省市卫生厅局科教处、医学院校、医院、中华医学会负责继续医学教育工作的同志参加了会议。卫生部科技教育司孟群副司长出席座谈会并做讲话。

会议主要内容：讨论研究××××年继续医学教育相关工作及证书的发放与管理工作；研究制定《继续医学教育“十二五”规划》有关事宜。

卫生部科教司孟群副司长在讲话中充分肯定继续医学教育在卫生事业发展与人才培养中所发挥的重要作用，同时指出了目前继续医学教育工作中亟待解决的问题。孟司长强调，今年是“十一五”的最后一年，我们要认真总结继续医学教育工作，在总结评估的基础上，制定继续医学教育“十二五”规划。今年国家财政拨款100万元，作为全国继续医学教育管理工作专项资金，因此今年国家级继续医学教育项目学分证书费和项目评审收费将不再收费，但目前面临财政拨款经费有限，不能满足工作的实际需求，如何加强证书的管理和发放问题迫切需要妥善解决。

会议经过讨论，提出以下建议并达成共识：

一、关于国家级继续医学教育项目学分证书管理

1. 今年，首先在已经和即将使用“继续医学教育学分信息化管理系统”的北京、天

津、新疆、湖北、广东、云南、吉林、重庆、广西、新疆生产建设兵团和中华医学会进行试点，按继续医学教育管理的相关规定以电子化授予学分的形式取代纸质学分证书。

2. 已经实施自行发放的省市江苏、浙江、湖南、山东、上海按照国家级继续医学教育项目学分证书管理有关规定，继续做好国家级证书的管理和发放。

3. 陕西、山西、内蒙古、四川、辽宁、黑龙江、江西、河北、青海、宁夏、安徽、海南、甘肃、福建、贵州、河南、西藏和有关学术团体(中华预防医学会、中华护理学会、中华口腔医学会、中国医师协会、中国医院协会、中国执业药师协会)及部直属单位按××××年已获准的国家级继续医学教育项目培训的人数，向全继委申领学分证书。

4. 为保证各地有效利用“继续医学教育学分信息化管理系统”，加快继续医学教育信息化建设的步伐，由中华医学会牵头，组织制定继续医学教育学分信息化管理相关的技术标准和业务标准。标准出台后，各地要按照标准的统一要求，推进继续医学教育学分信息化管理工作的开展，逐步实现“电子证书”信息化管理。

二、关于继续医学教育“十二五”规划

针对继续医学教育“十二五”规划的讨论稿，与会代表重点讨论并提出《继续医学教育“十二五”规划》应在目标设定、指导思想、基本原则、工作重点以及措施的内容方面，要适应卫生事业的发展和医改的需要及卫生人才培养的规律。对总体目标中继续医学教育对象获取学分的达标率偏高、经费投入机制、保障政策和措施部分，尚需调整和充实内容等问题提出了很好的建议。

三、其他有关继续医学教育的建议

1. 建议加强与相关部门(如人事、医政等部门)的沟通与合作，强化继续医学教育的作用，推进继续医学教育工作的发展。

2. 针对基层医疗机构的实际情况，建议可根据农村或社区的具体情况，将在岗培训有机地纳入继续医学教育管理，有针对性地拓宽继续医学教育的涵盖面，促进基层医务人员素质的不断提高。

3. 配合医改，加强对基层的继续医学教育工作，强化项目执行的监管，提高继续医学教育质量。项目内容上不仅关注临床医学，同样也应关注公共卫生、职业道德和社会人文等方面的内容，以适应医疗卫生人员的不同需求。

**【评析】**

这是一篇专题性会议纪要，开头先交代会议时间、地点、参会人员、会议议题和会议简况，接着对会议精神进行总结。文中采用了“会议主要内容”“会议经过讨论”等句式结构，概括准确。

# 综 合 练 习

## 一、填空

1. 现行的《党政机关公文处理工作条例》从____________(时间)起施行。

2. ___________________是公文的本质属性。

3. 按照行文方向可将公文分为________、________、_________。

4. 发文字号一般由________、________和________三个要素构成。
5. 根据请示的适用范围，可将请示分为________类和________类。
6. 报告中不得夹带________事项。
7. 除了主送机关外需要执行或知晓公文内容的其他机关叫________。
8. 函按照适用范围分为______、______和______。
9. 用于记载会议主要情况和议定事项的文种是________。
10. 请给下面公文加上标题中的事由、文种，并在括号内填上适当的词。

(____________________________)

市××局：

我司为了逐步实现仓库装卸操作机械化，现(________)于江口仓库区内修建机械化码头、月台。(________)项工程计划共(________)钢材10(________)，水泥60(________)，木材50(________)，人民币40万(________)。

(________)

××市储运公司

××××年××月××日

**二、病文改错**

**1. 关于转发推进家庭医生签约服务指导意见的通知**

**国医改办发〔2016〕01 号**

各省、自治区、直辖市、新疆生产建设兵团医改办，卫生计生委(卫生局)，发展改革委，民政厅(局)，财政(务)厅(局)，人力资源和社会保障厅(局)，中医药管理局：

国务院医改办、国家卫生计生委、国家发展改革委、民政部、财政部、人力资源和社会保障部和国家中医药管理局制定的《关于推进家庭医生签约服务的指导意见》已通过中央全面深化改革领导小组审议。经国务院同意，现印发给你们，请各地认真贯彻落实。

国务院医改办　国家卫生计生委

国家发展改革委　民政部

财政部　人力资源和社会保障部

国家中医药管理局

二〇一六年五月二十五日

**2. ××市工业局关于印发“关于节减行政经费的几项规定”的通知**

**××字〔2019〕××号**

我局同意××市财政局“关于节减行政经费的几项规定”中提出的意见，认为切实可行，请结合本单位的情况参照执行。

附：××市财政局文件

2019.10.16

### 3. ××社区关于请求增设便民早餐店的请示报告

××街道办事处、××主任：

根据《××区人民政府关于推动社区“早餐工程”建设的决定》(×政〔2019〕68号)，我区打算便民早餐店在××××年××月××日开业，产权归××社区所有，聘请社区内的下岗职工承包经营。便民早餐店预算建设资金共计一百二十五万元，现已筹集资金八十五万元，还有四十万元资金没有着落，为此，要求街道给予支持解决。

另外，社区活动中心室外健身器械数量严重不足，难以满足居民健身需要，居民意见很大，故请顺便追加拨款十五万元用于购置健身器械。

此事关系到社区居民的切身利益，务必批准。

××社区

××××年××月××日

### 4. 关于要求解决学生宿舍拥挤等问题的请示

××市教育局、市人民政府：

我校今年由于住宿生急剧增加，已有的学生宿舍已无法容纳，现在住宿生基本上是一个床位两个人睡，严重影响学生的身心健康。为解决这一困难，我校决定再建一栋学生宿舍楼。另外，我校图书馆也尚未达到省“两基”标准，望上级部门给予适当支持。

特此请示，请回复。

××市二职

××××年××月××日

### 5. 关于申请拨给灾区贷款专项指标的报告

省行：

××月××日，××地区遭受了一场历史上罕见的洪水袭击，×江两岸乡、村同时发生洪水，灾情严重。经初步不完全统计，农田受灾总面积达38 000多亩，各种农作物损失达100多万元，农民个人损失也很大。灾后，我们立即深入灾区了解灾情，并发动干部群众积极开展生产自救。同时，为帮助受灾农民及时恢复生产，我们采取了下列措施：

一、对恢复生产所需的资金，以自筹为主。确有困难的，先从现有农贷指标中贷款支持。

二、对受灾严重的困难户，优先适当贷款，先帮助他们解决生活问题。到××月××日止，此项贷款已达××万元。

由于这次灾情过于严重，集体和个人的损失都很大，短期内恢复生产有一定的困难，仅靠正常农贷指标难以解决问题。为此，请省行下达专项救灾贷款指标××万元，以便支持灾区迅速恢复生产。

以上报告当否，请批示。

××银行××市支行

××××年××月××日

### 6. 公　函

××学校校长：

首先，我们以××省财经学校的名义，向贵校致以亲切的问候。我们以崇敬和迫切的心情，冒昧地请求贵校帮助解决我校当前面临的一个难题。

事情是这样的：最近，我们经与××学院磋商，决定派×位老师到该院进修学习。只因该院正在大兴土木改造扩建，以致本院职工的住房和学生的宿舍及教室破旧拥挤。我校几位进修教师的住宿问题，虽几经协商，仍得不到解决。然而举国上下，与时俱进，培养人才，时不我待，我校几位教师出省进修学习机会难得，时间紧迫，任务繁重，要使他们有效地学习，则住宿问题是亟待解决的。

为此，我们在进退维谷的情况下，情急生智，深晓贵校府高庭阔，物实人齐，且具有宽大为怀、救人之危的美德。于是，我们抱着一线希望，与贵校商洽，能否为我校进修教师的住宿问题提供方便条件。但不知贵校是否有其他困难，如有另外的要求和条件，我校则尽力相助。若贵校对于住宿一事能够解决，我校进修教师在住宿期间可为贵校教学事务做些义务工作，如辅导和批改作业等，这样可以从中相得益彰。我们以校方的名义向贵校表示深深的感谢。

以上区区小事，不值得惊搅贵校，实为无奈，望谅解，并希望尽快得到贵校的答复。

××省财经学校（印章）

××××年××月××日

### 7. 关于食品安全国家标准有关问题的复函
### 国卫办食品函〔16〕34 号

质检总局办公厅：

你厅《关于请对食品安全国家标准范围进行解释的函》(质检办食函〔2015〕1300号)收悉。现回复如下：

按照国务院工作部署，国家卫生计生委正在开展食品标准清理整合工作。根据2015 年 12 月 3 日全国人大常委会法制工作委员会协调会议精神，在相关食品安全国家标准发布实施前，现行食用农产品质量安全标准、食品卫生标准、食品质量标准和有关食品的行业标准仍然有效，食品生产经营活动及其监督管理应当按照现行相关标准执行。

此致

敬礼

国家卫生计生委办公厅　食品药品监管总局办公厅

××××年××月××日

## 三、写作训练

1. ××市人民医院为推动医院发展，拟组织“为推进医院精细化管理做贡献”为主题的演讲比赛，请你代该医院宣传处、公会拟一个通知，请医院各科室及部门积极组织，并通过开展此次活动正面弘扬党员干部职工勤奋工作、默默奉献的精神。

2. 根据下面提供的材料，请以永清县人民医院的名义向永清县人民政府起草一份报告。

(1) 2015 年 12 月 18 日，河北永清县人民医院发生医疗纠纷事件。

(2) 事件经过：18 日死者家属曾对 3 名医生高声谩骂，死者大儿子唐某两次欲动手打医生，死者女儿唐某某哭喊着让医生给死者下跪，均被民警及时制止。其间，死者孙子唐某某趁人不备踢了医生盛某一脚。19 日早晨 8 时许，县医院 70 余名医务人员拉起写有“伤人违法，拘禁违法”“还我尊严，严惩凶手”的横幅到县政府上访。

(3) 发生原因：12 月 17 日 16 时许，永清县后奕镇白雁口村 67 岁患者赵某某到县人民医院内一科就诊，入院诊断为患者患有慢性支气管炎急性发作、阻塞性肺气肿、肺源性心脏病、冠状动脉粥样硬化性心脏病等多种疾病，院方向家属交代了病情，家属签字，赵某某住院治疗。12 月 18 日 16 时许，患者病情突然加重，发生猝死，县医院医务人员立即投入抢救，但终因抢救无效宣布死亡。

(4) 处理结果：县公安局依法传唤了相关人员，调查取证后，依据《治安管理处罚法》对 4 名涉案死者家属予以行政拘留；县卫计局、医院开展了思想引导和法律教育，医务人员思想平稳，医院秩序正常；成立了专项工作组，做好死者家属、亲属思想稳定工作；卫计局对死者医疗病历进行了封存，并按程序委托廊坊市医疗事故鉴定委员会进行医学鉴定。

3. 根据材料，拟写一份请示。

××省人民医院拟于××××年 12 月 10 日派组(院长×××等 5 人)到美国××××医院学习交流，在美考察时间需 15 天，此事需向省政府请示。

4. ××医院因发展需要，拟从××大学挑选 5 名应届毕业生充实管理队伍。请以该医院名义，拟一份致××大学商洽此事的函。具体内容(如对毕业生的要求、报名方法等)可合理想象。

5. 根据下面材料，以××县人民政府办公室的名义写一份会议纪要。

××县人民政府召开第六次常务会议。时间：××××年××月××日上午八点半至十二点。地点：县政府常务会议室。主持：县长×××。出席：副县长×××、××、×××、×××，办公室主任×××。请假：×××(出差)。列席：×××、×××、×××。记录：×××。

副县长×××汇报经济工作会议准备的情况。会议讨论了扩大县属企业自主权的十条规定。会议同意县经济工作会准备情况汇报，并决定于××月××日召开全县经济工作会议。今年各项经济工作指标，要以市经委下达的为准，不再调整县原各公司的主要经济指标。在县经济工作会议上，由县经委与县原各公司签订经济责任书。会议原则同意县民政局关于民政事业费管理使用办法的修订意见。会议同意将县政府办公室提出的转变机关工作作风的规定意见(讨论方案)印发各部门，广泛征求意见，做进一步修改后，以县政府文件印发。

# 第六章　经济类文书

## 第一节　经济类文书概述

### 一、概念

经济类文书是经济部门、企事业单位或个人用来处理经济事务、传播经济信息、协调经济活动、总结经济管理经验和规律的格式相对固定的专用文书的总称。它是财经干部管理和财经信息传播的手段之一。

### 二、特点

经济类文书是应用文的重要组成部分，它必然具有应用文的共同特点即实用性、程式性和时效性。但它也有自己的独特之处，具体表现为：

1. 鲜明的政策性

开展经济工作，要认真贯彻执行党和国家的各项经济方针政策，本身就是一项政策性很强的工作。作为反映经济领域各项活动的文书，必然要受到党和国家各项经济政策、方针和规定的制约，表现出鲜明的政策性。要写好经济类文书，一定要认真学习和掌握党和国家的各项方针、政策，深入领会其精神实质，这样才能有效地领导和推动各项经济管理活动向前发展。

2. 突出的效益性

经济效益和社会效益是一切企业生产经营活动的杠杆。作为反映企业生产经营活动和经济业务的文书，必然应当体现企业生产、经营活动的效益性。也就是说，写作经济类文书的根本目的，就是为企业提高经济效益服务。比如，做市场预测、经济活动分析，就是为了找出经济活动的运行规律，并根据这一规律从事经营，以取得更好的经济效益。因此，经济类文书具有非常突出的效益性，这是经济类文书区别于其他应用文的重要标志之一。

3. 明显的专业性

企业生产经营活动的专业性很强，涉及经济领域许多方面的专业知识，如国民经济管理学、计划学、统计学、市场学、决策学、数量经济学等。各种经济管理应用文中往往要运用相应的专业知识来解决问题。比如，做市场预测、经济活动分析就离不开各种预测方法和分析方法等，同时还涉及经济决策、会计制度、物价政策等内容。如果对企业经营管理方面的知识比较熟悉，写作起来就比较顺手。因此，写作经济类文书，应尽量多掌握一些有关的专业理论知识和基础知识。

4. 数据运用的普遍性

数据是经济现象的外在表现形式之一。在生产、交换、分配、消费各个环节中，小至一个企业的产品、产量、产值、品种、质量、原材料消耗、资金、成本、利润等，大至国民经济中的国家预算、人民生活水平等，都要有数据说明。具体说，在市场调查报告、市场预测报告、经济活动分析报告中，就经常出现以绝对数、相对数、平均数、图表等形式表示的数据核算资金、成本、效益；对其进行定量分析，从而发现问题、分析问题、解决问题。可以说在经济类文书中，离开了各种统计数据几乎就无法说明问题。因此，数据在经济类文书中占有特殊的地位，数据的大量运用是经济类文书又一个突出的特点。

## 三、写作的注意事项

1. 熟悉政策法规，具有专业知识

任何经济活动都离不开国家经济政策的指导，离不开法律的规范和约束。所以写作者必须熟悉相关的政策和法规，并以此为依据。另外，经济类文书的内容离不开具体的业务工作，写作者需要有专业知识(包括理论和实践的知识)，才能从中找出规律，写出具有实际价值的文章。

2. 深入调查研究，掌握真实材料

经济类文书一般都比较注重对于客观规律的探索和研究，但又离不开国家方针政策的指导和约束，所以必须遵循以事实为依据，深入调查搜集材料，反复核实，充分占有并恰当使用材料，运用科学的分析方法，揭示经济活动的客观规律，撰写出能够及时解决实际问题的文书。

3. 掌握写作格式，运用表达方法

由于经济类文书专业性强，每一种文体根据写作目的不同又有不同的变化，各种文体都有其各自的惯用格式，所以写作者必须掌握各种经济类文书的基本格式。写作的内容既要有观点类结论又要有材料(数据)，所以叙述与议论是基本的表达方法，有时也运用说明。另外，经济类文书的语言一定要准确、简明、严谨。

# 第二节　经 济 合 同

## 一、概念与特点

根据《中华人民共和国合同法》(以下简称《合同法》)规定，合同是平等主体的自然人、法人、其他组织之间设立、变更、终止民事权利义务关系的协议。经济合同是指平等主体的法人之间为实现一定的经济目的，明确相互权利、义务和关系而订立并共同遵守的书面协议。

合同有以下几个特点：

(1) 互利性。合同的签订，是合同当事人之间为实现一定的目标，在办理某一特定的事务时，为了确定各自的权利和义务，经过协商，在平等互利的原则基础上达成意见一致的行为，因此具有互利性。

(2) 约束性。合同一经签订，就具有法律效力，因此合同关系也是法律关系，要求合同双方当事人严格遵守合同条款，不折不扣地认真履行合同，否则就按违约处理。

## 二、订立合同的原则

按照《合同法》规定，订立合同要遵循平等、自愿、公平、诚实信用、守法合法的原则。

(1) 平等：合同当事人的法律地位平等，一方不得将自己的意志强加给另一方。

(2) 自愿：当事人享有自愿订立合同的权利，任何单位和个人不得非法干预。

(3) 公平：当事人应当遵循公平原则确定各方的权利和义务。

(4) 诚实信用：当事人行使权利、履行义务应当遵循诚实信用的原则。

(5) 守法合法：当事人订立、履行合同，应当遵守法律、行政法规，尊重社会公德，不得扰乱社会经济秩序，损害社会公众利益。依法订立的合同，对当事人具有法律约束力。当事人应当按照约定履行自己的义务，不得擅自变更或者解除合同。依法订立的合同，受法律保护。

## 三、分类

按《合同法》的规定，合同有以下15种：

(1) 买卖合同。买卖合同是出卖人转移标的物的所有权于买受人，买受人支付价款的合同。

(2) 供用电、水、气、热力合同。供用电、水、气、热力合同是供电(或水、气、热力)人向用户供电(或水、气、热力)，用户支付费用的合同。

(3) 赠与合同。赠与合同是赠与人将自己的财产无偿给予受赠人，受赠人表示接受赠与的合同。

(4) 借款合同。借款合同是借款人向贷款人借款，到期返还借款并支付利息的合同。

(5) 租赁合同。租赁合同是出租人将租赁物交付承租人使用、收益，承租人支付租金的合同。

(6) 融资租赁合同。融资租赁合同是出租人根据承租人对出卖人、租赁物的选择，向出卖人购买租赁物，提供给承租人使用，承租人支付租金的合同。

(7) 承揽合同。承揽合同是承揽人按照定做人的要求完成工作，交付工作成果，定作人给付报酬的合同。

(8) 建设工程合同。建设工程合同是承包人进行工程建设，发包人支付价款的合同。

(9) 运输合同。运输合同是承运人将旅客或者货物从起运点运输到约定地点，旅客、托运人或者收货人支付票款或者运输费用的合同。

(10) 技术合同。技术合同是当事人就技术开发、转让、咨询或者服务订立的相互之间权利和义务的合同。

(11) 保管合同。保管合同是保管人保管寄存人交付的保管物，并返还该物的合同。

(12) 仓储合同。仓储合同是保管人储存存货人交付的仓储物，存货人支付仓储费的合同。

(13) 委托合同。委托合同是委托人和受托人约定，由受托人处理委托人事务的合同。

(14) 行纪合同。行纪合同是行纪人以自己的名义为委托人从事贸易活动，委托人支付报酬的合同。

(15) 居间合同。居间合同是居间人向委托人报告订立合同的机会或者提供订立合同的媒介服务，委托人支付报酬的合同。

从文本形式看，合同还有条款式合同、表格式合同、条款表格结合式合同。

## 四、作用

### 1. 有利于保护当事人的合法权益，维护社会经济秩序

《合同法》规定，依法订立的合同，对当事人具有法律约束力，其合法权益受到法律的保护。合同当事人既是合同的执行者，又是合同的直接受益者。当事人既要按照约定履行自己的义务，同时也享有合同规定的权利。这有利于社会经济活动的正常运转，有利于维护社会的经济秩序。

### 2. 有利于加强经济核算，提高管理水平

合同是根据国家有关法令，在平等互利、协商一致、等价有偿的基础上订立的。合同一经签订，双方当事人都将承担经济上、法律上的责任。为了保证合同的履行，双方当事人都必须千方百计地做好经济管理工作，加强经济核算，降低成本，提高劳动生产率。这样，在履行合同的过程中，也就能不断地提高管理水平，提高经济效益。

### 3. 有利于主管部门监督管理

合同是国家运用经济手段和法律手段管理经济的重要措施。企业执行合同的好坏，直接反映企业的经营活动和管理水平。上级主管部门和金融、税务等职能部门可以通过对合同的审查、监督，及时发现经营管理中的问题，加以指导，改进工作。工商行政管理部门和其他的有关行政主管部门在各自的职权范围内，依照法律，负责监督处理；构成犯罪的，依法追究刑事责任。

### 4. 有利于促进和加强社会生产的专业化协作和经济联合

在相互协作的基础上，社会分工正朝着越来越细的专业化方向发展。合同正是开展经济活动，进行经济往来，发展市场经济，获得经济效益的有效形式。签订合同有利于优势互补，扬长避短，加强协作，横向联合，使社会生产形式良性循环。

## 五、基本内容

根据《合同法》规定，合同一般包括以下条款：

(1) 当事人的名称或姓名和住所。当事人的名称是指法人、自然人及其他组织的名称。法人、自然人及其他组织的住所是指其办事机构所在地。自然人的住所是指经常居住地、户籍所在地。

(2) 标的。标的是合同双方权利和义务共同指向的对象，是合同的中心内容，即合同双方要达到的共同目的。合同的标的可以是货物，也可以是劳务，如产品、劳务工程项目、租赁物等。标的应明确、具体。对产品来说，除品名外，还应标明规格、型号。如果是涉

外商品交易，还要标明出产国和制造商。

(3) 数量。数量是衡量标的的指标，是确定当事人权利和义务的尺度，是计算价款酬金的依据。数量要具体、精确，应按照国际通用的标准计量。

(4) 质量。质量是标的优劣程度、内在性质和外观形态的综合。产品的商标品牌、规格型号、花色等级等都要写明，产品包装要有明确规定，产品验收的时间、验收标准、方式也要写清。

(5) 价款或者报酬。价款或者报酬是取得产品、接受劳务或智力成果的一方所支付的代价，体现了商品交换关系的客观要求，要写明计算标准、结算方式和时间。

(6) 履行期限、地点和方式。履行期限指双方履行义务的时间界限。商品交易中为交货时间和付款时间。履行地点是指双方履行义务的具体地点。履行方式是指当事人履行义务的具体方法。

(7) 违约责任。违约责任是当事人一方不履行合同或不全面履行合同规定的义务而承担的法律责任。追究违约责任多为收取违约金和赔偿金。

(8) 解决争议的方法。它是指合同当事人事先约定的，在履行合同中双方发生争议时如何解决的方法，如协商、仲裁、法院调解、审理等。

此外，根据法律规定的或按合同的性质必须具备的条款，以及当事人一方要求必须规定的条款，也是合同的主要条款。如化学物品和危险物品的运输与保管，必须遵守国家有关法令，合同中应写上相关条款。再如合同的担保、合同的有效期等，也是合同的重要条款内容。

## 六、写作的基本格式

合同的基本格式分为三个部分：约首、正文和约尾。

### 1. 约首

约首主要包括标题、签约双方的名称或姓名、住所、合同编号、合同订立地点、日期。标题是合同的名称，用以表明合同性质，如“建设工程合同”“租赁合同”等。标题应写在第一行中间。签约双方名称要写全称，可在后面用括号注明为供方和需方、甲方和乙方或卖方和买方，为正文行文提供方便。

### 2. 正文

正文包括引言和合同条款，这是合同的主要部分。

引言部分主要是表明签订合同的依据和目的以及共同遵守合同条款的承诺，如“为了……目的，经双方协商，特订立本合同，以便共同遵守”。接着就分条款写出双方协定的合同内容，也就是写明双方议定的双方所承担的义务和应享受的权利，包括前述八个方面的内容。最后写明合同的有效期限、合同份数及保存者，以及合同附件。

### 3. 约尾

约尾它是合同的签署，要写明签订合同的当事人名称或姓名、法人代表姓名，然后加盖单位公章，法人代表及委托代理人应签名盖章；写明单位地址、电话、开户银行、账号等，还要注明签约年月日；有的要写明合同公证、鉴证机关的名称，并加盖公章。

## 七、写作的注意事项

### 1. 内容要求

(1) 符合政策法令。合同的内容不得违反国家法律、法令，必须按法律办事，任何单位和个人不得利用合同进行违法活动。

(2) 坚持平等互利的原则。订立合同必须贯彻平等互利、协商一致原则。当事人双方的权利义务应当是一致的，任何一方不得把自己的意志强加给对方。

(3) 合同的内容必须具体、明确。

### 2. 语言表达要求

(1) 概念明确。合同中概念不清，往往是对事物限定不严。如某单位进口一台机器，合同上写的是“二手货”，由于“二手货”对机器的陈旧程度缺乏确切规定，结果对方送来的几乎是一堆废铁。

(2) 量词准确。合同中量词运用要十分慎重，应使用国际统一规定的计量单位。如某合同上写“先由买方运回一车，余下由卖方送货”，这里“一车”是多少吨或多少箱、多少件，应该准确。

(3) 用字正确。签订合同要一丝不苟，用字不规范，就容易招致不必要的损失。如将“定金”写成“订金”，将“罚款”写成“发款”，都会引起合同意义的改变，给合同的执行带来很大的麻烦。

**范文示例**

### 借 款 合 同

立合同单位：

借款方：××市政建设公司

贷款方：中国建设银行××市支行

根据《××市轻轨线建设一期工程方案》，经借款方申请，贷款方审查同意发放贷款。为明确各方责任，恪守信用，特签订本合同，共同遵守。

一、借款方向贷款方借人民币叁仟万元，用于××市轻轨线建设一期工程，预计分年用款为：2021 年壹仟贰佰万元；2022 年捌佰万元；2023 年壹仟万元。

二、借款方在本合同规定的贷款总额内，根据批准的年度计划和建设进度编制年、季度用款计划，送贷款方审查。贷款方保证在核定的年度款计划内，按基本建设贷款的有关规定及时供应资金。如因贷款方责任导致资金供应不及时，由贷款方承担由此造成的经济损失。

三、借款方在贷款方开立账户，根据工程情况将款按月分次转到存款户支用，全部贷款由贷款方监督使用。借款方如不按规定使用贷款，贷款方有权停止发放和收回贷款。

四、贷款期限：自 2021 年 1 月起至 2028 年 10 月止，共为 7 年 9 个月。其中建设期从 2021 年 1 月至 2024 年 12 月，还款期从 2025 年 1 月至 2028 年 10 月。分年还款计划如下：2025 年伍佰万元；2026 年捌佰万元；2027 年捌佰万元；2028 年玖佰万元。

五、贷款利息按年息 10.5%计收；借款方不能按上述约定归还的，从次年开始未归还的贷款作为逾期还款加息 5%；挪用的贷款在挪用期间加收利息 5%。贷款利息按实际支用数计息并计算复利。如因国家政策性的利率变动，本合同款利率根据政策相应调整。

六、还本付息的资金，经双方商定，同意用贷款项目的下列资金偿还：

(1) 企业自有资金；

(2) 基本建设收益；

(3) 缴纳所得税以前的新增利润和经税务机关批准减免的税金；

(4) 新增固定资产折旧基金；

(5) 实行投资包干分成部分。

(附：贷款项目预计经济效益表)

借款方对偿还贷款本息以××市公用事业管理局出让××轻轨线运营所有权方式提供担保。担保协议作为本合同附件。

七、全部贷款到期，贷款方发出逾期通知 3 个月后，借款方仍不归还的，贷款方可以依据担保协议向借款方或担保方收回贷款。

八、如因国家调整计划、产品价格、产品税率，以及修正概算等原因需要变更合同条款时，由双方协商签订变更合同，作为本合同的组成部分。

九、本合同经各方签章后生效，至贷款本息全部还清后失效。本合同签订后借款方如果超过 3 个月以上不使用贷款，合同即自动失效。

十、本合同正本 2 份，借、贷双方各执 1 份；副本 3 份，借款方主管部门、担保方××市经济纠纷仲裁委员会各执 1 份。

借款方：××市政建设公司(公章)
地址：××市××区××路 2 号
法人代表：×××(签字)
开户银行及账号：(略)

贷款方：建设银行××市支行(公章)
地址：××市××区××大道 1354 号
法人代表：××(签字)
开户银行及账号：(略)

担保方：××市公用事业管理局
地址：××市建设大道××××号
法人代表：××
开户银行及账号：(略)
财税部门意见：(略)
省分行审查意见：(略)
签约日期：××××年××月××日

**【评析】**

这一则借款合同围绕轻轨线建设这一事项，将借款金额、用途、发放借款具体操作方法，以及还款期限、方式、违约责任等做了明确规定。合同采用条款式结构，条款间逻辑性强，用语准确严密，有效地明确了合同双方的责、权、利。

# 第三节　意向书与协议书

## 一、意向书

### (一) 概念

意向书是各方社会组织通过初步谈判，就合作事项表明基本态度，提出初步设想，表达某种意愿或实现某种目的而签订的协约文书。

### (二) 分类

意向书根据签订的方式可分为单签式意向书、联签式意向书和换文式意向书。其中最常用的为联签式意向书。

### (三) 特点

(1) 协商性意向书是共同协商而签订的，也为今后进一步协商提供依据。双方签署之后，允许进一步洽谈细节，可提供几种方案供双方选择。

(2) 一致性意向书是就某一阶段洽谈的事宜达成初步的一致见解，反映双方的共同愿望，并且得到双方认可，为今后进一步谈判提供依据。

(3) 临时性意向书虽然描述的是双方经协商达成的一致见解，并且可形成书面文字，规定了双方的权利和义务，但它不具备法律效力，只是为今后的谈判做铺垫，违背了最多只能受到职业道德和社会舆论的影响。

### (四) 写作的基本格式

意向书的结构一般包括标题、名称、正文、结尾、落款五部分。

**1. 标题**

意向书的标题通常有完全式和非完全式两种。完全式标题是协作内容加文种，如“关于合资创办肉牛加工厂的意向书”；非完全式标题只写文种“意向书”。

**2. 名称**

名称指写明签订意向书的双方或多方的单位全称或代表人姓名。为了表述方便，在各方单位名称后用括号注明“甲方”“乙方”，如有第三方，可注明“丙方”。

**3. 正文**

正文包括引言和主体两部分。

(1) 引言。引言要写明签订意向书的原因、依据和目的。有些意向书引言要写得比较具体，说明双方谈判的大致情况，如谈判的前提、时间、地点、议题、考察经过等。

(2) 主体。这是双方初步协商原则性的问题。主体通常采用条款式方法表达双方达成的具体意向，一般要写明合作项目、合作期限、货币结算方式、投资金额及规模、双方的权利与义务、利润分配及亏损分担等问题，表明双方达成的意向。

4. 结尾

结尾要写明未尽事宜的解决方式，以供具体商谈。最后应写明意向书的文本数量及保存者。如系外资项目，还应交代意向书所使用的文种及外汇兑换升降比率等问题。

5. 落款

落款应包括三项内容：签订意向书各方当事人的法定名称、谈判代表人的签名、签订意向书的日期。

### (五) 写作的注意事项

1. 坚持平等互惠的原则

洽谈各方不论地位高低、资本大小，都一视同仁，平等对待，既不能迁就对方，也不能把自己的意愿强加给对方。必须是出于当事人的真正自愿，在各方平等互惠、协商一致的基础上签订意向书。

2. 态度要诚恳谦恭

签订意向书既要严肃认真，又要忠实洽谈内容，同时态度要诚恳、明确，做到文明礼貌，不能随便使用“必须”“应当”“否则”之类的词语，也不必写违反约定应承担责任的条款。

3. 内容要明确，条款要具体

意向书要按内容分条叙述，做到条理清晰，一目了然。

4. 语言表达要准确、清楚

意向书在写作过程中要注意用词准确、恰当，表述要清楚，语义要明确，不能措辞含糊，以防产生歧义。

## 范文示例

**例文一**

**合作培训意向书**

甲方：××职业技术学校

乙方：××县农办

经××职业技术学校和××县农办双方商讨，拟合作举办一期草莓种植实用技术短期培训班。本着“客观公正、公平公开及互利互惠”的原则，就办好本期培训班事宜，协商达成如下意向：

一、培训期3个月，20××年9月1日开始，11月30日结业。

二、培训学员50名，由乙方选送45岁以下、具有初中以上文化程度的人员。

三、培训费10万元，由乙方在开班前支付给甲方。

四、甲方提供培训场地、师资、教材，负责教学管理，发放结业证书，并负责推荐就业。

五、未尽事宜，在签订正式合同或协议书时再予协商补充。

本意向书一式两份，甲、乙双方各执一份。

甲方：××职业技术学校(盖章)
代表：×××(签字)
20××年××月××日

乙方：××县农办(盖章)
代表：×××(签字)
20××年××月××日

**例文二**

**就业意向书**

甲方(用人单位)：

乙方(毕业生)：

甲、乙双方通过供需见面、双向选择，达成如下意向：

一、甲方已如实向乙方介绍本单位情况，以及拟安排乙方工作岗位情况，并通过对乙方的了解、考核，同意录用乙方。乙方已如实向甲方介绍本人的情况，并通过对甲方的了解，愿意到甲方就业并在约定期限内报到。

二、甲方为乙方提供的工作条件、劳动保护、劳动报酬及福利应符合国家有关规定。

三、双方在签订本意向书后，甲方根据乙方的实际情况，要求乙方在20××年××月××日至甲方报到。

四、未尽事宜，在签订正式合同或协议书时另行协商补充。

本意向书一式两份，甲、乙双方各执一份。

甲方(用人单位)签章：
联系电话：

乙方(毕业生)签名：
联系电话：

## 二、协议书

### (一) 概念

协议书又叫协议，是指国家机关、社会团体、企事业单位或个人在公关或经济活动中就某一问题或某些事项交换意见，经过协商、谈判达成共识后，由有关各方共同签署的具有法律效力的记录性应用文。

### (二) 特点

协议书在一定意义上说就是合同，对双方当事人都具有法定的约束力。其特点与合同大致相同，但是，在实际运用过程中二者又有细微的区别。

#### 1. 内容的原则性与概括性

协议书的内容比较原则、概括，往往是共同协商的原则性意见；而合同的内容比较具体、详细、严格，项目内容全面、细致、规范。

2. 适用范围的广泛性

协议书不只限于用在经济活动中，也可以是共同商定的各方面事务；而合同主要是指经济合同，涉及经济方面的事项。

3. 协商洽谈的反复性

协议书通常需要反复协商洽谈，有时双方当事人商谈的内容和事项比较复杂时需经过多次磋商，有时协议书签订后往往就有关具体细节问题还要签订正式合同以补充完善；而合同在双方协商一致后一次生效。

## (三) 作用

1. 意向作用

协议书作为在正式合同之前签订的比较原则、概括的协定，起到意向作用。在当事人商谈的过程中，为了表明当事人的诚意，肯定商谈的成果，在签订正式合同之前可先签协议书，对某些问题做出规定。

2. 约束和凭证作用

协议书作为具有法律效力的文书，将当事人各方商谈的有关事项记录下来，一经签订，对签订各方均具有约束作用。协议书明确了各方的权利和义务，各方各执一份，作为凭证，互相监督，以保证合作的顺利进行。

3. 补充完善作用

协议书常作为已签订的合同的补充完善部分。有些合同在执行的过程中，会遇到某些特殊情况或出现某些条款内容不完善，使合同无法执行。在这种情况下，经合同当事人协商同意后，可对已签订的合同做部分的修改、补充和完善，这时签订的协议书经当事人各方签字盖章后正式生效，并成为已订立合同的组成部分。

## (四) 写作的基本格式

协议书的内容一般包括协议事项、数量、质量、价格、协议要求、违约责任等。协议书的结构一般由标题、名称、正文、结尾和落款五部分组成。

1. 标题

标题一般按协议事项的性质写出，主要有两种形式：一是只由文种构成，即在第一行正中间写上“协议书”三个字；二是由“事由 + 文种”构成，如“技术合作协议书”“房屋租赁协议书”等。

2. 名称

名称应写明签订协议的双方或多方的单位全称或代表人姓名。为了表达方便，在各方单位名称后用括号注明“甲方”“乙方”，如有第三方，可注明“丙方”。

3. 正文

正文是协议的核心，一般由两部分构成：一是协议的目的和依据，要写得简明概括；

二是协议的具体事项，通常用分列条款的方式将协议的事项逐一表述清楚。

4. 结尾

结尾在主要条款的后面写明执行要求，注明有关事项。

5. 落款

落款应写明各方当事人、见证人等姓名和签订协议日期，加盖印章或单位公章；写清各方的地址、电话、开户行、账号等。

## (五) 写作的注意事项

1. 内容要合法

协议书是一种具有法律效力的文书，一经签订，就具有法律效力。因此，必须遵守国家法律、法规，符合国家的政策要求，任何单位和个人不得签订与国家法律和政策相抵触的协议书。

2. 格式要规范

在起草协议书时要按照各种协议的既定格式和规范化要求来写，不能随意拟撰。

3. 必须遵守平等互利原则

协议必须出于当事人的自愿，各方在法律上是平等的，既要体现协商一致，又要体现协作精神，还要遵循等价有偿的原则。

4. 必须表述准确、严谨

协议书中所使用的语言和合同一样，要求准确、严谨、恰当、精练，不能产生歧义，以免造成法律纠纷。

5. 字迹要清楚、文面要整洁

协议书一经签订即具有法律效力，因此书写时必须正确清楚，不得涂改。如需修改、补充或更正，必须经过双方协商，并在修改处加盖双方印章。

## 范文示例

**例文一**

### 技术合作协议书

甲方：××建筑工程公司

乙方：××装修设计公司

为发挥双方的优势，共谋发展，并为今后逐步向组成集团公司过渡，双方经过充分友好的协商，特订立本协议。

一、建立密切的技术合作关系，今后凡甲方承接的工程，装修设计任务均交乙方承担。

二、乙方保证，在接到任务后，将立即组织以高级工程师为领导的精干设计队伍，在10个工作日内提出设计方案，并在方案认可后一个月内完成全部设计图纸。

三、为保证设计的质量，甲方将毫无保留地向乙方提供所需的一切建筑技术资料。

四、装修施工队伍由甲方组织，装修工程的施工由甲方组织实施。施工期间，乙方派出高级工程师监督施工，以保证工程的质量。

五、甲方按装修工程总费用的千分之×向乙方支付设计费。

六、本协议自签订之日起生效。

七、本协议书一式两份，双方各执一份。

附件:《××建筑装修工程集团公司组建意向书》一份

甲方：××建筑工程公司(盖章)
法人代表：××(签字)
甲方地址：×××××××
邮政编码：××××××
电话兼传真：××××××××
银行账号:××××××××××××××××
联系人：×××

乙方：××装修设计公司(盖章)
法人代表：××(签字)
乙方地址：××××××
邮政编码：××××××
电话兼传真：××××××××
银行账号:××××××××××××××××
联系人：×××
20××年××月××日

**例文二**

**租房协议书**

王××(简称甲方)
张××(简称乙方)

为了更好地履行甲乙双方各自的义务，保证双方在今后的交往中避免不必要的麻烦，现协议如下：

一、甲方租住乙方一间面积为16平方米的小屋，月租费400元，先一次性交半年房租费2 400元整。

二、水费、电费由甲方承担，按现行商品房标准计收。乙方负责安装与检修水表、电表。

三、甲方保证不损坏房屋内的各种设施，如有损坏，照价赔偿。乙方保证甲方的正常用水、用电。如有异常，乙方应尽力协调解决，否则甲方有权拒付应缴费用。

四、租期从20××年×月×日起计算。如要退租，甲方应提前15天通知乙方。

甲方：王××(签字)　　乙方：张××(签字)
证人：李××(签字)

20××年××月××日

# 第四节　审 计 报 告

## 一、概念

审计报告是审计小组在审计工作结束后，向派出机关或委办单位汇报审计结果、意见和建议的一种书面报告。

## 二、作用

无论是外部审计还是内部审计，在审计实施阶段结束时，都要出具审计报告。

(1) 审计报告具有经济公证的性质和效力。审计报告的编写者不仅要对委托者负责，而且对一切阅读审计报告与被审计单位财务活动相关的各个方面负责。审计报告能够全面反映被审计单位情况，可以作为有关机关或部门提出审计结论，做出处理决定的主要依据。

(2) 审计报告反映审计人员的看法和建议，可以作为被审计单位改善工作、调整经营时做出合理经济决策的重要参考。

(3) 审计报告既是审计人员对审计过程和审计结果的一次全面总结，也是衡量审计工作质量的基本凭证。

## 三、特点

### 1. 公正性

审计报告中所调查的情况、做出的决定，都必须实事求是、依法办事，不仅要向交办或委办单位负责，而且还要对有关单位负责，必须做到客观、公正地评价，正确处理合法、合规与合理之间的关系。

### 2. 总结性

审计报告是对审计任务完成情况和审核结果的总结，可以肯定成绩，发现问题，保护国家和公众的合法权益，维护国家的财经法纪。

## 四、分类

按照审计活动性质的不同，审计报告可分为：

### 1. 内部审计报告

内部审计是由单位内部的审计机构或专职人员对本单位或某一部分的经济工作实施的审计活动。它主要为单位和部门内部服务，对外无证明效力。在内部审计活动中使用的审计报告，即为内部审计报告。

### 2. 外部审计报告

外部审计是由国家审计机关或社会审计机构对某单位或部门的经济工作实施的审计活动。在外部审计活动中使用的审计报告，即为外部审计报告。国家审计机关的审计报告，往往有很高的权威性和强制性；由会计师事务所等民间审计机构提交的审计报告则大多是被用作证明或查询，常具有明显的公正性和参考性。

此外，按审计工作内容的不同，审计报告可分为财政财务审计报告、财经纪律审计报告、经济效益审计报告、经济责任审计报告；按审计范围的不同，可分为全面审计报告和专题审计报告等。

## 五、写作的基本格式

### 1. 国家审计机关审计报告的结构和内容

(1) 标题。标题一般由“审计机关名称 + 审计项目名称 + 文种”组成，如《××市审计局关于××公司违反财经纪律问题的审计报告》。有的审计报告加上审计时限或省略审计机关名称。

(2) 主送机关。主送机关即审计工作的委托机关或单位，或者说审计报告需送交的机关或单位。

(3) 正文。

① 前言。前言通常对审计工作概况加以介绍，如写明进行审计工作的论据、目的、时间及审计的范围、内容和方式等。

② 情况和问题。这部分要写明被审计单位的基本情况，包括被审计单位的规模、经营的主要业务、财产资金状况、主要经济指标等。此外，详细写明在审计中发现的问题是衡量审计报告是否具有说服力的关键。这里的问题是指正反两个方面的问题。无论是成绩经验也好，错误弊端也好，都要实实在在，不能有任何水分。材料要真实，证据要确凿。

③ 结论。结论指根据事实，对被审计单位的财务、经济活动做出结论性评价。要知道，审计报告好坏同法官的判决书一样，一经提出，即具有一定的法律效力，将对被审计单位产生重大影响。所以，结论要以事实为依据，以法律、制度为准绳，要熟练地掌握政策法规的尺度，正确地确定问题的性质。无论是肯定性的还是否定性的结论，都必须严肃认真，不能轻率马虎。

④ 意见和建议。处理意见是审计人员对发现的问题，正式提出如何处理的看法。写作时要注意根据问题的性质、情节、原因等，具体问题具体分析，既要坚持原则，又要灵活掌握，对明知故犯的问题要严肃查处，对缺乏经验而出现的问题应帮助总结经验教训，两者区别对待，做到宽严适度。

建议是针对存在的问题，为帮助被审计单位改进工作，有针对性地提出一些工作的措施或办法，切忌不着边际，泛泛而谈。

(4) 落款。落款指审计人员签名盖章，并注明写审计报告的日期。如有附件，可按顺序分别标注。内部审计报告的写法与此相同。

### 2. 社会(民间)审计组织的审计报告的结构和内容

注册会计师应当在实施必要的审计程序后，对会计报表进行总体性复核，以经过核实的审计证据为依据，形成审计意见。社会(民间)审计报告分为无保留意见、保留意见、否定意见、拒绝表示意见等四种审计报告。其结构为：

(1) 标题。标题统一规范为“审计报告”。

(2) 收件人。收件人指审计业务的委托人，并载明收件人的全称。

(3) 范围段。

① 审计范围，应写明已审计会计报表名称，反映的日期或时间。

② 会计责任与审计责任。

③ 审计依据，即《中国注册会计师独立审计准则》。

④ 已实施的主要审计程序。

(4) 意见段。审计报告应当清晰地发表注册会计师对已审会计报表的意见。

这些意见包括：

① 会计报表的编制是否符合国家有关财务会计法规的规定。

② 会计报表在所有重大方面是否公开地反映了被审计单位资产负债表日的财务状况和所审计期间的经营成果、资金变动情况。

③ 会计处理方法的选用是否符合一贯性原则。

(5) 说明段。如果注册会计师出具保留意见、否定意见或拒绝表示意见的审计报告，应在范围段与意见段之间增加说明段，清楚地说明所持意见的理由，并在可能情况下，指出其对会计报表反映的影响程度。

注册会计师出具无保留意见审计报告，一般不设说明段。如认为必要，可以在意见段之后，增加对重要事项的说明。

(6) 签章和会计师事务所地址。审计报告应由注册会计师签名、盖章，加盖会计师事务所公章，并注明会计师事务所的地址。为明确注册会计师的责任，审计报告通常由两名承办注册会计师签章。

(7) 报告日期。报告日期即注册会计师完成审计工作的日期。

## 六、写作的注意事项

### 1. 整理和分析工作底稿

审计工作底稿是撰写审计报告的基础，但工作底稿中的资料是零星的、没有系统的原始材料，不能把这些材料都写进审计报告里，要进行一番细致的整理、分析工作。审计人员应按照审计项目、事件类别，区分基础凭证、事实凭证、责任证明、辅助凭证、账册报表、揭发资料等并加以整理分析，为审计报告的写作做好资料准备。

### 2. 核实有关材料

审计人员对经分析整理的材料要进一步核查，尤其是事实材料，必须对证落实。不进行调查核实，没有绝对把握就把一些材料写入审计报告中，是不负责任的表现。这样做，不但会给被审计单位带来不利影响，也会造成阅读人的决策失误，还会使审计人员的形象受到损害。

### 3. 拟订编写提纲

一份合格的审计报告应条理清晰、重点突出、逻辑严密。为此，审计人员在正式写作前要认真拟订提纲。

### 4. 起草初稿

起草初稿时，审计人员对每一个问题所做的结论，都要经过讨论，集思广益。

### 5. 征求被审计单位意见

对被审计单位提出的意见，凡属正确、合理的部分，审计人员应该接受，并在审计报告中做必要的修改。

# 第五节　招标书与投标书

## 一、招标书

### (一) 概念

招标、投标是在兴建工程或进行大宗商品交易时广泛使用的一种竞争方式。标书包括招标书和投标书。招标书是招标人利用投标者之间的竞争达到优选买主或承包项目的目的，从而利用和吸收各地甚至各国的优势于一家的商品交易行为所形成的书面文件。这是订立合同的一种法律形式。

### (二) 作用

**1. 有利于促进竞争**

招标单位实行招标，必然引起投标者之间的激烈竞争。各企业只有不断提高经营管理水平，引进先进技术，降低成本，才有可能中标。

**2. 有利于实现最佳经济效益**

招标可使招标单位有更多选优机会，投标者中标后必然会在缩短工期、提高质量、降低成本、加强管理等方面做文章，双方均能实现最佳经济效益。

**3. 有利于发展经济技术交流与合作**

招标的范围广，中标的只有那些技术先进、产品质量好、成本低的企业，这样各地的先进技术得以交流推广。

### (三) 分类

广义的招标书是指招标过程中形成的一系列文书，包括招标章程、招标公告、招标申请书、招标须知、中标通知书等；狭义的招标书指的是招标公告或招标启事。

### (四) 招标的种类

**1. 公开招标**

公开招标指招标单位在印刷媒体、电子媒体等媒体上公开发布招标公告。

**2. 书面通知招标**

书面通知招标是采取书面通知的形式直接通知有资质或承担能力的单位参加投标。

**3. 议标**

议标是对于一些技术复杂的、工期较紧迫的或规模不大的项目(工程)，在征得有关主管部门同意后，选择少数有资质或承担能力的单位协商确定工期、造价的一种形式。

### (五) 招标的特点

#### 1. 公开性

公开性也称明确性，即对招标项目或工程的主要目的、基本情况、产品要求、人员素质和具体规定等要做出明确、清楚的表述，不能含糊其辞、模棱两可。

#### 2. 竞争性

竞争性指让投标者相互竞争，择优中标。

#### 3. 具体性

具体性指要写明有关招标的做法、步骤与工作程序。

### (六) 招标的工作程序

(1) 成立招标、评标组织。
(2) 制发和报审招标文件，公布招标公告。
(3) 投标者递交投标申请，并购买招标文件。
(4) 对投标者进行资格审查。
(5) 统一组织投标咨询，组织投标者进行现场考查。
(6) 投标者密封递交投标书(要盖密封印章)。
(7) 确定开标时间、评标标准。
(8) 组织开标，确定中标者，并发出中标通知书。
(9) 招标单位与中标者商谈具体事项，并签订合同。

### (七) 写作的基本格式

招标书一般采用公告、文件、广告等形式发布。

#### 1. 招标公告

招标公告由标题、正文、落款三部分组成，部分招标公告还会有附件说明。

(1) 标题。标题由招标单位名称和文种构成。如《××市交通局关于××大桥工程施工招标公告》《××松油加工厂招标公告》。

(2) 正文。正文是招标书的核心部分，由前言、主体和结尾构成。前言写明招标单位的基本情况和招标目的；主体包括文件编号、招标项目名称、招标范围、规格、数量、价格、招标方式、招标时限、招标地点等；结尾写明招标单位的名称、地址、邮编、电话、传真、网址及联系人等。

(3) 落款。落款一般写明制定招标公告的日期。

(4) 附件说明。附件说明是指招标书的附带材料，如无必要则免。

#### 2. 内部招标文件

内部招标文件主要有招标章程、投标者须知、技术质量要求、购销合同等。其结构由标题和正文两部分组成。

(1) 标题。标题共有四种方式：一是完全式标题，即“招标单位＋招标性质和内容＋招标形式＋文件”；二是不完全式标题，即“招标单位＋招标内容＋文件”；三是只写文件名称；四是广告性标题。

(2) 正文。正文主要写明招标宗旨，介绍招标的文件和法律依据，招标、投标、开标的要求、方法、时间、程序以及招标投标双方应遵循的原则等。在须知中应把没有写进招标公告和招标章程而投标者必须做到的一些具体问题写进去。

#### 3. 科技项目招标书

科技项目招标书一般由招标广告和招标任务书组成。科技招标广告或公告，一般包括招标号(即编号)、招标原则、招标项目、招标截止日期等。

#### 4. 工程项目招标书

工程项目招标书要写明招标号、建设单位名称及联系人、工程建设项目地点、工程内容、建筑面积、质量要求、建设工期、设计图纸、招标截止日期等。

### (八) 写作的注意事项

#### 1. 招标方案应当切实可行

首先，招标方案要做到招标条件符合国家有关政策、法律、法规；其次，发布的招标公告，必须有上级主管部门批准的文件，以示招标公告的真实性、可行性和权威性；最后，掌握好招标的基本程序是写好招标书的基础和材料来源，招标的程序包括发表招标公告、出售标书、审查投标单位资格、开标、确定中标候选人、评标、中标、签订合同等。

#### 2. 标准应当准确

招标书内容要简明扼要，突出重点；向投标者提出的质量标准和技术规格等要求要明确具体。

#### 3. 内容应当严谨

招标书的文字表达要准确，标点要正确，以免产生歧义，篇幅要短小精悍。

## 二、投标书

### (一) 概念

投标书是与招标书相对应的。所谓投标，是指愿意按条件进行交易，或愿意承包某工程的施工单位，根据招标书所列的条件、要求，开列清单，拟出具体方案，向招标单位提出交易或承包申请的行为。投标书是投标人按招标人的具体要求向招标人提出订立合同的建议，是提供给招标人的备选方案。投标的条件与意见，为招标单位选择最佳的合作者提供了依据。

### (二) 分类

(1) 生产经营投标书：如工程投标书、承包投标书、产品扩散投标书、劳务投标书等。

(2) 技术投标书：如科研课题投标书、重大关键基础投标书、技术引进或转让投标书等。

### (三) 特点

**1. 保密性**

投标方为了在竞争中达到中标目的，应密封寄递投标书，在开标之前对投标方案及标底应绝对保密。

**2. 针对性**

拟写投标书要针对招标单位提出的条件和要求，也要针对企业或工程任务的现状，经过分析论证，决定是否投标和投标的程度。

**3. 真实性**

投标书的内容要真实可靠，切忌为了中标而弄虚作假，隐瞒真相，否则会引起招标单位的怀疑。

### (四) 写作的基本格式

投标书使用较多的是投标函和投标书。其结构由标题、招标单位名称、正文、落款和附件五部分组成。

**1. 标题**

投标书的标题一般写明“投标函”“投标书”“投标答辩书”即可；有些也按标题的格式化要求来写，如“投标单位＋投标项目＋文种”“投标单位＋文种”。

**2. 招标单位名称**

投标书是写给招标单位的，所以招标主体就是投标书的主送单位，应在标题下顶格写主送单位全称。

**3. 正文**

正文一般由前言、主体、结尾三部分组成。

(1) 前言。前言应写明投标人的基本情况，如企业名称、性质、规模、资质等级、技术力量、应标能力等；对投标项目所持的态度；投标的依据和主导思想。

(2) 主体。投标书的主体部分必须写明投标的具体指标、承诺方责任义务、项目开工及竣工日期、标书的有效期、交纳担保金和履约保证金以及经营思想、方针、目标、措施、要求外部条件等内容。这部分要求写得具体、完整，具有说服力，力求使招标单位信服。

(3) 结尾。结尾处应阐明对招标单位不一定接受最低价和可能接受任何招标书表示理解。

**4. 落款**

落款写明投标单位(或个人)的名称(加盖印章)、地址、电话、邮编、法人代表和投标日期。

**5. 附件**

附件指附在正文后，不宜在正文中说明的材料。

### (五) 写作的注意事项

**1. 掌握程序，写好标书**

掌握好投标的基本程序是写好投标书的基础和材料来源。投标的程序包括成立机构、配备专业人员、正确选择投标项目、调研收集有关信息、参加资格审查、熟悉招标文件、合理计算标价等。

**2. 格式规范，表达准确**

投标书的标题包括投标单位名称(全称)、投标项目及文种名称等，这些内容要格式规范，表达准确无误。投标书的写作要实事求是，具体清晰，准确准时。

**范文示例**

**例文一**

**投　标　函**

致：(招标单位)

1. 我单位购买了 ________工程施工招标文件，在认真研究了招标文件并考察了工程现场和市场情况后，现决定以(大写)：______元(￥ ______元)人民币的投标总价(或按照本项目施工招标文件规定的算术性复核原则修正的修正投标总价)和标价的工程量清单所列投标单价参与该项目的投标竞争。

2. 如我单位有幸入围并被允许参与下一阶段的详细投标竞争，我单位同意按简略投标文件中的投标单价和总价，作为我单位承诺的合同单价和合同总价，且将在详细投标文件中按你单位要求做出明确承诺。

3. 如我单位有幸入围并被允许参与下一阶段的详细投标竞争，我单位将派出符合招标文件要求的项目经理，报经你单位考察审查同意后，作为该项目代表我公司的投标项目经理。

4. 我单位详细阅读了该项目的招标文件，完全接受招标文件的所有条款，如属我单位对招标文件理解有误，自愿承担全部由此引起的影响和后果。

投标单位：××××××(盖章)

××××年××月××日

**例文二**

**投　标　书**

致：(招标单位)

1. 我方遵照原简略投标文件的投标函中所做承诺，在此再次明确承诺，一旦中标，我方愿意以(大写)：______ 元(￥：______ 元)人民币的承诺合同总价(简略投标文件之标价的工程量清单中所列投标单价和投标总价)，并按招标文件中工程施工图纸、合同条款、工程技术规范(标准)和工程量清单的条件要求承包工程的施工、竣工，并承担任何质量缺陷保修责任。

2. 一旦我方中标，我方保证在___日历天内完成并移交全部工程。工程质量达到标准。

3. 为表诚意，我方已按照招标文件要求向你方预交了 ______ 万元人民币的施工履约保证金，一旦中标，同意自动转为我方的施工履约担保。

4. 我方投标项目经理_______同志已经你方审查认可，一旦我方中标，我方承诺派该同志作为该工程项目经理，全权代表我公司组织该项目的施工。我方在此承诺，如未经你方同意私自变更项目经理，或名义上该同志为项目经理而实际上的项目经理另有其人，我单位自动放弃两年××县城范围内依法应招标工程的投标资格。同时你单位有权终止该项目的施工合同。

5. 一旦我方中标，我方承诺按时足额支付民工工资。如未按时足额支付民工工资，自愿接受有关部门依法依规所做出的处罚。

6. 我方已详细阅读全部招标文件，包括招标答疑会议纪要和有关补充文件。一旦中标，我方同意依照我方详细投标文件与你方招标文件签署合同。

7. 我方同意所提交的详细投标文件自投标截止日期之日起 60 天的投标有效期内有效，在此期间如果中标，我方将受此约束。

投标单位： ××××××(盖章)
法定代表人或其委托代理人：×××(签字)
××××年××月××日

# 第六节　商务软文

## 一、概念

软文，英文是 Advertorial，是相对于硬性广告而言，指由企业的市场策划人员或广告公司的文案人员来负责撰写的“文字广告”。与硬广告相比，软文之所以叫软文，精妙之处就在于一个“软”字，让用户在不受强制广告的宣传下，文章内容与广告完美结合，从而达到广告宣传效果。

软文一般泛指所有含有软性宣传的文字内容。我们所说的软文，是指通过特定的概念诉求、以摆事实讲道理的方式使消费者走进企业设定的“思维圈”，以强有力的针对性心理攻击迅速实现产品销售的文字(图片)模式。

## 二、分类

软文有三种基本类型：新闻型软文、行业型软文和用户型软文。

(1) 新闻型软文：如新闻通稿、新闻报道、媒体访谈等。

(2) 行业型软文：如权威论证、观点交流、人物访谈、实录等。

(3) 用户型软文：如综合型、促销型、争议型、经验型、知识型、故事型、恐吓型、悬念型等。

## 三、撰写步骤

撰写广告软文之前必须按以下三个步骤去理清自己的思路：

(1) 了解消费者对广告软文的接受过程，明确推广概念主题。只有主题明确，才能有的放矢，达到预期的广告效应。

(2) 必须要有新颖、富有创意的标题与销售推广文案。

(3) 选择与文案相匹配的表现形式。

## 四、撰写软文的类型

(1) 新闻报道型：以媒体记者身份发出，具备官方和权威性，直接介绍企业实力、品牌形象。以官方口吻报道，配合以官方媒体传播平台，能大大增强报道的真实性、权威性和不可辩驳性，从而有力地提升了企业实力和正面形象，同时也增强了真实性和可信性。

(2) 用户体验型：以一般用户或者第三方的切身真实体验，传播品牌或者产品的优点、正面形象、企业实力、服务质量等。这种方法能悄无声息地对消费者和潜在客户产生良好关联或影响。

(3) 故事讲述型：以讲故事的口吻，娓娓道来。这种方法常可起到“随风潜入夜，润物细无声”的作用。

(4) 专访、采访型：主要采用访谈录等方式，通过访谈可以深入到各个方面宣传品牌信息。当然，前提是所采访的对象达到了一定的高度或知名度，才建议采用此方法，否则就有“王婆卖瓜，自卖自夸”的嫌疑。

(5) 评论、批评型：以正面或者争议评论为主。当然为了打击竞争对手，有时会采取负面评论。

(6) 利用网络事件型：只要拥有敏锐的洞悉能力，将某些网络事件拿为己用可取得较好的效果。前提是能找到此网络热点与自身业务的关联性。这是制造事件营销的最好载体。

(7) 网络热帖型：此类型具备非凡的传播能力。我们在进行软文创作时，可以利用网络热帖进行巧妙地加工，然后进行二次传播。特别地，这一“加工”的关键是巧妙，不露任何蛛丝马迹，切不能太过牵强。

(8) 傍大款型：尽量把自己和行业内的巨头、领先企业相提并论，从而达到借势的目的。

(9) 总结归纳型：对一些话题和问题进行归纳性总结，然后把自己巧妙地融合进去。

## 五、撰写软文的技巧

软文虽然千变万化，但是万变不离其宗。撰写软文，主要有以下几种技巧：

1. 悬念式

悬念式也可以叫设问式，核心是提出一个问题，然后围绕这个问题自问自答。如“人类可以长生不老？”“什么使她重获新生？”“牛皮癣，真的可以治愈吗？”等。通过设问引起话题和关注是这种方式的优势，但是必须掌握火候，提出的问题要有吸引力，答案要符合常识，不能作茧自缚，漏洞百出。

2. 故事式

故事式是通过讲一个完整的故事带出产品，使产品的“光环效应”和“神秘性”给消费者心理造成强烈暗示，使销售成为必然。如“1.2 亿买不走的秘方”“神奇的植物胰岛素”“印第安人的秘密”等。讲故事不是目的，故事背后的产品线索是文章的关键。听故事是人类最古老的知识接受方式，所以故事的知识性、趣味性、合理性是软文成功的关键。

3. 情感式

情感一直是广告的一个重要媒介，软文的情感表达由于信息传达量大、针对性强，当然更可以叫人心灵相通。如“老公，烟戒不了，洗洗肺吧”“女人，你的名字是天使”“写给那些战‘痘’的青春”等。情感最大的特色就是容易打动人，容易走进消费者的内心，所以“情感营销”一直是营销屡试不爽的灵丹妙药。

4. 恐吓式

恐吓式软文属于反情感式诉求，情感诉说美好，恐吓则直击软肋。如“高血脂，瘫痪的前兆！”“天啊，骨质增生害死人！”“洗血洗出一桶油！”等。实际上恐吓形成的效果要比赞美和爱更具备记忆力，但是也往往会遭人诟病，所以一定要把握好度，不要过火。

5. 促销式

促销式软文常常跟进在上述几种软文见效时。如“北京人抢购×××”“×××，在香港卖疯了”“一天断货三次，西单某厂家告急”等这样的软文或者是直接配合促销使用，或者就是使用“买托”造成产品的供不应求，通过“攀比心理”“影响力效应”等多种因素来促使你产生购买欲。

6. 新闻式

所谓新闻式，就是为宣传寻找一个由头，以新闻事件的手法去写，让读者认为就仿佛是昨天刚刚发生的事件。这样的文体有对企业本身技术力量的体现，但是，文案要结合企业的自身条件，多与策划沟通，不要天马行空地写，否则，很可能会造成负面影响。

7. 诱惑式

实用性、能受益、占便宜这三种属于诱惑式软文，这种软文对读者是有帮助的，所以访问者会主动点击或者到处寻找。因为这类信息能给访问者解答一些问题，或者告诉访问者一些对他有帮助的东西。这里面当然也包括一些打折的信息等，这就是抓住了消费者爱占便宜的心理。

## 六、写作的注意事项

### 1. 写作语言通俗化

软文能促进消费还在于其语言的通俗化，能照顾到大多数阅读者的理解能力。软文的阅读者是普通的消费者，它拒绝华丽辞藻的修饰，拒绝连篇累牍的描述，它需要将思想和灵感通俗化、商业化、锐利化。一篇能促进消费的软文一定是能被人轻松阅读并理解的，这是前提和基础。没有语言的通俗易懂，软文只能曲高和寡，没有回应，自然谈不上带动产品销售。软文应将艰深的道理浅显化，这样消费者不但能理解而且会印象深刻。

### 2. 画龙点睛拟标题

就整篇软文广告而言，标题就像"脸面"一样，能否吸引读者的目光就全靠它了。当然，仅仅吸引目光是不够的，标题还应该让读者动心，并产生"让我瞧瞧"的欲望。

好标题是成功软文的一半。对于今天习惯快速阅读的人们而言，简单、明了、吸引人的标题将决定读者第一时间做出是否阅读的判断，因而确定标新立异的好标题，是增加读者点击率的第一步。如《牛奶新鲜也能公证吗？》《食品分开放就安全？》等。软文标题要起得好，让读者一看到标题就想看文章内容，看了文章开头还想往下读。

软文标题中以下几点要把握好：

(1) 标题看上去要有非常熟悉的、简单的、通俗的字眼。

(2) 标题中要包含和读者利益相关的字眼。

(3) 标题中要包含客户自己的产品关键字。

(4) 标题要做到个性和有创意，个性和创意能够激发人们内心的潜在诱惑，而且更加有吸引力。

(5) 标题要有思想。一些软文的标题很空洞，往往给人们带来一种云山雾罩的感觉，不知道想要说什么，表达什么。所以写标题也得有实物、有思想、有内涵。这样你的标题才能让人看一眼就知道要表达什么，才会让人有进一步阅读的欲望。标题如果能够和热点关键词挂钩，效果会更好！

(6) 标题要生动传神。标题实际上是软文的高度概括，是浓缩的精华，所以标题一定要生动传神才能够吸引人关注你的软文。

(7) 标题党不要做。有时候真实的力量往往更具有感染力。

**【标题例析】**

《人类可以长生不老?》《男人流行画眉毛?》《保肝价太高，市民怎么办?》《老爸老妈中毒啦》《奥普浴霸何以"霸"京城?》……这些优秀的标题，不但曾经风靡一时，而且至今令人记忆犹新。为什么？因为它不但像新闻标题，甚至比当时的新闻标题更吸引人。

××××年的《华商报》上，也曾经涌现出一批令人回味的软文广告标题。例如，《一个被 99%的人忽视的卫生习惯》，这是非典时期的"洗之朗"(电器产品)软文标题，发表时机为当时各媒体大篇幅教育人们要"勤洗手""科学洗手"之际，因为洗之朗是“智能化便后清洗器”(有人俗称：洗屁股的健康电器)，这1篇1 000多字的软文，完成了原计划用10篇约8 000多字才能实现的市场教育和观念引导宣传，这也体现了软文操作过程中对计划修正的及时性和策略性。

这是非典后期全国上下声讨卫生陋习时，继《华商报》“审视生活陋习，倡导文明生活”热点专题新闻《如厕陋习得改改》《家庭生活陋习应该改改》之后，良治电器洗之朗的又一巧借东风之作。至此，洗之朗在软文操作方面的快速反应、精明策划开始显山露水，广告界、策划界和部分企业开始密切关注并纷纷仿效，最终形成了××××年西安的“洗之朗软文模式”。例如，《太空药神舟三号唤醒人间》，这是神舟五号发射前，与《华商报》的新闻《神舟五号预计今升空》同一版面发布的亨通光华“神舟三号”口服液软文广告。在此之前的《神舟三号葫芦里装啥药？》《太空菌种震动中华》《国药准字神舟三号横空出世》《治病机理革命性突破再造人体精气神》《太空生物药品击中人类三大顽疾》均为彩色半版，像新闻又不是新闻，不是新闻又像新闻，广告效果非常好，大多数人将其当新闻阅读的津津有味，也不失为具有吸引力的软文标题。

## 范文示例

### 例文一

(引自发布在《华商报》上并曾被称为“洗之朗软文模式范本”的一篇软文)

#### 曝光“洗之朗”热销背后

如何改变人们的便后清洁方式？如何实现以洗代擦？一种名为洗之朗的产品在西安悄然兴起。

据悉，“洗之朗”学名智能化便后清洗器，是一种安装在马桶上用于便后用温水清洗的家用电器。洗之朗最早源于日本，如今在日本家庭的普及率已高达90%以上。这种电器能够在人们方便之后，通过按键实现温水冲洗下身，它代替了传统的纸擦方式，更卫生、更科学。

记者采访了家住紫薇花园的牛先生。谈到使用体会时，他说：“起初孩子说日本人都使用这个产品，要往家里的马桶上安装洗之朗。我曾坚决反对，总以为不习惯。但几天下来对使用后的效果不得不折服。我有痔疮，而且家中还有高龄老人，对洗之朗的使用体验都感到很满意！”

某商场导购向记者说：“洗之朗上市之初，只有一些经常出国的人一看就知道洗之朗是什么，而且购买时也毫不犹豫，因为他们在国外时就普遍使用洗之朗，对洗之朗的使用效果有切身体会。导购还告诉记者：“购买洗之朗的人，不仅仅是前卫的时尚人士，购买的普通市民也越来越多，大家已经认识到了洗之朗对生活的重要性。”

据商场负责人讲，洗之朗上柜以来很受顾客喜欢，总是能吸引好多客人，这是我们上柜当初没有预料到的，而且销量也在迅速上升，这个产品前景非常不错，将来肯定会成为家用电器的消费热点。某建材、洁具销售商也对记者说："销售洗之朗，我并没有要求一开始就能卖多少台。我做代理销售十几年了，对一个产品的市场前景非常重视，洗之朗虽然是个新产品，但将来肯定会是家喻户晓、家庭必备的电器。现今在西安已经达到了家喻户晓，3 到 5 年内肯定会迅速普及，成为城市家庭的必需品。"

记者在家居超市采访的短短几十分钟里，洗之朗竟然卖出了5台，消费者对这个刚上市的新产品为什么如此青睐？

在开元商城一次购买 2 台洗之朗的王女士对记者说："我在日本留学时一直用洗之朗，已经习惯了便后水洗，洗比擦不但干净卫生，而且很舒服很方便，是女性预防病菌感染的好产品。"王女士的先生抢过话头说："她一听说洗之朗在西安上市，就嚷嚷着买，顺便也给老人买一台。反正也不贵，才一两千块钱，比国外产品便宜了好几千块钱。"

据调查，洗之朗在××××年至××××年间，一台进口的产品在北京和上海售价一般在一万五千元左右，国产的"洗之朗"也普遍卖六千元上下，虽然有过漫长的市场培育，但其昂贵的价格让普通老百姓望而却步，能够购买者也多为当时的"有钱人"。当然，人们对卫生习惯与身体健康没有足够认识，也是推广的另一障碍。××××年前的两年内普遍降价 50%左右，最早卖五六千元的产品如今也仅卖到不足三千元。

洗之朗生产厂家的营销副总肖军告诉记者：我们很重视市场需求，虽然现今我们的工作重点是生产研发，但是我们对洗之朗的市场前景非常看好，我们将凭借科学有效的营销手段，精工的日本技术，优势的价格推广市场，我们的定位就是以高品质产品设计满足广大消费者的潜在需求。

截至记者发稿前了解，洗之朗安装预约已经排满三个工作日，热销局面还在不断升温。

**例文二**

一位漂亮的外地女孩在网上发帖，问自己向往杭州，想辞职来杭州找工作是否合适，当然引起本地人欢迎声一片。很快女孩跟进说自己真的辞职来杭州了，但是钱不多，想问问租哪里的房子合适。接着是女孩说找到了适宜的好房子，房东也好，很谢谢大家。几天后，女孩继续跟帖说发现与合租的房东习惯不和，犹豫要不要搬走。这时她还没有交租，问大家是不是要逃租。就在出去找房子的时候，杭州暴雨如注，女孩发帖说谎了！原来出去时天窗没关，大雨浇灌将屋内地板全淹了，这下房东拦住不让走，要求她赔偿。穷得叮当响刚来杭州找工作的她怎么赔得起？这个故事讲述下来，每个环节都是亮点，也具备了话题性和冲突性。将心比心，一个外地女孩来到一个陌生地方求职、生存，又碰到这么多问题，本身就值得帮助，或者能够引起同为打工者的共鸣。因此不断激发大批网友的互动热情，纷纷跟帖出主意。管理员也几次全站置顶，人气爆高一时。

这个故事如果仅仅如此，其实也没什么意思了，一个帖子而已。你猜结局会是什么？出乎所有人意料：雨停风收，房子的水退去排干，地板没事！此后帖子下面几百几千人在站内私信问女孩：什么牌子的地板？

【评析】

你一定猜到了吧，这就是一篇很不错的某某品牌地板软文推广。这篇软文不但将广告植入得很深，而且引起了很多人的关注和讨论，只有这样才能进行有效的二次传播，才能带来转化率。所以说软文广告植入的核心是，能引起二次传播并带来转化率和更大的品牌宣传效应。

## 综 合 练 习

**一、填空**

1. 合同是平等主体的_______、________、_______ 之间设立、变更、终止民事权利义务关系的协议。

2. 合同的基本条款有____________、____________、____________、____________、价款或报酬、____________、____________、____________，共八条。

3. 合同的格式一般包括____________、____________和____________三部分。

**二、判断(对的打“√”，错的打“×”)**

1. 合同中定金可以写成预付款。　　(　　)
2. 支付预付款的一方不履行合同时对方可以不返还预付款。　　(　　)
3. 接受预付款的一方不履行合同时没有加倍返还的义务。　　(　　)
4. 意向书是协议书或合同的先导，与协议书或合同具有同等法律效力。　　(　　)
5. 意向书正文的主体部分应按照实际需要选择条款式、陈述式或其他方式表达。　　(　　)
6. 意向书签订各方违背了相关条款，根据现行法规，最多只能受到职业道德和社会舆论的影响。　　(　　)
7. 协议书在一定意义上说就是合同，其特点与合同也大致相同，但在实际运用中二者又有细微区别。　　(　　)
8. 协议书是经济类文书，与合同一样，只限于用在经济活动中。　　(　　)
9. 协议书具有约束和凭证及补充完善作用，不具备意向作用。　　(　　)

**三、选择**

1. 下列招标的工作程序排序正确的一项是(　　)。

① 确定开标时间、评标标准。

② 对投标者进行资格审查。

③ 成立招标、评标组织。

④ 统一组织投标咨询，组织投标者进行现场考查。

⑤ 组织开标，确定中标者，并发出中标通知书。

⑥ 制发和报审招标文件，公布招标公告。

⑦ 招标单位与中标者商谈具体事项，并签订合同。

⑧ 投标者递交申请，并购买招标文件。

⑨ 投标者密封递交投标书(要盖密封印章)。

A. ①⑧⑤③⑨④⑦②⑥

B. ③①⑤④⑦⑨②⑥⑧

C. ③⑥⑧②④⑨①⑤⑦

D. ③⑧⑨④②⑥①⑤⑦

2. “东莞市2018年无线、有线通讯系统和设备维护及应急项目招标通知”这则标题的书写方式属于(　　)。

A. 完全式标题　　B. 不完全式标题

C. 文件名称　　D. 广告性标题

3. 招标书的结尾部分应写明招标单位名称、地址、邮编、电话、传真、网址及(　　)等。

A. 联系人　　B. 当事人

C. 招标地点　　D. 付款方式

**四、简答**

1. 经济类文书具有哪些特点？

2. 经济类文书在写作中应该注意哪些问题？

**五、写作训练**

1. 下面标的物的表述、数量的规定、质量的规定等合同条款，在文字表述上都有不当之处(有的是需要附加说明而没有说明)，请你逐一修改(或加以说明、回答)，将修改后的正确表述写出来。

(1) 某合同条款上写：“甲方向乙方订购淀粉500千克，单价××元，总价××元。”结果购货方到的货既不是豌豆淀粉，也不是土豆淀粉，而是红薯淀粉，供货方以次充优，购货方提出淀粉质量不好，双方发生纠纷。问：从概念的表述角度看，问题出在何处？

(2) 某单位从国外某出口商进口原木，合同签订“木材直径30公分以上”，结果对方发来的木材均为直径1米左右的大原木，我方港口三番五次卸不下来，最终卸下来又无法运走，只好在港口将原木锯开装运，成本增加三四倍。问：此例中进口商造成经济损失的原因何在？

(3) 某公路局与某工程队签订修筑一段公路的承包合同，其中一条规定：“路侧挖排水沟一条，深一米，宽二米。”后工程队在路的左侧按要求完成排水沟一条，而公路局则要求在路右侧也要完成同样的排水沟一条。双方因此引起纠纷。问：合同中应该怎样写才能避免这种纠纷？

(4) 建筑材料由乙方负责筹备(某建设工程合同中的一项条款)。

(5) 卖方将尽可能地提供最好质量的TRS-03型系列设备。

2. 根据下面提供的材料，依照意向书的基本格式，为甲、乙双方代写一份联签式意向书。

上海浦东新区××公司(甲方)与香港××公司(乙方)经谈判协商，双方达成了“在上海以合资经营模式兴建机械加工厂”的意向。合资企业名称是“上海××钟表机械加工厂”，地址设在甲方企业内，即上海市浦东新区××路××号，并在上海、香港两地分别设立销售部、技术服务部。双方约定投资总额为贰仟万元人民币，甲方出资捌佰万元人民币，占总额40%；乙方出资壹仟贰佰万元人民币，占总额60%。利润按双方投资比例分成。合资企业的产品95%以上由乙方出口销售。甲方负责立项、组织生产及解决生产场地，乙方负责提供先进设备、市场信息、产品样机图纸等。双方合资期限为十年。有关产品价格由甲、乙双方协商议定。签订意向书的时间为20××年××月××日。

3. 根据下列材料，依照协议书的格式，为双方代写一份离婚协议书。

张××，男，××××年××月××日生，汉族，家住××市平阳路××号。李××，女，××××年××月××日生，汉族，家住××市平阳路××号。双方于××××年××月××日在××区人民政府办理结婚登记手续，婚后生一子张××。现因男女双方性格不合，无法共同生活，夫妻感情已完全破裂，双方自愿离婚。双方就儿子抚养、房产等事项达成协议。协议如下：儿子张××由女方抚养，男方每月10日前付清1 200元抚养费，直至张××满18周岁为止，18周岁后的有关费用双方再协商。夫妻现有商品房一套，价值80万元，家内电器与家具等(见清单)双方同意作价5万元。双方协议，房子、电器和家具归女方所有，女方向男方支付现金40万元。双方没有共同债权与债务。允许张××每月的第一个星期六早上八点接儿子到其居住地，于星期天下午五点前送回李××居住地。节假日探望，可提前一天与李××协商，达成一致后可按协商的办法进行探望。

4. 代学校与学校超市拟写一份协议书。要求符合协议的基本格式，内容完整，正文要写得明确具体，条款清晰，食品安全、开放时间、学校有关规定等内容要写清楚。

5. 利用报刊或网络寻找一条店铺招标信息，根据招标通知(或公告)，拟写一份投标书。

# 第七章　法律类文书

法律类文书是公安机关、检察机关、人民法院等在处理一切案件过程中所使用的文书的统称。它既包括公安机关、检察机关、人民法院在依法处理民事、行政、刑事案件活动中所使用的各种司法文书，也包括由律师或案件当事人在民事、行政、刑事诉讼活动中所撰写的具有法律意义的文书。本章结合诉讼文书的种类和诉讼程序，主要介绍各类起诉状、上诉状、申诉状和答辩状。

## 第一节　起　诉　状

### 一、概念

起诉状是指原告或其代理人为保护和实现原告的合法权益，依法行使诉讼权利，向人民法院提起诉讼时所写的书状。

起诉状在公诉时称为起诉书，在非公诉案件中称为诉状、状子、状纸等。写好起诉状对法院了解情况和处理案件有很大的帮助。

### 二、分类与特点

起诉状按性质的不同，分为民事起诉状、行政起诉状、刑事起诉状三大类。

**1. 民事起诉状**

民事起诉状是指民事案件的原告或其代理人，为维护原告的民事权益，就有关民事权利和义务的争执向人民法院提起诉讼的书状。

民事起诉状具有以下特点：

(1) 必须由与本案有直接利害关系的人提起。

(2) 必须向有权受理本案的第一审人民法院提起。

(3) 争执焦点应属民事权益或者其他民事纠纷，如财产所有权、财产继承权、债权、经济合同纠纷及婚姻家庭纠纷等民法、经济法、婚姻法所调整的范围。

**2. 行政起诉状**

行政起诉状是指公民、法人或其他组织(或其诉讼代理人)认为行政机关工作人员的具体行政行为侵犯其合法权益，向有权受理本案的第一审人民法院起诉，要求依法处理而递交的书状。

行政起诉状具有以下特点：

(1) 必须由与本案有直接利害关系的公民、法人或者其他组织提起。

(2) 必须向有权受理本案的第一审人民法院提起。

(3) 行政起诉状的对象是行政机关和行政机关工作人员的具体行政行为，主要包括涉及行政处罚和行政强制执行引起的纠纷，涉及行政管理行为引起的纠纷，如行政警告、罚款、责令停产停业、行政拘留、冻结财产等。

3. 刑事起诉状

刑事起诉状是指刑事自诉案件的被害人或其代理人，为追究被告人的刑事责任或者附带民事责任，而直接向人民法院提起诉讼的书状，又称刑事自诉状。刑事自诉案件包括告诉才处理的案件、被害人有证据证明的轻微刑事案件、被害人有证据而公安或检察机关不予追究刑事责任的案件，如情节严重的侮辱案、诽谤案、干涉他人婚姻自由案、虐待案、重婚案、遗弃案、伤害案等。

刑事起诉状有别于绝大多数刑事诉讼案件中由国家公诉机关——检察院提起公诉时的起诉书。它具有以下特点：

(1) 必须是被害人或其代理人提起自诉的书状。提起刑事诉讼的人称为自诉人。

(2) 被告人(即被起诉、被控告的人)的行为必须构成犯罪。

(3) 必须向对本案有管辖权的第一审人民法院提起。

(4) 必须对法定的自诉案件提起诉讼的书状。

## 三、写作的基本格式

起诉状一般由首部、主体和尾部组成。

1. 首部

(1) 标题。标题按诉讼性质和内容，写明起诉状名称，如“民事起诉状”“行政起诉状”“刑事起诉状”。

(2) 原告、被告的基本情况。这部分内容写作的一般规律是：① 先写原告，后写被告，每人一段，逐一排列；② 若原告、被告均不止一人的，应依主次，先原告，后被告，一一列出；③ 若原告、被告是法人单位或其他组织的，则依次写出其单位名称、地址、法定代表人及其职务；④ 若原告、被告有代理人的，应写明代理人的基本情况；⑤ 行政起诉状的被告只能是行使国家行政管理职权的行政机关，所以被告方只需要写出机关名称、主要行政负责人即可。

2. 主体

(1) 请求事项。诉讼请求要写得明确具体，合理合法，概括简练。

民事起诉状提出请求解决的诉讼标的，请人民法院依法裁判。例如，某遗产继承案中这样表述：① 请求依法判令原告与被告共同继承父母遗产人民币 20 万元；② 请求依法判令被告承担本案的全部诉讼费用。

行政起诉状请求人民法院对行政决定予以撤销、变更或履行行为、赔偿损害。例如，某行政诉讼案中的请求事项为：① 请求依法判令被告撤销停业处罚书；② 请求依法判令被告返还罚金 500 元。

刑事起诉状请求人民法院给被告人定罪或同时请求赔偿。例如，某刑事诉讼案中的请求事项为：① 被告人犯伤害罪，请求法院依法判处；② 本案中自诉人医疗费 1 000 元，营养费 500 元，误工损失费 840 元，全部由被告人负担。

(2) 事实与理由。事实与理由就是摆事实，讲道理，这是起诉状的核心部分。虽然三种诉状有所区别，但其结构大致相同。摆事实，就是要写明双方纠纷的具体事实，争执的具体情形；举出充分的人证、物证、书证及其他有利的证据，并注明证据来源。讲道理，就是要根据事实和证据，辨明是非，证明合理；援引法律，得出结论，证明合法。事实与理由要注意叙事真实可靠，条理清楚，推理有据，引用得当。

**3. 尾部**

(1) 呈送法院名称。正文后提行空两格写“此致”，再提行顶格写“……人民法院”。

(2) 具状人姓名和日期。如果是律师代书，还需写明“……律师事务所……律师代书”。

(3) 附项。附项依次写明本状副本份数，证物名称件数，书证名称份数，证人姓名、住址、联系方式等。

## 四、写作的注意事项

(1) 要积累一定的法律知识。

法律知识是写好起诉状的前提，只有不断学习和积累法律知识，才能在起诉状的写作中有理有据，富有说服力。

(2) 要掌握起诉状的格式和内容。

写作起诉状必须遵守规定的格式，不能马虎；起诉状内容的构成也是模块化的，要熟悉掌握。

(3) 要有一定的逻辑思维。

逻辑思维是人们在认识事物的过程中借助概念、判断、推理反映现实的过程。只有经过逻辑思维，人们对事物的认识才能达到对具体对象本质规律的把握。逻辑思维具有规范、严密、确定和可重复的特点，在法律文书中逻辑思维尤为重要。

### 范文示例

**例文一**

**民事起诉状**

原告：王××，男，19××年××月××日出生，现住××县××街××号。

身份证号码：××××××××××××××××××

被告：张××，女，19××年××月××日出生，现住××县××街××号。

身份证号码：××××××××××××××××××

诉讼请求：

1. 请求判令被告张××归还向原告王××三次所借的人民币共计壹拾贰万元整(120 000.00 元)。

2. 请求判令被告张××向原告王××支付约定的借款利息。

3. 请求判令被告张××承担本次诉讼形成的所有诉讼费用。

事实与理由：

被告张××于 2016 年 5 月 1 日，以急需付购房款为由，向原告借款人民币伍万元整(50 000.00 元)，并约定借款的 2%作为利息。当时，原告收到被告亲笔所写借条一份。

被告张××又于 2016 年 6 月 1 日，以急需周转资金配货为由，向原告借款人民币肆万元整(40 000.00 元)，并约定借款的 2%作为利息。当时，原告收到被告亲笔所写借条一份。

被告张××又于 2016 年 7 月 1 日，以急需周转资金付款为由，向原告借款人民币叁万元整(30 000.00 元)，并约定借款的 2%作为利息。当时，原告收到被告亲笔所写借条一份。

因被告的丈夫李××与原告既是老乡，又是多年的朋友，故原告对于被告的信誉深信不疑。三次累计借款给被告人民币壹拾贰万元整(120 000.00 元)，利息为总借款额的 2%。

原告与被告在借款时口头约定，当原告急需用钱的时候，提前十五天告知被告，被告将按时归还所借的钱款并付息。

2017 年 7 月 1 日，原告因经营资金紧张及归还他人借款的需要，向被告提出归还所借的人民币壹拾贰万元整(120 000.00 元)并支付相应利息的诉求。经协商，双方约定 2017 年 8 月 30 日归还。

借款到期后，原告多次要求被告按时归还借款，被告均以过几天就还甚至以没钱为由，不予归还。被告的行为严重违背了诚实守信的原则和相关法律法规。原告为维护自己的合法权益，特提起诉讼，请求法院支持为盼！

证据和证据来源：被告张××亲笔所写的借条三张。

此致

××县人民法院

具状人：王××

2017 年 10 月 8 日

**例文二**

## 民事起诉状

原告：刘×，男，44 岁，汉族，四川省武胜县人，住武胜县×镇×村 7 组

电话：139××××××××

被告：四川省武胜县××建筑安装工程有限责任公司

法定代表人：王××　　电话：139××××××××

第三人：四川省武胜县××房地产开发有限公司

负责人：袁××　　电话：136××××××××

诉讼请求：

1. 判令被告立即偿付所欠原告人工费 15 000 元。

2. 第三人应对被告欠款承担连带清偿责任。

3. 本案诉讼费用由被告负担。

事实和理由：

被告系第三人开发建设的××县××镇××花园14号楼工程的施工单位，但被告却将该工程层层转包给张××。2015年4月张××将14号楼工程的基础部分的人工分包给原告，原告于2015年9月施工完毕。2016年5月26日，经结算，原告共完成人工费130 035元；至2016年9月20日，张××欠原告人工工资款30 000元；2017年2月15日，第三人代付人工费15 000元；其余欠款，经原告多次催收未果。

为保护公民合法权益，根据《中华人民共和国民法通则》第八十四条，最高人民法院关于审理劳动争议案件适用法律若干问题的解释(二)”(法释〔2006〕6号)第三条之规定，特诉请人民法院依法做出判决。

此致

武胜县人民法院

具状人：刘××

2017年9月14日

# 第二节　上诉状与申诉状

## 一、上诉状

### (一) 概念

上诉状是诉讼当事人及其代理人，不服地方各级人民法院第一审的判决或裁定，依照法定程序和期限，请求上一级人民法院撤销或变更原审裁判而提出的书状。

上诉是法律赋予当事人的一项诉讼权利。我国民事、行政和刑事三大诉讼法的有关条款对当事人的上诉权都做了明确规定。上诉对维护当事人的合法权益和完善司法制度具有重要意义，一方面能避免错案的发生，另一方面能维持正确裁决，保证了法律的正确实施。

### (二) 分类与特点

上诉状分为民事上诉状、行政上诉状和刑事上诉状三类。

**1. 民事上诉状和行政上诉状**

民事上诉状和行政上诉状指民事、行政诉讼当事人及其代理人，不服地方各级人民法院第一审民事、行政判决或裁定，依照法定程序和期限，向上一级人民法院提起上诉，请求撤销或变更原审裁判而提出的书状。

民事上诉状和行政上诉状具有以下特点：

(1) 必须是民事、行政诉讼当事人及其代理人提起，别人无权提起。

(2) 必须是对地方各级人民法院(而不能对最高人民法院)的第一审(而不能对第二审，第二审裁判是终审裁判)判决不服才提起。

(3) 必须依照法定程序和期限，向做出第一审裁判文书的上一级人民法院提起上诉。

2. 刑事上诉状

刑事上诉状指刑事诉讼的当事人及其代理人，不服第一审法院的刑事判决或裁定，依照法定程序和期限，向上一级人民法院提起上诉，请求撤销或变更原审裁判的书状。

刑事上诉状具有以下特点：

(1) 必须是刑事诉讼当事人及其代理人提起。

(2) 必须是对地方各级人民法院(而不能对最高人民法院)的第一审(而不能对第二审，第二审裁判是终审裁判)裁定或判决不服提起。

(3) 必须是按法定程序和期限提起，不能超期，也不能越级。

### (三) 写作的基本格式

上诉状一般由首部、主体和尾部组成。

1. 首部

(1) 标题。标题应写明“民事上诉状”“行政上诉状”或“刑事上诉状”。

(2) 当事人的基本情况。

① 按上诉人、被上诉人和第三人的顺序，每人一段，逐次排列而写。

② 在上诉人和被上诉人后用括号注明其在原审案件中是被告还是原告。

③ 公诉案件无上诉人，不能把人民检察院列为被上诉人。

2. 主体

主体由提起上诉的原因、上诉请求和上诉理由三部分构成。

(1) 提起上诉的原因：一般可写为“上诉人因……一案，不服……人民法院于……年……月……日第……号……判决(或裁定)，现提起上诉”。

(2) 上诉请求：写明上诉人请求依法撤销、变更原审裁判，以及如何解决争议的具体要求，如刑事上诉状“请二审人民法院撤销原判，判决上诉人无罪”，民事上诉状“请二审人民法院撤销原判，判决被上诉人与上诉人离婚”。

(3) 上诉理由：可以从三方面来写。

① 事实方面，论证原判认定的事实不存在，或有出入、遗漏或者证据不足。

② 适用法律方面，论证原判对案件定性不当，适用法律不当，判决过重或过轻。

③ 程序方面，论证原审违反程序导致处理不当。

3. 尾部

(1) 呈送法院名称。正文后提行空两格写“此致”，再提行顶格写“……人民法院”。

(2) 上诉人姓名和日期。如果是律师代书，还应当写明“……律师事务所……律师代书”。

(3) 附项。附项依次写明本书状副本×份，证物×件，书证×件，证人姓名、地址和联系方式。

### (四) 写作的注意事项

(1) 要注意上诉的前提条件。

这是上诉状的关键所在。上诉状是当事人或其法定代理人不服人民法院的第一审判决或裁定，向上一级人民法院提起上诉，请求撤销、变更原审裁判，或重新审判而提出的诉状。

(2) 要注意上诉状的格式和内容。

写作上诉状必须遵守规定的格式；上诉人、被上诉人、上诉请求、上诉理由等是上诉状的基本内容，写作时必须符合要求。

(3) 要掌握充足的证据。

针对原审判决、裁定论证不服的理由，要整理充足的证据，主要包括以下方面：认定事实不清；原审确定性质不当；适用实体法不当；违反了法定程序；等等。

## 范文示例

**例文一**

### 民事上诉状

上诉人(一审被告)：内江市电业局威远县供电局　　地址：××××

法定代表人：刘×　　职务：局长

被上诉人(一审原告)：冯×，男，1968年7月11日出生，汉族，四川省威远县人，威远县人民医院医生，住威远县严陵镇外南街×号。

上诉人与被上诉人因触电人身损害赔偿纠纷一案，不服四川省威远县人民法院〔2015〕民初字第652号民事判决，现依法提起上诉，请求你院撤销原判，驳回被上诉人的全部诉讼主张。理由如下：

一、一审法院的判决事实不清，证据不足。

(一) 上诉人内江市电业局威远县供电局不是本案的适格主体。理由有两点：一是被上诉人冯×于2014年8月25日在威远县高石镇大湾村八组钓鱼竿所接触的高压线称为威磷线，输电压为10千瓦，建于1977年，是原威远县磷肥厂的专用输电导线，至今其产权归磷肥厂所有。但从事发时乃至今日并未移交给内江市电业局威远县供电局，其产权人不是上诉人。二是该线路的管理者也不是上诉人内江市电业局威远县供电局，因为规定专用线的管理者是专用线的产权人，况且产权人没有委托上诉人内江市电业局威远县供电局管理。既然上诉人不是威磷线的产权人，也不是威磷线的管理者，与被上诉人的损害没有任何直接的因果关系，因此上诉人不是本案的责任义务主体。然而一审法院严重违反法律规定，将该举证责任强加在上诉人身上，以上诉人“不能提供相关证据证明”为由，推定威磷线的产权人和管理者是上诉人，于情于理于法皆不容。

(二) 被上诉人触电受伤是被上诉人自己违法行为造成的，上诉人没有任何过错。一审审理查明两个基本事实：一是威磷线高压架空线下是威远县高石镇大湾村八组董××的鱼塘，高压线距水面近7米，高压线电杆上挂有警示牌“高压电危险，严禁下面钓鱼”。二是被上诉人擅自在该鱼塘钓鱼且手持6米多长的碳素钓鱼竿(导电体)从高压线下穿越，钓鱼竿与高压线接触导电而使被上诉人身体触电受伤。被上诉人是成年公民且文化程度较高，应当知道自己处在电力设施保护区，但无视警示标志擅自在该鱼塘钓鱼，被上诉人的鱼竿触及鱼塘上方的高压线，其行为属于《电力设施保护条例》中的“向导线抛掷物体，危害电力线路设施的行为”，亦属于法律、行政法规所禁止的行为。因此被上诉人触电导致受伤完全是被上诉人的违法行为产生，其责任均在被上诉人自己，应由被上诉人自己承担全部责任。

然而一审法院不顾被上诉人的违法事实和相关法律规定，以及事发地点高压线电杆挂有警示牌“高压电危险，严禁下面钓鱼”的客观事实，否定上诉人提供的现场真实客观图片和立警示牌人李成明的证言，反而采信被上诉人提供的虚假图片和与被上诉人有利害关系的证人证言，推定事发地点高压线电杆上没有设警示标志，并以此错误判定上诉人有过错。

(三) 被上诉人右股骨颈骨折、左 4～8 肋骨骨折是被上诉人触电后医疗人员在施救过程中造成，与触电没有关联。一审庭审中被上诉人自述：他触电昏迷后，随行的人民医院的医生立即拍打和叩压被上诉人的胸腹部，从而造成被上诉人的伤害后果，这与医生的施救和医治有关，属于医疗事故后果。由此做出的伤残等级鉴定，要求残疾赔偿金的主张与本案无关。然而一审法院判决避而不谈此客观事实，错误认定触电伤害后果。

二、一审法院的判决适用法律法规错误，枉法裁判。

(一) 一审法院错误理解《电力设施保护条例》第十一条第(一)项规定，将县级以上地方各级电力主管部门(县经贸委)理解为上诉人内江市电业局威远县供电局，进而错误地将经贸委的职责强加到上诉人内江市电业局威远县供电局头上，并以此错误判令上诉人承担责任。

(二) 一审法院对触电人身损害赔偿错误适用无过错原则。本案被上诉人是由于自己的违法行为而造成人身伤害，根据最高人民法院《关于审理触电人身损害赔偿案件若干问题的解释》第三条的规定，被上诉人只能自负其责。然而一审法院却绕开被上诉人的违法行为和规定，歪曲触电损害赔偿的法律理念，适用无过错原则，不区分触电伤害责任，推定高压输电线产权人在承担全部责任的前提下，由产权人举证证明受害人是故意自杀、自伤才免责的观点是错误的。如果对违法行为给予保护，不符合公平原则，也会引起社会的混乱。如上意见望你院充分考虑。

此致

内江市中级人民法院

上诉人：内江市电业局威远县供电局

2017 年 4 月 18 日

**例文二**

## 上　诉　状

上诉人：杨××，男，汉族，44 岁，四川省威远县人，农民，家住四川省威远县新店镇一品村×组。

被上诉人：姚××，男，汉族，51 岁，四川省威远县人，居民，家住四川省威远县严陵镇南街×号附×号。

上诉人不服四川省威远县人民法院〔2017〕威民一初字第 593 号民事判决书，特向内江市中级人民法院上诉，请求中级人民法院依法撤销威民一初字第 593 号民事判决，驳回姚××的诉讼请求。

事实和理由：

威远县人民法院〔2017〕威民一初字第593号判决上诉人支付被上诉人借款36 500元，适用法律不当，实属错误。上诉人毕业于四川农业大学动物营养专业，毕业后曾到政府机关上班，上诉人发挥所学特长，1998年在新店镇一品村建猪场养猪，直到现在。2010年上诉人在新店镇开店经营饲料，主要是购买原料配制饲料出售和批发经营。在经营的过程中由于需要资金，上诉人曾向被上诉人借款，但该借款已用饲料或仔猪抵付，余款2012年3月付清。2012年，被上诉人在严陵镇建设村×社租用场地养猪，其仔猪大部分由上诉人提供；同年他又在县城租门面经营饲料，其饲料也由上诉人提供；上诉人向被上诉人提供仔猪和猪饲料后被上诉人没有付款，应付上诉人的货款抵上诉人向被上诉人的借款后，上诉人仅欠被上诉人500元。2012年3月6日上诉人支付余款500元。由于当时不是一次性抵款，因此，在最后结算时，上诉人要求被上诉人归还借条，被上诉人说家中被盗欠条丢失了，上诉人考虑到与被上诉人的关系非常好，因此，相信了被上诉人所言。如今，知道上诉人喂猪赚了钱，被上诉人便用此条起诉，要求上诉人还款。

上诉人认为，2012年3月6日，被上诉人收到上诉人现金500元，说明被上诉人在2012年3月6日向上诉人主张还款，〔2017〕威民一初字第593号判决书判决在37 000元中扣除已付500元现金，这也说明被上诉人追收过欠款，否则，就不能扣。《中华人民共和国民法通则》第一百三十五条规定，向人民法院请求保护民事权利的诉讼时效期为两年，《最高人民法院关于贯彻执行〈中华人民共和国民法通则〉若干问题的意见》第一百二十一条规定，公民之间借款，双方对返还期限有约定的，一般应按约定处理，没有约定的，出借人随时可以请求返还。上诉人2008年5月和2009年5月曾向被上诉人借款是事实，且没有约定还款期限，但2012年3月被上诉人曾向上诉人主张还款，即使上诉人没有还款，其请求人民法院保护的权利早已超过两年，如今(2017)威民一初字第593号民事判决书判决上诉人还款，其实质是保护已超过时效的民事权利，这是严重的违法行为。为此，根据《中华人民共和国民事诉讼法》的有关规定上诉人依法上诉，并请求中级人民法院依法做出公正判决，驳回被上诉人的起诉。

此致

内江市中级人民法院

上诉人：杨××(签章)

2017年11月29日

## 二、申诉状

### (一) 概念

申诉状是指申诉人对已经发生法律效力的判决、裁定认为有错误，向人民法院或人民检察院提出申请复查纠正的书状。

申诉是法律赋予当事人、代理人、受害人的合法权利。法律规定，除对判决不服外，被害人对人民检察院所做出的免予起诉或不予起诉的决定不服的，有权提出申诉。

## (二) 分类与特点

### 1. 申诉状的种类

申诉状可以分为民事申诉状、行政申诉状、刑事申诉状三类。

(1) 民事、行政申诉状。民事、行政申诉状指民事、行政诉讼当事人及其代理人，对已经发生法律效力的判决裁定不服，向原审人民法院或其上一级人民法院提出申请复查纠正的书状。

(2) 刑事申诉状。刑事申诉状指刑事诉讼当事人及其代理人、被害人及其家属，对已经发生法律效力的刑事判决、裁定认为确有错误，向人民法院或人民检察院提出申请复查纠正的书状。

### 2. 申诉状的特点

(1) 申诉是对已经发生法律效力的判决、裁定不服提出的。

(2) 申诉状必须由与本身权益有关的公民、法人或其他组织提出。

(3) 申诉状可以向人民检察院(仅指刑事申诉)、原审人民法院或原审的上一级人民法院提出。

## (三) 写作的基本格式

申诉状一般由首部、主体和尾部组成。

### 1. 首部

(1) 标题。标题写明“民事申诉状”“行政申诉状”或“刑事申诉状”。

(2) 当事人的基本情况。提出申诉的当事人就是申诉人，因为申诉是针对已发生法律效力的案件，所以可以不写被申诉人。

### 2. 主体

(1) 提起申诉的原因。原因一般可写为：“申诉人因……一案，不服……人民法院于……年……月……日所做的……字第……号……判决(或裁定)，现提起申诉。”

(2) 事实和理由。这是申诉状的主要内容，应依据有关的证据材料、法律规定，对原来的处理决定，在认定事实、适用法律和诉讼程序上存在的问题进行分析，从而阐明申诉理由。

(3) 申诉请求。申诉请求应写明请求法院解决什么问题，怎样改判处理，如“请撤销原判决第一项，改判……”等。

### 3. 尾部

(1) 接受申诉的机关名称。正文后提行空两格写“此致”，再提行顶格写“……人民法院”或“……人民检察院”。

(2) 申诉人姓名及日期。如果是律师代书，还应当写明“……律师事务所……律师代书”。

(3) 附项。附项依次写明本状副本×份、证物×件、证书×件、证人姓名、地址以及联系方式。

### (四) 写作的注意事项

(1) 要注意申诉的前提条件。

申诉人对已经发生法律效力的判决、裁定认为有错误，向人民法院或人民检察院提出申请复查纠正的书状，应当在判决、裁定或者调解书发生法律效力后六个月内提出。

(2) 要注意申诉状的格式和内容。

申诉人应针对原终审判决认定事实、适用法律或审判程序上存在的问题和错误陈述理由。申诉状的格式和内容以及写法与上诉状基本相同，只是写作程序和要求不同。申诉状的提出要经过受理案件的司法机关审查，认为原裁判确有错误，申诉合理合法，即通过审判监督程序对案件进行再审。上诉状的提出不管是否合理，二审人民法院都要进行审理，依法做出裁定。

(3) 要掌握充足的证据。

申诉要取得成功，就需要在证据上取胜。如果符合下列情形之一，可提起申诉：有新的证据，足以推翻原判决、裁定的；原判决、裁定认定事实的主要证据不足的；原判决、裁定适用法律确有错误的；人民法院违反法定程序，可能影响案件正确判决、裁定的；审判人员在审理该案件时有贪污受贿、营私舞弊、枉法裁判行为的；等等。

## 范文示例

**例文一**

### 民事申诉状

申诉人：杨××，男，1956年1月22日出生，汉族，无业，住重庆市合川区盐井镇沙溪街。

申诉人：张××，男，1956年11月18日出生，汉族，农民，住重庆市合川区草街镇枫木村×社。

被申诉人：李××，男，1964年4月9日出生，汉族，农民，住重庆市潼南县梓潼镇大桥村×社。

申诉人杨××、张××与被申诉人李××追偿债权纠纷一案，不服重庆市第一中级人民法院〔2016〕渝一中民终字的2818号民事判决和合川区人民法院〔2016〕合法民初字第288号民事判决，特依《中华人民共和国民事诉讼法》的相关规定，向人民检察院提起申诉。

请求事项：依据《中华人民共和国民事诉讼法》的规定对本案向人民法院提起抗诉。

事实理由：

一、关于被申诉人李××所诉之债的来源。按照被申诉人李××在二审中的诉称和其举证证明的事实说明，被申诉人李××所诉之债来源于其受让了段×科和段×华对申诉人享有的30 300元的债权。

二、有关本案债务的性质。本案之债应属债权转让之债，而非工程款结算之债。所以，本案与工程结算没有法律上的因果关系。

三、被申诉人李××所诉之债在其起诉之前已归于消灭。段×科和段×华在对李××向一审法院出示的《债权转让通知书》中说明，李××向一审法院出示的《债权转让通知书》是不真实的，其对申诉人所享有的债权已在被申诉人李××起诉之前，因四海公司的支付而归于消灭，不存在被申诉人李××代为清偿而向其转让债权的事实。且一审中李××的特别授权代理人对段×科和段×华的说明没有异议。

四、一、二审法院认定李××代二申诉人向段×科和段×华清偿了30 300元的债务，没有事实依据，属于认定事实错误。

五、有关被申诉人向一、二审法院出示的申诉人出具给段×科和段×华的欠条的来源。李××在一审中诉称，因其受让了段×科和段×华对申诉人享有的30 300元的债权，故获得该欠条；而段前×和段×华证实的内容与李××的诉称是完全相反的。且一审中所有的证人均证实了，李××与二申诉人在进行工程款结算时，李××没有将已冲抵的二申诉人出具的所有“条子”退给二申诉人。

从举证责任的分配原则讲，工程款结算后，一方主张还有部分款项没有进入结算，应由主张权利的一方承担举证责任。

综上所述，重庆市第一中级人民法院〔2016〕渝一中民终字第2818号民事判决和合川区人民法院〔2016〕合法民初字第288号民事判决认定事实错误，适用法律不当，依法应予以撤销。

此致

重庆市合川区人民检察院

申诉人：杨××　张××

2017年10月18日

**例文二**

## 民事申诉状

申诉人(一审被告、二审上诉人)：杨××，男，44岁，汉族，四川省××县人，住××县××乡××村××组。

被申诉人(一审原告、二审被上诉人)：张××，男，29岁，浙江省××市人，住××市××镇××村。

申诉人因不服内江市中级人民法院〔2017〕内民终字第304号民事判决，现依法提出申诉。

申诉请求：原判决事实不清，证据不足，认定法律关系错误，适用法律不当，判决不公。请求检察机关依法履行法律监督职责，对本案予以重新审查并提请抗诉，督促人民法院依法改判并驳回被申诉人的无理要求。

事实和理由：

一、双方当事人2015年4月30日签订的《煤矿股权转让协议书》和《合伙协议书》是双方当事人在自愿平等基础上签订的，是双方意思的真实表达，并未违反法律的禁止性规定，是合法有效的。

二、双方合伙经营企业四川省威远县××镇××煤矿是合法煤矿。该企业从成立、改制、合伙到合伙终止转让，所有证照都是齐备有效的，中间从未失效或中断过，其合法资质不容置疑。但法院对自己调取的证据却未予认证，反而做出与事实完全相反的认定和判决，二审对此亦未予以纠正，反而将错就错。

三、双方当事人在平等自愿的基础上，通过签订股权转让和合伙协议，建立的是共同投资、合伙经营的法律关系。这种自愿投资入伙经营的行为，是当事人对内部出资比例自愿转让、调整的行为，该行为不为法律所禁止，也无需经过行政审批或行政许可。原判决所谓煤矿属特殊行业，国家对煤矿安全生产有相关的特别规定，这只是对煤矿安全生产的要求和约束，与本案双方当事人投资合伙无关联性。

四、二审判决书第1页倒数第4行查明：××煤矿经双方协商议价为680万元，而该判决书第5页又认定"上诉人未经依法评估而自行作价"，显然前后矛盾。

五、根据《中华人民共和国民法通则》第八十一条和《中华人民共和国物权法》第一百二十三条规定，依法取得的采矿权受法律保护。采矿权是具有强烈财产性质的用益物权，权利人可以行使占有、使用和收益的权利，包括用于投资开发、与他人合伙经营等，这与倒卖采矿权谋取非法利益是风马牛不相及的两回事。

六、关于《中华人民共和国矿产资源法》第六条的理解和适用问题。该条明确规定，矿山企业可以进行分立或合并，可以与他人合资、合作经营，矿山企业因资产调整或产权变动，如需变更采矿权人的，经依法批准，可以变更登记。本案双方当事人进行煤矿股权转让和投资比例调整的行为，显然不为法律所禁止。

七、原一审判决送达之前，在原审法官谢××的主持下，双方当事人依据《合伙协议书》第十二条第一款的约定，一致同意将煤矿全部产权整体转让给第三人刘××。但遗憾的是，原一、二审判决均在讼争合同终止后，仍按合同之诉对合同效力进行判决，从而做出"一方还钱，另一方不还煤矿"的荒唐判决结论。这是违反法律规定和民事诉讼程序的，二审法院对此也未做出任何说明。

八、被申诉人接管煤矿，煤矿的行政章也由被申诉人掌握和使用，原一、二审判决所谓××煤矿在申办安全生产许可证时对原采矿许可证、煤炭生产许可证的期限进行了篡改与事实不符。退一步讲，即使有篡改，也是由被申诉人所为，应由其承担责任。其次，如果法院认为，××煤矿合伙经营期间所取得证件是非法取得的，应予以撤销，也应由相关行政机关予以认定和纠正，人民法院不能在民事诉讼中自行做出行政许可行为是否合法有效的认定和判决。

综上所述，本案二审判决存在诸多错误和矛盾，请求人民检察院依法予以重新审查并提出抗诉，维护法律的正确实施，维护社会的公平和正义。

此致

内江市人民检察院

申诉人：杨××

2017年12月12日

# 第三节　答 辩 状

## 一、概念、分类与特点

### 1. 概念

答辩状是指被告(人)针对起诉的事实和理由或被上诉人针对上诉的请求和理由，进行回答或辩论的诉讼文书。答辩是应诉行为，是法律赋予被告(人)和被上诉人的诉讼权利。答辩人可以通过答辩状对民事、行政诉讼的原告和刑事诉讼的自诉人提起反诉。

### 2. 分类

答辩状是与起诉状和上诉状相对应的诉讼文书。针对起诉状，有民事、行政、刑事答辩状之分；针对上诉状，有民事、行政、刑事被上诉答辩状之分。

### 3. 特点

(1) 作者的特定性。答辩状必须是由民事、行政案件的被告(人)或上诉案件的被上诉人，刑事案件的被告人提出。

(2) 时间的规定性。答辩状必须在法定期限内提出(答辩人收到诉状或上诉状 15 日内提出答辩)。

(3) 内容的针对性。答辩状必须针对诉状或上诉状的内容进行答辩。

## 二、写作的基本格式

答辩状一般由首部、主体和尾部组成。

### 1. 首部

(1) 标题。标题写明民事、行政、刑事答辩状或民事、行政、刑事被上诉答辩状的名称。

(2) 答辩人的基本情况。答辩人若是公民，应写明姓名、性别、年龄、民族、籍贯、职业、地址等；答辩人若是法人或其他组织，应写明名称、法人代表姓名、住址等。

### 2. 主体

(1) 答辩事由。答辩状应写明答辩人是针对什么案件而答辩。

答辩人若是针对起诉状而辩，可表述为“因……(原告)所诉……一案，现答辩如下”，或写为“答辩人于××××年××月××日收到……法院的起诉状副本，现就原告所述案件答辩如下”。

答辩人若针对上诉状而辩，可表述为“因……(上诉人)不服原审判决而上诉一案，现答辩如下”，或“答辩人××××年××月××日收到……法院的上诉状副本，现就上诉人所述案件答辩如下”。

(2) 答辩理由。答辩理由主要阐明答辩人对案件的看法和观点，既可以部分承认对方观点，也可以全面批对方；既可以阐明自己对案件的处理意见，也可以请求法院合理判决。总之，答辩理由要以事实和法律为依据，写得合情合理合法，以得到法院的支持。

(3) 答辩请求。答辩请求一方面请求人民法院做出公正判决或裁定，另一方面对可以接受的某些起诉或上诉内容表明态度。如果答辩人要反诉原告或上诉人，则要提出反诉请求。

**3. 尾部**

(1) 呈送机关。主体写完后提行空两格写“此致”，再提行顶格写“……人民法院”。

(2) 答辩人姓名及日期。如果是律师代书，还应当写明“……律师事务所……律师代书”。

(3) 附项。附项依次写明本状副本×份、证物×件、书证×件、证人姓名、地址及联系方式。

## 三、写作的注意事项

(1) 要注意答辩状的前提条件。

答辩状是在收到原告的起诉状副本后，在法定期限内，针对原告在诉状中提出的事实、理由及诉讼请求进行回答和辩驳的书状。

(2) 要注意答辩状的格式和内容。

答辩状包括首部、答辩理由和结尾几个部分，内容没有统一的规定，要根据原告的诉状内容来确定。答辩状的理由部分要针对原告在诉状中提出的事实和理由进行答辩，并可提出相反的事实、证据和理由，证明自己的理由和观点是正确的。

(3) 要掌握充足的证据。

答辩状应摆事实讲道理，就事实部分进行论证，要着重列举出反面的证据来证明原告诉状中所述事实不能成立，并且要求反证确实、充分，不能凭空否认原告诉状中所叙述的事实。

**范文示例**

**例文一**

**答 辩 状**

答辩人：杨××，男，43岁，四川省仁寿县人，住仁寿县××镇××村。关于原告张×诉我股权转让纠纷一案，现依据事实和法律提出以下答辩意见：

一、本案讼争的《煤矿股权转让协议书》和《合伙协议书》是两个相辅相成、互为一体的合同。股权转让是为了合伙。合伙关系的建立是通过出让股权和吸收投资的方式来实现的。因此，股权转让是“标”，合伙是“本”。

二、原被告双方的《煤矿股权转让协议书》是完全合法和有效的。

(一) 双方主体资格合法。双方都是具有完全民事权利能力和行为能力的合法公民。

(二) 合同标的和内容合法。答辩人作为转让前××煤矿的投资人，对煤矿财产和相关权益享有所有权。根据《中华人民共和国个人独资企业法》第十七条的规定，答辩人依法转让自有企业的财产权、收益权和经营管理权，是一种权利处分行为，并不违反规定，应当受法律尊重和保护。

煤矿的财产权及有关采矿权、经营权等，国家也是允许私人经营和相互转让的，国家并不禁止民营资本进入煤矿领域，也不禁止煤矿的转让、承包、租赁等经营行为。

(三) 合同的意思表示真实。原告在受让股权和投资前，对煤矿进行了多次实地考察，完全了解该矿是答辩人的个人独资企业，了解了煤矿的经营状况和未来发展的构想。煤矿的当时价值和双方合伙出资份额及比例等都是经过双方自愿平等协商的，两份协议的形成和签订完全是双方的真实意思表示，并不存在一方对另一方有任何欺诈的情形。

(四) 合同并未损害国家利益或社会公共利益，亦未损害债权人和第三人的利益。合同对债权人和第三人利益的处理和保护是非常完善和合法的。

三、两份协议签订后，双方已按协议约定进入实质履行阶段，原告也以控股方式对煤矿进行了实际的经营管理。答辩人在与原告合伙经营过程中并没有任何违约行为。

四、原告以《中华人民共和国个人独资企业法》第二条和第八条为由，认为《煤矿股权转让协议书》无效，是对法律条文的错误理解和引用。该协议是否违反《中华人民共和国个人独资企业法》的规定及违反该法的法律责任，在该法第五章“法律责任”诸条文中均有明确规定。试问，答辩人违反了第五章共十四个条文所列的哪一条规定？一个人的行为是否违反了一部法律的规定，应从该项法律本身规定的违法情形中去查找和比对，不能胡乱理解和妄下结论！

综上所述，原被告双方签订的《煤矿股权转让协议书》和《合伙协议书》都是合法的，是双方当事人的真实意思表示，应当受到法律的尊重和保护，请求法庭依法驳回原告诉讼主张，认定前述两项协议有效。

此致

××人民法院

答辩人：杨××

2017 年 4 月 26 日

**例文二**

## 答　辩　状

答辩人：黄××，女，43 岁，四川省江油市人，住绵阳市××区××街×号。

答辩人收到了绵阳市中级人民法院送达的〔2016〕绵民监字 92 号及〔2017〕绵民再字第 69 号两份民事裁定书。现就该两份民事裁定书决定再审的〔2011〕绵民一终字第 168 号、〔2010〕江民字第 2214 号两份民事判决，依据事实和法律提出如下答辩意见，供再审合议庭参考。

答辩人认为，〔2011〕绵民一终字第 168 号、〔2010〕江民字第 2214 号民事判决书认定事实清楚，证据确实充分，程序合法，适用法律正确，判决公正，是一个经得起时间和历史检验的完全正确的判决。请求再审合议庭依法维持已经生效长达 6 年的判决的既判力，维护司法权威。

一、原判决认定事实清楚，证据确实充分。

本案是一起法律关系十分明确，证据十分清楚明了的买卖关系欠款案，毫无悬念和疑点。

(一) 金额分别为 1.5 万元和 20 万元的两张欠条，均系再审申请人(原审被告)的法定代表人杨××亲笔书写，这是原一、二审均一直查明的基本事实，双方在庭审中均无异议，依法应予以认定。

(二) 原审被告所欠答辩人的 21.5 万元均是烟款，有原审被告收到香烟的收条为证，其烟款性质不容否定。现原审被告企图以其在欠条上注明的付款资金来源和保证的承诺，歪曲欠款原因和性质，是不能得逞的。

(三) 原审被告辩称其 2010 年 7 月 10 日欠条上的 20 万系答辩人帮其打官司的劳务费的说法毫无事实根据。

1. 答辩人并非法律服务人员，无任何权利和义务为他人打官司。

2. 原审被告与川投长特工程公司诉讼案与答辩人无利害关系，与本案欠款无任何关联性。

3. 双方对该欠条所附付款期限无异议，但原审被告辩称“光大实业有限公司胜诉”系付款条件的说法不能成立。所谓光大实业有限公司胜诉，只是作为债务人的原审被告所做的信用保证和付款来源说明，并非付款条件和欠款的事由。

二、原审认定当事人主体适格，程序合法。

(一) 杨××系再审申请人、光大实业有限公司董事长、法定代表人，其向答辩人购买大量香烟并出具欠条的行为，系其代表公司的职务行为和法人经营行为，并非个人行为，其个人消费也消费不了那么多烟。根据《中华人民共和国民法通则》第四十三条的规定，法定代表人和其他工作人员的经营行为由法人承担。

(二) 2010 年 7 月 10 日的欠条载明“此款在光大实业有限公司与川投长特工程公司诉讼结案，光大实业有限公司胜诉后一个月付给”的内容进一步明确，其付款来源是公司资金，付款主体是光大实业有限公司，而并非个人。

(三) 本案在原一、二审和执行程序期间，原审被告均是以光大实业有限公司法人名义行使诉讼权利和承担诉讼义务的，从未对自己的主体资格提出异议和予以否定。如果光大实业有限公司认为杨××购烟和出具欠条的行为是个人行为，那么，诉讼一开始就会而且也应当提出诉讼主体异议。但原审被告至执行期间也从未对自己的诉讼主体和被执行主体资格提出异议。事隔 6 年之后再提出公司不是主体，法定代表人的行为系个人行为，显然是违背生活常识和情理的。

(四) 原一、二审法庭均向双方当事人依法送达了诉讼文书和传票。双方当事人及代理律师均参加了庭审活动，行使了诉讼权利，对诉争事实和证据进行了充分的、平等的评判和认定，并未遗漏或隐匿任何一方的陈述和证据，原一、二审判决书的事实和证据至今甚至将来都不可能被歪曲和改变。

(五) 关于原审被告(再审申请人)辩称原一审答辩和举证期限不足的问题。其在原二审期间并未申请延长答辩和举证期限，应视为其对法庭所给的答辩和举证期限无异议。庭审中也没有提出延长举证期限或需提供新证据的请求，而是明确表示已无新的事实和证据提供。庭审依法进入辩论和最后陈述程序。原审被告在事隔 6 年后再提出所谓程序问题，显然是“无理搅三分”。

三、〔2011〕绵民一终字第 168 号民事判决已经两级法院执行终结。

在原审被告拒不履行生效法律文书确定的给付义务的情况下，人民法院依法对债务人取得的土地使用权进行公开拍卖和评估，最终裁定国土部门协助执行，这是完全符合公开、公平、公正的司法原则的。

四、原审被告在申请再审时并未提出任何新的证据。

综上所述，请求人民法院以事实为依据，以法律为准绳，排除干扰，严肃执法，公正司法，依法判决维持〔2011〕绵民一终字第 168 号和〔2010〕江民字第 2214 号民事判决，维护法律的权威性和稳定性，维护社会的公平和正义。

此致

江油市人民法院

答辩人：黄××

2017 年 12 月 10 日

# 综合练习

## 一、不定项选择

1. 以下事项可以写起诉状的有(　　)。

A. 养老纠纷　　B. 重婚案

C. 虐待案　　D. 欠薪案

2. 起诉状在公诉时称为“起诉书”，非公诉案件可以称(　　)。

A. 诉状　　B. 起诉状

C. 状子　　D. 状纸

3. 起诉状按性质的不同，分为(　　)。

A. 民事起诉状　　B. 伤害起诉状

C. 经济起诉状　　D. 行政起诉状和刑事起诉状

4. 起诉状的格式包括(　　)。

A. 眉首　　B. 结尾

C. 首部、主体、尾部　　D. 主体、结尾

5. 被告人即(　　)。

A. 起诉的人　　B. 被起诉的人

C. 其他人　　D. 被控告的人

6. 起诉状的主体部分包括(　　)。

A. 请求事项　　B. 事实与理由

C. 原被告基本情况　　D. 呈送法院名称

7. 民事起诉状的作者是民事案件的(　　)。

A. 原告　　B. 原告的代理人

C. 被告　　D. 被告的代理人

8. 起诉状中原告、被告基本情况的写作规律是(　　)。

A. 先写原告，后写被告

B. 先写被告，后写原告

C. 若原告、被告均不止一人的，应依主次，一一列出

D. 若原告、被告是法人单位或其他组织的，则依次写出其单位名称、地址、法定代表人及其职务

9. “事实与理由”，就是平时说的摆事实，讲道理。摆事实，就是要(　　)。

A. 写明双方纠纷的具体事实

B. 写明争执的具体情形

C. 举出充分的人证、物证、书证及其他有利的证据

D. 注明证据来源

10. 下列属于法律文书的是(　　)。

A. 协议书　　B. 合同

C. 起诉状　　D. 答辩状

11. 民事案件的原告或其代理人，为维护原告的民事权益，就有关民事权利和义务的争执向人民法院提起诉讼的书状是(　　)。

A. 经济起诉状　　B. 民事起诉状

C. 行政起诉状　　D. 刑事起诉状

12. 上诉状的上诉人可以是一审中的(　　)。

A. 原告　　B. 被告

C. 原告、被告的代理人　　D. 人民法院

13. 上诉理由可以从(　　)三方面来写。

A. 事实方面　　B. 适用法律方面

C. 程序方面　　D. 证据方面

14. 当事人不服一审法院的判决和裁定，依照法定程序和期限，向其上一级法院提起的诉讼是(　　)。

A. 上诉状　　B. 申诉状

C. 答辩状　　D. 民事状

**二、判断 (对的打“√”，错的打“×”)**

1. 申诉状中的申诉人就是一审中的原告。(　　)

2. 申诉状只能向人民法院或人民检察院提出申请复查纠正。(　　)

3. 民事、行政诉讼当事人的代理人无权提起申诉。(　　)

4. 申诉状必须由与本身权益有关的公民、法人或其他组织提出。(　　)

5. 申诉状可以递交给最高人民法院。(　　)

6. 申诉是法律赋予当事人、代理人、受害人的合法权利。(　　)

**三、写作训练**

1. 根据以下材料，请你代王勇拟写一份起诉状。

我叫王勇，男，35 岁，家住四川省内江市××县××乡××村××号。2017 年春节后我经熟人介绍到广东××建筑公司打工。该公司老板叫唐德江，50 岁，家住广东××县××街××号。我每天上 8 个小时的班，老板包吃住，月工资 4 500 元。2017 年 1～4 月，我每月 10 号都能领到工资。但从 5 月份开始，唐老板以增加投入、资金周转暂时困难为借口，欠发我的工资。我和其他几个工友曾在 11 月份找唐老板要钱，唐老板却说：“现在

没有钱，12 月 31 日一起发给你们，你们愿意干就干，不愿干就走。”由于工资未到手，我们忍到了 12 月 31 日，又一次去找了唐老板，他却出差了，打电话给他，他说暂时回不来。过年了，家里年货未买，子女开学要钱，妻子生病要钱，我想告唐老板，有工人说我又没签劳动合同，我不知道该怎么办。

2. 根据下列材料，适当增加内容，拟写上诉状。

李明，男，46 岁，家住重庆市合川区××街 12 号，系重庆市合川区××厂工人。2017 年 6 月，李明因“上班途中被撞伤致残”一案诉讼请求被驳回，不服重庆市合川区人民法院〔2017〕合法民初字第 298 号民事判决，向重庆市第一中级人民法院提起上诉。

李明认为一审法院认定事实不清，自己被撞时间是早上 7 点 30 分，离上班时间 8 点很近，受伤时有王某、张某为证；同时，自己受伤时还穿着厂里的制服，显然是上班途中，一审法院却错误地认为“上班途中”一词外延很大，不能就此断定是去上班。同时，对于法院认定“上班应该是在工厂”，李明也进行了反驳，他认为上班既包括上班前的准备，也包括上班的过程和后续工作，穿着制服走向工厂就是上班前的准备。为此，李明上诉请求上级人民法院依法撤销重庆市合川区人民法院〔2017〕合法民初字第 298 号民事判决，判决上诉人是工伤，判决被上诉人承担相应的赔偿责任和全部上诉费用。

3. 根据下列材料，请你代××房地产公司拟写答辩状。

2018 年 1 月 10 日，王××与××房地产开发公司签订购房合同。双方约定，在王××一次性交付所有购房款履行了付款义务后，××房地产开发公司交付房屋并于合同订立之日起 90 日内，将办理好的该房屋所有权证交给王××。但时至今日，王××还未拿到自己的房屋所有权证。根据《中华人民共和国城市房地产管理法》《城市房地产开发经营管理条例》及《最高人民法院关于审理商品房买卖合同纠纷案件适用法律若干问题的解释》的相关规定，××房地产开发公司应当立即办理房屋产权证并支付违约金。为此，王××将××房地产开发公司告至法院，请求法院判令被告立即为原告办理房屋所有权证，请求法院判令被告支付逾期办理房屋所有权证的违约金，请求法院判令被告承担本案诉讼费用。

# 附录一　2012 年《党政机关公文处理工作条例》[①]

## 第一章　总　　则

第一条　为了适应中国共产党机关和国家行政机关(以下简称党政机关)工作需要，推进党政机关公文处理工作科学化、制度化、规范化，制定本条例。

第二条　本条例适用于各级党政机关公文处理工作。

第三条　党政机关公文是党政机关实施领导、履行职能、处理公务的具有特定效力和规范体式的文书，是传达贯彻党和国家方针政策，公布法规和规章，指导、布置和商洽工作，请示和答复问题，报告、通报和交流情况等的重要工具。

第四条　公文处理工作是指公文拟制、办理、管理等一系列相互关联、衔接有序的工作。

第五条　公文处理工作应当坚持实事求是、准确规范、精简高效、安全保密的原则。

第六条　各级党政机关应当高度重视公文处理工作，加强组织领导，强化队伍建设，设立文秘部门或者由专人负责公文处理工作。

第七条　各级党政机关办公厅(室)主管本机关的公文处理工作，并对下级机关的公文处理工作进行业务指导和督促检查。

## 第二章　公 文 种 类

第八条　公文种类主要有：

(一) 决议。适用于会议讨论通过的重大决策事项。

(二) 决定。适用于对重要事项做出决策和部署、奖惩有关单位和人员、变更或者撤销下级机关不适当的决定事项。

(三) 命令(令)。适用于公布行政法规和规章、宣布施行重大强制性措施、批准授予和晋升衔级、嘉奖有关单位和人员。

(四) 公报。适用于公布重要决定或者重大事项。

(五) 公告。适用于向国内外宣布重要事项或者法定事项。

(六) 通告。适用于在一定范围内公布应当遵守或者周知的事项。

(七) 意见。适用于对重要问题提出见解和处理办法。

(八) 通知。适用于发布、传达要求下级机关执行和有关单位周知或者执行的事项，批转、转发公文。

(九) 通报。适用于表彰先进、批评错误、传达重要精神和告知重要情况。

---

① 本附录摘自中办发〔2012〕14 号。

（十）报告。适用于向上级机关汇报工作、反映情况，回复上级机关的询问。

（十一）请示。适用于向上级机关请求指示、批准。

（十二）批复。适用于答复下级机关请示事项。

（十三）议案。适用于各级人民政府按照法律程序向同级人民代表大会或者人民代表大会常务委员会提请审议事项。

（十四）函。适用于不相隶属机关之间商洽工作、询问和答复问题、请求批准和答复审批事项。

（十五）纪要。适用于记载会议主要情况和议定事项。

## 第三章　公 文 格 式

第九条　公文一般由份号、密级和保密期限、紧急程度、发文机关标志、发文字号、签发人、标题、主送机关、正文、附件说明、发文机关署名、成文日期、印章、附注、附件、抄送机关、印发机关和印发日期、页码等组成。

（一）份号。公文印制份数的顺序号。涉密公文应当标注份号。

（二）密级和保密期限。公文的秘密等级和保密的期限。涉密公文应当根据涉密程度分别标注“绝密”“机密”“秘密”和保密期限。

（三）紧急程度。公文送达和办理的时限要求。根据紧急程度，紧急公文应当分别标注“特急”“加急”，电报应当分别标注“特提”“特急”“加急”“平急”。

（四）发文机关标识。由发文机关全称或者规范化简称加“文件”二字组成，也可以使用发文机关全称或者规范化简称。联合行文时，发文机关标识可以并用联合发文机关名称，也可以单独用主办机关名称。

（五）发文字号。由发文机关代字、年份、发文顺序号组成。联合行文时，使用主办机关的发文字号。

（六）签发人。上行文应当标注签发人姓名。

（七）标题。由发文机关名称、事由和文种组成。

（八）主送机关。公文的主要受理机关，应当使用机关全称、规范化简称或者同类型机关统称。

（九）正文。公文的主体，用来表述公文的内容。

（十）附件说明。公文附件的顺序号和名称。

（十一）发文机关署名。署发文机关全称或者规范化简称。

（十二）成文日期。署会议通过或者发文机关负责人签发的日期。联合行文时，署最后签发机关负责人签发的日期。

（十三）印章。公文中有发文机关署名的，应当加盖发文机关印章，并与署名机关相符。有特定发文机关标志的普发性公文和电报可以不加盖印章。

（十四）附注。公文印发传达范围等需要说明的事项。

（十五）附件。公文正文的说明、补充或者参考资料。

（十六）抄送机关。除主送机关外需要执行或者知晓公文内容的其他机关，应当使用机关全称、规范化简称或者同类型机关统称。

(十七) 印发机关和印发日期。公文的送印机关和送印日期。

第十条 公文的版式按照《党政机关公文格式》国家标准执行。

(十八) 页码：公文页数顺序号。

第十一条 公文使用的汉字、数字、外文字符、计量单位和标点符号等，按照有关国家标准和规定执行。民族自治地方的公文，可以并用汉字和当地通用的少数民族文字。

第十二条 公文用纸幅面采用国际标准 A4 型。特殊形式的公文用纸幅面，根据实际需要确定。

## 第四章 行文规则

第十三条 行文应当确有必要，讲求实效，注重针对性和可操作性。

第十四条 行文关系根据隶属关系和职权范围确定。一般不得越级行文，特殊情况需要越级行文的，应当同时抄送被越过的机关。

第十五条 向上级机关行文，应当遵循以下规则：

(一) 原则上主送一个上级机关，根据需要同时抄送相关上级机关和同级机关，不抄送下级机关。

(二) 党委、政府的部门向上级主管部门请示、报告重大事项，应当经本级党委、政府同意或者授权；属于部门职权范围内的事项应当直接报送上级主管部门。

(三) 下级机关的请示事项，如需以本机关名义向上级机关请示，应当提出倾向性意见后上报，不得原文转报上级机关。

(四) 请示应当一文一事。不得在报告等非请示性公文中夹带请示事项。

(五) 除上级机关负责人直接交办事项外，不得以本机关名义向上级机关负责人报送公文，不得以本机关负责人名义向上级机关报送公文。

(六) 受双重领导的机关向一个上级机关行文，必要时抄送另一个上级机关。

第十六条 向下级机关行文，应当遵循以下规则：

(一) 主送受理机关，根据需要抄送相关机关。重要行文应当同时抄送发文机关的直接上级机关。

(二) 党委、政府的办公厅(室)根据本级党委、政府授权，可以向下级党委、政府行文，其他部门和单位不得向下级党委、政府发布指令性公文或者在公文中向下级党委、政府提出指令性要求。需经政府审批的具体事项，经政府同意后可以由政府职能部门行文，文中须注明已经政府同意。

(三) 党委、政府的部门在各自职权范围内可以向下级党委、政府的相关部门行文。

(四) 涉及多个部门职权范围内的事务，部门之间未协商一致的，不得向下行文；擅自行文的，上级机关应当责令其纠正或者撤销。

(五) 上级机关向受双重领导的下级机关行文，必要时抄送该下级机关的另一个上级机关。

第十七条 同级党政机关、党政机关与其他同级机关必要时可以联合行文。属于党委、政府各自职权范围内的工作，不得联合行文。党委、政府的部门依据职权可以相互行文。部门内设机构除办公厅(室)外不得对外正式行文。

## 第五章　公 文 拟 制

第十八条　公文拟制包括公文的起草、审核、签发等程序。

第十九条　公文起草应当做到：

(一) 符合国家法律法规和党的路线方针政策，完整准确体现发文机关意图，并同现行有关公文相衔接。

(二) 一切从实际出发，分析问题实事求是，所提政策措施和办法切实可行。

(三) 内容简洁，主题突出，观点鲜明，结构严谨，表述准确，文字精练。

(四) 文种正确，格式规范。

(五) 深入调查研究，充分进行论证，广泛听取意见。

(六) 公文涉及其他地区或者部门职权范围内的事项，起草单位必须征求相关地区或者部门意见，力求达成一致。

(七) 机关负责人应当主持、指导重要公文起草工作。

第二十条　公文文稿签发前，应当由发文机关办公厅(室)进行审核。审核的重点是：

(一) 行文理由是否充分，行文依据是否准确。

(二) 内容是否符合国家法律法规和党的路线方针政策；是否完整准确体现发文机关意图；是否同现行有关公文相衔接；所提政策措施和办法是否切实可行。

(三) 涉及有关地区或者部门职权范围内的事项是否经过充分协商并达成一致意见。

(四) 文种是否正确，格式是否规范；人名、地名、时间、数字、段落顺序、引文等是否准确；文字、数字、计量单位和标点符号等用法是否规范。

(五) 其他内容是否符合公文起草的有关要求。需要发文机关审议的重要公文文稿，审议前由发文机关办公厅(室)进行初核。

第二十一条　经审核不宜发文的公文文稿，应当退回起草单位并说明理由；符合发文条件但内容需做进一步研究和修改的，由起草单位修改后重新报送。

第二十二条　公文应当经本机关负责人审批签发。重要公文和上行文由机关主要负责人签发。党委、政府的办公厅(室)根据党委、政府授权制发的公文，由受权机关主要负责人签发或者按照有关规定签发。签发人签发公文，应当签署意见、姓名和完整日期；圈阅或者签名的，视为同意。联合发文由所有联署机关的负责人会签。

## 第六章　公 文 办 理

第二十三条　公文办理包括收文办理、发文办理和整理归档。

第二十四条　收文办理主要程序是：

(一) 签收。对收到的公文应当逐件清点，核对无误后签字或者盖章，并注明签收时间。

(二) 登记。对公文的主要信息和办理情况应当详细记载。

(三) 初审。对收到的公文应当进行初审。初审的重点是：是否应当由本机关办理，是否符合行文规则，文种、格式是否符合要求，涉及其他地区或者部门职权范围内的事项是否已经协商、会签，是否符合公文起草的其他要求。经初审不符合规定的公文，应当及时退回来文单位并说明理由。

(四) 承办。阅知性公文应当根据公文内容、要求和工作需要确定范围后分送。批办性公文应当提出拟办意见报本机关负责人批示或者转有关部门办理；需要两个以上部门办理的，应当明确主办部门。紧急公文应当明确办理时限。承办部门对交办的公文应当及时办理，有明确办理时限要求的应当在规定时限内办理完毕。

(五) 传阅。根据领导批示和工作需要将公文及时送传阅对象阅知或者批示。办理公文传阅应当随时掌握公文去向，不得漏传、误传、延误。

(六) 催办。及时了解掌握公文的办理进展情况，督促承办部门按期办结。紧急公文或者重要公文应当由专人负责催办。

(七) 答复。公文的办理结果应当及时答复来文单位，并根据需要告知相关单位。

第二十五条 发文办理主要程序是：

(一) 复核。已经发文机关负责人签批的公文，印发前应当对公文的审批手续、内容、文种、格式等进行复核；需做实质性修改的，应当报原签批人复审。

(二) 登记。对复核后的公文，应当确定发文字号、分送范围和印制份数并详细记载。

(三) 印制。公文印制必须确保质量和时效。涉密公文应当在符合保密要求的场所印制。

(四) 核发。公文印制完毕，应当对公文的文字、格式和印刷质量进行检查后分发。

第二十六条 涉密公文应当通过机要交通、邮政机要通信、城市机要文件交换站或者收发件机关机要收发人员进行传递，通过密码电报或者符合国家保密规定的计算机信息系统进行传输。

第二十七条 需要归档的公文及有关材料，应当根据有关档案法律法规以及机关档案管理规定，及时收集齐全、整理归档。两个以上机关联合办理的公文，原件由主办机关归档，相关机关保存复制件。机关负责人兼任其他机关职务的，在履行所兼职务过程中形成的公文，由其兼职机关归档。

## 第七章 公文管理

第二十八条 各级党政机关应当建立健全本机关公文管理制度，确保管理严格规范，充分发挥公文效用。

第二十九条 党政机关公文由文秘部门或者专人统一管理。设立党委(党组)的县级以上单位应当建立机要保密室和机要阅文室，并按照有关保密规定配备工作人员和必要的安全保密设施设备。

第三十条 公文确定密级前，应当按照拟定的密级先行采取保密措施。确定密级后，应当按照所定密级严格管理。绝密级公文应当由专人管理。公文的密级需要变更或者解除的，由原确定密级的机关或者其上级机关决定。

第三十一条 公文的印发传达范围应当按照发文机关的要求执行；需要变更的，应当经发文机关批准。涉密公文公开发布前应当履行解密程序。公开发布的时间、形式和渠道，由发文机关确定。经批准公开发布的公文，同发文机关正式印发的公文具有同等效力。

第三十二条 复制、汇编机密级、秘密级公文，应当符合有关规定并经本机关负责人批准。绝密级公文一般不得复制、汇编，确有工作需要的，应当经发文机关或者其上级机关批准。复制、汇编的公文视同原件管理。复制件应当加盖复制机关戳记。翻印件应当注明翻印的机关名称、日期。汇编本的密级按照编入公文的最高密级标注。

第三十三条　公文的撤销和废止，由发文机关、上级机关或者权力机关根据职权范围和有关法律法规决定。公文被撤销的，视为自始无效；公文被废止的，视为自废止之日起失效。

第三十四条　涉密公文应当按照发文机关的要求和有关规定进行清退或者销毁。

第三十五条　不具备归档和保存价值的公文，经批准后可以销毁。销毁涉密公文必须严格按照有关规定履行审批登记手续，确保不丢失、不漏销。个人不得私自销毁、留存涉密公文。

第三十六条　机关合并时，全部公文应当随之合并管理；机关撤销时，需要归档的公文经整理后按照有关规定移交档案管理部门。工作人员离岗离职时，所在机关应当督促其将暂存、借用的公文按照有关规定移交、清退。

第三十七条　新设立的机关应当向本级党委、政府的办公厅(室)提出发文立户申请。经审查符合条件的，列为发文单位，机关合并或者撤销时，相应进行调整。

## 第八章　附　　则

第三十八条　党政机关公文含电子公文。电子公文处理工作的具体办法另行制定。

第三十九条　法规、规章方面的公文，依照有关规定处理。外事方面的公文，依照外事主管部门的有关规定处理。

第四十条　其他机关和单位的公文处理工作，可以参照本条例执行。

第四十一条　本条例由中共中央办公厅、国务院办公厅负责解释。

第四十二条　本条例自 2012 年 7 月 1 日起施行。1996 年 5 月 3 日中共中央办公厅发布的《中国共产党机关公文处理条例》和 2000 年 8 月 24 日国务院发布的《国家行政机关公文处理办法》停止执行。

# 附录二　党政机关公文格式①

## 1. 范围

本标准规定了党政机关公文通用的纸张要求、排版和印制装订要求、公文格式各要素的编排规则，并给出了公文的式样。

本标准适用于各级党政机关制发的公文。其他机关和单位的公文可以参照执行。

使用少数民族文字印制的公文，其用纸、幅面尺寸及版面、印制等要求按照本标准执行，其余可以参照本标准并按照有关规定执行。

## 2. 规范性引用文件

下列文件对于本标准的应用是必不可少的。凡是注日期的引用文件，仅所注日期的版本适用于本标准。凡是不注日期的引用文件，其最新版本(包括所有的修改单)适用于本标准。

GB/T 148　印刷、书写和绘图纸幅面尺寸

GB 3100　国际单位制及其应用

GB 3101　有关量、单位和符号的一般原则

GB 3102 (所有部分) 量和单位

GB/T 15834　标点符号用法

GB/T 15835　出版物上数字用法

## 3. 术语和定义

下列术语和定义适用于本标准。

3.1 字　word

标示公文中横向距离的长度单位。在本标准中，一字指一个汉字宽度的距离。

3.2 行　line

标示公文中纵向距离的长度单位。在本标准中，一行指一个汉字的高度加 3 号汉字高度的 7/8 的距离。

## 4. 公文用纸主要技术指标

公文用纸一般使用纸张定量为 60 ～80 g/m$^2$ 的胶版印刷纸或复印纸。纸张白度 80%～90%，横向耐折度≥15 次，不透明度≥85%，pH 值为 7.5～9.5。

① 本附录摘自 GB/T 9704—2012。

### 5. 公文用纸幅面尺寸及版面要求

5.1 幅面尺寸

公文用纸采用 GB/T 148 中规定的 A4 型纸，其成品幅面尺寸为：210 mm × 297 mm。GB/T 9704—2012。

5.2 版面

5.2.1 页边与版心尺寸

公文用纸天头(上白边)为 37 mm ± 1 mm，公文用纸订口(左白边)为 28 mm ± 1 mm，版心尺寸为 156 mm × 225 mm。

5.2.2 字体和字号

如无特殊说明，公文格式各要素一般用 3 号仿宋体字。特定情况可以做适当调整。

5.2.3 行数和字数

一般每面排 22 行，每行排 28 个字，并撑满版心。特定情况可以做适当调整。

5.2.4 文字的颜色

如无特殊说明，公文中文字的颜色均为黑色。

### 6. 印制装订要求

6.1 制版要求

版面干净无底灰，字迹清楚无断划，尺寸标准，版心不斜，误差不超过 1 mm。

6.2 印刷要求

双面印刷；页码套正，两面误差不超过 2 mm。黑色油墨应当达到色谱所标 BL100%，红色油墨应当达到色谱所标 Y80%、M80%。印品着墨实、均匀；字面不花、不白、无断划。

6.3 装订要求

公文应当左侧装订，不掉页，两页页码之间误差不超过 4 mm，裁切后的成品尺寸允许误差 ±2 mm，四角成 90°，无毛茬或缺损。

骑马订或平订的公文应当：

a) 订位为两钉外订眼距版面上下边缘各 70 mm 处，允许误差 ±4 mm；

b) 无坏钉、漏钉、重钉，钉脚平伏牢固；

c) 骑马订钉锯均订在折缝线上，平订钉锯与书脊间的距离为 3 mm～5 mm。

包本装订公文的封皮(封面、书脊、封底)与书芯应吻合、包紧、包平、不脱落。

### 7. 公文格式各要素编排规则

7.1 公文格式各要素的划分

本标准将版心内的公文格式各要素划分为版头、主体、版记三部分。公文首页红色分隔线以上的部分称为版头；公文首页红色分隔线(不含)以下、公文末页首条分隔线(不含)以上的部分称为主体；公文末页首条分隔线以下、末条分隔线以上的部分称为版记。

页码位于版心外。

7.2　版头

7.2.1　份号

如需标注份号，一般用 6 位 3 号阿拉伯数字，顶格编排在版心左上角第一行。

7.2.2　密级和保密期限

如需标注密级和保密期限，一般用 3 号黑体字，顶格编排在版心左上角第二行；保密期限中的数字用阿拉伯数字标注。

7.2.3　紧急程度

如需标注紧急程度，一般用 3 号黑体字，顶格编排在版心左上角；如需同时标注份号、密级和保密期限、紧急程度，按照份号、密级和保密期限、紧急程度的顺序自上而下分行排列。

7.2.4　发文机关标识

由发文机关全称或者规范化简称加“文件”二字组成，也可以使用发文机关全称或者规范化简称。

发文机关标识居中排布，上边缘至版心上边缘为 35 mm，推荐使用小标宋体字，颜色为红色，以醒目、美观、庄重为原则。

联合行文时，如需同时标注联署发文机关名称，一般应当将主办机关名称排列在前；如有“文件”二字，应当置于发文机关名称右侧，以联署发文机关名称为准上下居中排布。

7.2.5　发文字号

编排在发文机关标识下空二行位置，居中排布。年份、发文顺序号用阿拉伯数字标注；年份应标全称，用六角括号“〔〕”括入；发文顺序号不加“第”字，不编虚位(即 1 不编为 01)，在阿拉伯数字后加“号”字。

上行文的发文字号居左空一字编排，与最后一个签发人姓名处在同一行。

7.2.6　签发人

由“签发人”三字加全角冒号和签发人姓名组成，居右空一字，编排在发文机关标识下空二行位置。“签发人”三字用 3 号仿宋体字，签发人姓名用 3 号楷体字。

如有多个签发人，签发人姓名按照发文机关的排列顺序从左到右、自上而下依次均匀编排，一般每行排两个姓名，回行时与上一行第一个签发人姓名对齐。

7.2.7　版头中的分隔线

发文字号之下 4 mm 处居中印一条与版心等宽的红色分隔线。

7.3　主体

7.3.1　标题

一般用 2 号小标宋体字，编排于红色分隔线下空二行位置，分一行或多行居中排布；回行时，要做到词意完整，排列对称，长短适宜，间距恰当；标题排列应当使用梯形或菱形。

7.3.2　主送机关

编排于标题下空一行位置，居左顶格，回行时仍顶格，最后一个机关名称后标全角冒号。如主送机关名称过多导致公文首页不能显示正文时，应当将主送机关名称移至版记，标注方法见 7.4.2。

7.3.3　正文

公文首页必须显示正文。一般用 3 号仿宋体字，编排于主送机关名称下一行，每个自然段左空二字，回行顶格。文中结构层次序数依次可以用“一、”“(一)”“1.”“(1)”标注；一般第一层用黑体字、第二层用楷体字、第三层和第四层用仿宋体字标注。

7.3.4　附件说明

如有附件，在正文下空一行左空二字编排“附件”二字，后标全角冒号和附件名称。如有多个附件，使用阿拉伯数字标注附件顺序号(如“附件：1. ×××××”)；附件名称后不加标点符号。附件名称较长需回行时，应当与上一行附件名称的首字对齐。

7.3.5　发文机关署名、成文日期和印章

7.3.5.1　加盖印章的公文

成文日期一般右空四字编排，印章用红色，不得出现空白印章。

单一机关行文时，一般在成文日期之上、以成文日期为准居中编排发文机关署名，印章端正、居中下压发文机关署名和成文日期，使发文机关署名和成文日期居印章中心偏下位置，印章顶端应当上距正文(或附件说明)一行之内。

联合行文时，一般将各发文机关署名按照发文机关顺序整齐排列在相应位置，并将印章一一对应、端正、居中下压发文机关署名，最后一个印章端正、居中下压发文机关署名和成文日期，印章之间排列整齐、互不相交或相切，每排印章两端不得超出版心，首排印章顶端应当上距正文(或附件说明)一行之内。

7.3.5.2　不加盖印章的公文

单一机关行文时，在正文(或附件说明)下空一行右空二字编排发文机关署名，在发文机关署名下一行编排成文日期，首字比发文机关署名首字右移二字，如成文日期长于发文机关署名，应当使成文日期右空二字编排，并相应增加发文机关署名右空字数。联合行文时，应当先编排主办机关署名，其余发文机关署名依次向下编排。

7.3.5.3　加盖签发人签名章的公文

单一机关制发的公文加盖签发人签名章时，在正文(或附件说明)下空二行右空四字加盖签发人签名章，签名章左空二字标注签发人职务，以签名章为准上下居中排布。在签发人签名章下空一行右空四字编排成文日期。

联合行文时，应当先编排主办机关签发人职务、签名章，其余机关签发人职务、签名章依次向下编排，与主办机关签发人职务、签名章上下对齐；每行只编排一个机关的签发人职务、签名章；签发人职务应当标注全称。

签名章一般用红色。

7.3.5.4　成文日期中的数字

用阿拉伯数字将年、月、日标全，年份应标全称，月、日不编虚位(即 1 不编为 01)。

7.3.5.5　特殊情况说明

当公文排版后所剩空白处不能容下印章或签发人签名章、成文日期时，可以采取调整行距、字距的措施解决。

7.3.6　附注

如有附注，居左空二字加圆括号编排在成文日期下一行。

7.3.7　附件

附件应当另面编排，并在版记之前，与公文正文一起装订。“附件”二字及附件顺序号用 3 号黑体字顶格编排在版心左上角第一行。附件标题居中编排在版心第三行。附件顺序号和附件标题应当与附件说明的表述一致。附件格式要求同正文。

如附件与正文不能一起装订，应当在附件左上角第一行顶格编排公文的发文字号并在其后标注“附件”二字及附件顺序号。

7.4　版记

7.4.1　版记中的分隔线

版记中的分隔线与版心等宽，首条分隔线和末条分隔线用粗线(推荐高度为 0.35 mm)，中间的分隔线用细线(推荐高度为 0.25 mm)。首条分隔线位于版记中第一个要素之上，末条分隔线与公文最后一面的版心下边缘重合。

7.4.2　抄送机关

如有抄送机关，一般用 4 号仿宋体字，在印发机关和印发日期之上一行、左右各空一字编排。“抄送”二字后加全角冒号和抄送机关名称，回行时与冒号后的首字对齐，最后一个抄送机关名称后标句号。

如需把主送机关移至版记，除将“抄送”二字改为“主送”外，编排方法同抄送机关。既有主送机关又有抄送机关时，应当将主送机关置于抄送机关之上一行，之间不加分隔线。

7.4.3　印发机关和印发日期

印发机关和印发日期一般用 4 号仿宋体字，编排在末条分隔线之上，印发机关左空一字，印发日期右空一字，用阿拉伯数字将年、月、日标全，年份应标全称，月、日不编虚位(即 1 不编为 01)，后加“印发”二字。

版记中如有其他要素，应当将其与印发机关和印发日期用一条细分隔线隔开。

7.5　页码

一般用 4 号半角宋体阿拉伯数字，编排在公文版心下边缘之下，数字左右各放一条一字线；一字线上距版心下边缘 7 mm。单页码居右空一字，双页码居左空一字。公文的版记页前有空白页的，空白页和版记页均不编排页码。公文的附件与正文一起装订时，页码应当连续编排。

**8. 公文中的横排表格**

A4 纸型的表格横排时，页码位置与公文其他页码保持一致，单页码表头在订口一边，双页码表头在切口一边。

9. **公文中计量单位、标点符号和数字的用法**

公文中计量单位的用法应当符合 GB 3100、GB 3101 和 GB 3102(所有部分)，标点符号的用法应当符合 GB/T 15834，数字的用法应当符合 GB/T 15835。

10. **公文的特定格式**

10.1　信函格式

发文机关标识使用发文机关全称或者规范化简称，居中排布，上边缘至上页边为 30 mm，推荐使用红色小标宋体字。联合行文时，使用主办机关标识。

发文机关标识下 4 mm 处印一条红色双线(上粗下细)，距下页边 20 mm 处印一条红色双线(上细下粗)，线长均为 170 mm，居中排布。

如需标注份号、密级和保密期限、紧急程度，应当顶格居版心左边缘编排在第一条红色双线下，按照份号、密级和保密期限、紧急程度的顺序自上而下分行排列，第一个要素与该线的距离为 3 号汉字高度的 7/8。

发文字号顶格居版心右边缘编排在第一条红色双线下，与该线的距离为 3 号汉字高度的 7/8。

标题居中编排，与其上最后一个要素相距二行。

第二条红色双线上一行如有文字，与该线的距离为 3 号汉字高度的 7/8。

首页不显示页码。

版记不加印发机关和印发日期、分隔线，位于公文最后一面版心内最下方。

10.2　命令(令)格式

发文机关标识由发文机关全称加“命令”或“令”字组成，居中排布，上边缘至版心上边缘为 20 mm，推荐使用红色小标宋体字。

发文机关标识下空二行居中编排令号，令号下空二行编排正文。

签发人职务、签名章和成文日期的编排见 7.3.5.3。

10.3　纪要格式

纪要标识由“×××××纪要”组成，居中排布，上边缘至版心上边缘为 35 mm，推荐使用红色小标宋体字。

标注出席人员名单，一般用 3 号黑体字，在正文或附件说明下空一行左空二字编排“出席”二字，后标全角冒号，冒号后用 3 号仿宋体字标注出席人单位、姓名，回行时与冒号后的首字对齐。

标注请假和列席人员名单，除依次另起一行并将“出席”二字改为“请假”或“列席”外，编排方法同出席人员名单。

纪要格式可以根据实际制定。

11. **式样**

A4 型公文用纸页边及版心尺寸见图 1；公文首页版式见图 2；联合行文公文首页版式 1 见图 3；联合行文公文首页版式 2 见图 4；公文末页版式 1 见图 5；公文末页版式 2 见图 6；联合行文公文末页版式 1 见图 7；联合行文公文末页版式 2 见图 8；附件说明页版式见图 9；带附件公文末页版式见图 10；信函格式首页版式见图 11；命令(令)格式首

页版式见图 12。

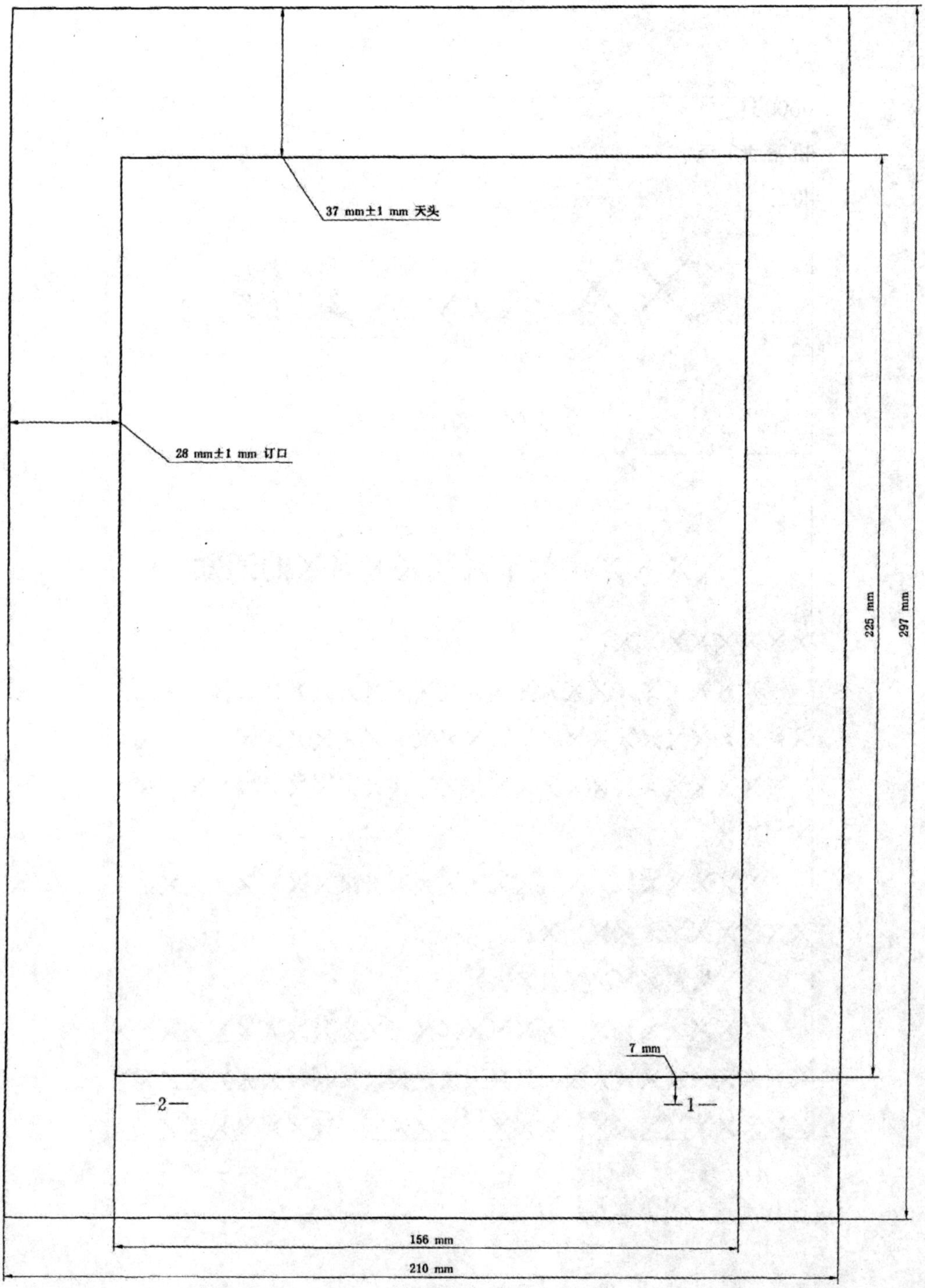


图1 A4型公文用纸页边及版心尺寸

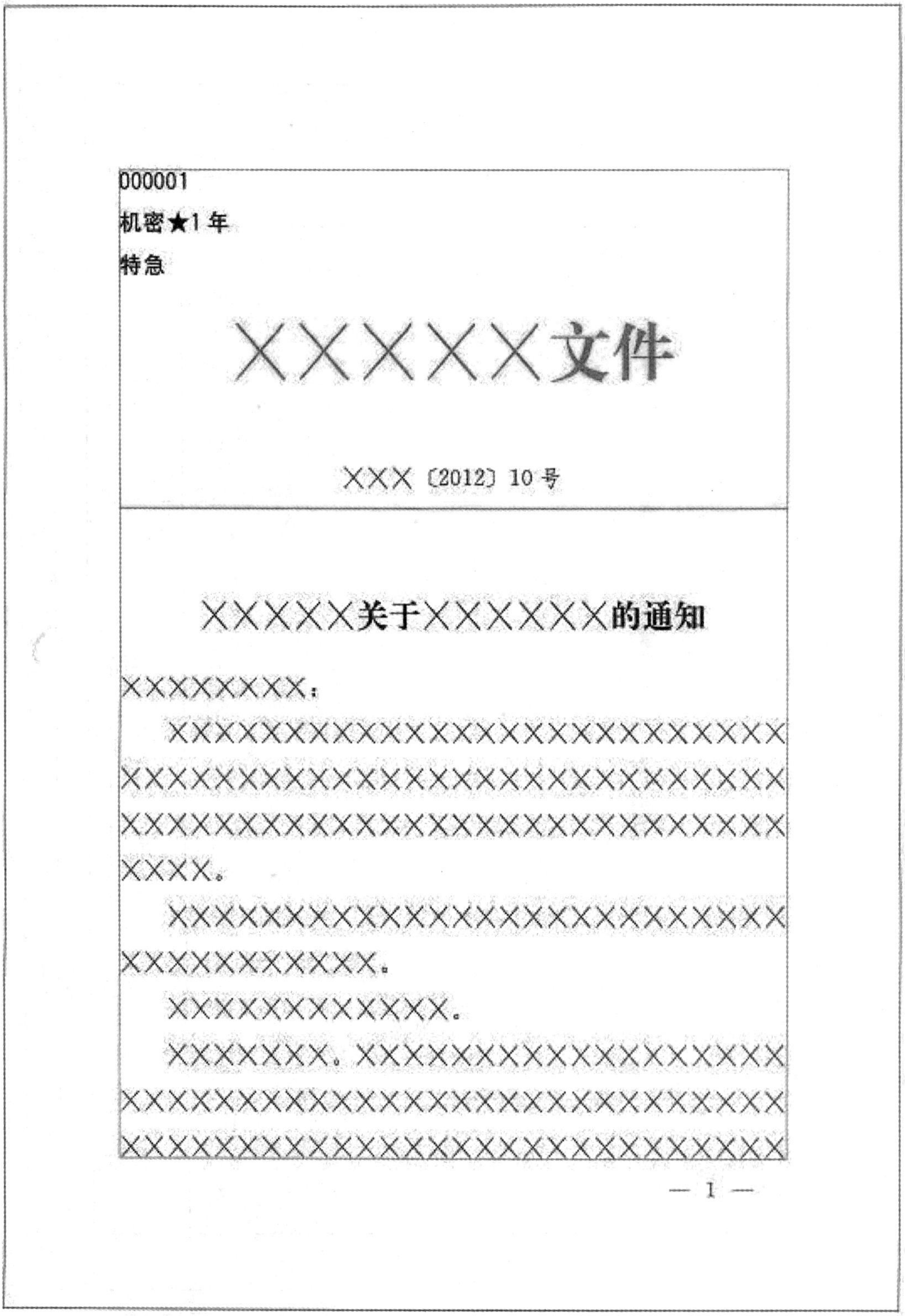

000001
机密★1 年
特急

XXXXX文件

XXX〔2012〕10 号

XXXXX关于XXXXXX的通知

XXXXXXXX：

XXXXXXXXXXXXXXXXXXXXXXXXXXX
XXXXXXXXXXXXXXXXXXXXXXXXXXXXX
XXXXXXXXXXXXXXXXXXXXXXXXXXXXX
XXXX。

XXXXXXXXXXXXXXXXXXXXXXXXXXX
XXXXXXXXXXX。

XXXXXXXXXXXX。

XXXXXXX。XXXXXXXXXXXXXXXXXXX
XXXXXXXXXXXXXXXXXXXXXXXXXXXXX
XXXXXXXXXXXXXXXXXXXXXXXXXXXXX

— 1 —

图2　公文首页版式

注：版心实线框仅为示意，在印制公文时并不印出。

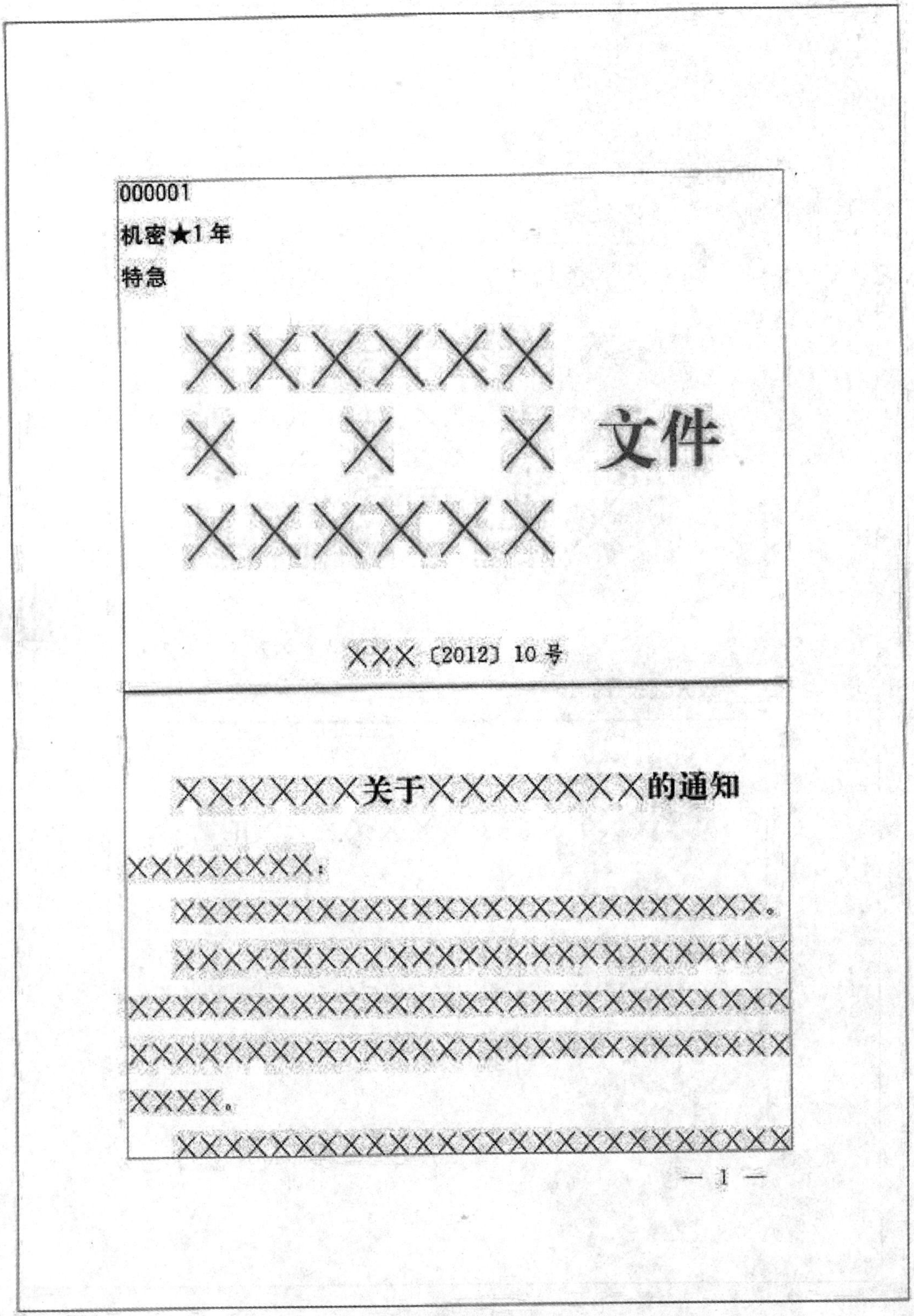

000001

机密★1年

特急

××××××
×　×　×　文件
××××××

×××〔2012〕10号

××××××关于×××××××的通知

××××××××：

××××××××××××××××××××××××××。

××××××××××××××××××××××××××××××××××××××××××××××××××××××××××××××××××××××××××××××××××××××××××××。

××××××××××××××××××××××××××

— 1 —

图3　联合行文公文首页版式1

注：版心实线框仅为示意，在印制公文时并不印出。

000001
机　密
特　急

XXXXXX
X　X　X
XXXXXX

签发人：XXX　XXX
XXX〔2012〕10号　　　　XXX

## XXXXXX关于XXXXXXX的请示

XXXXXXXX：

XXXXXXXXXXXXXXXXXXXXXXXXXXXXXXXXXXXXXXXXXXXXXXXXXXXXXXXXXXXXXXXXXXXXXXXXXXXXXXX。

XXXXXXXXXXXXXXXXXXXXXXXXXX

— 1 —

图4　联合行文公文首页版式2

注：版心实线框仅为示意，在印制公文时并不印出。

×××××××××××××××。

　　××××××××××××××××××××××××××
××××××××××××××××××××××××××××
×××××××××××。

2012年7月1日

　　（×××××）

抄送：××××××××，××××××，×××××，×××××，
　　　×××××。

×××××××××　　　　2012年7月1日印发

— 2 —

图5　公文末页版式1

注：版心实线框仅为示意，在印制公文时并不印出。

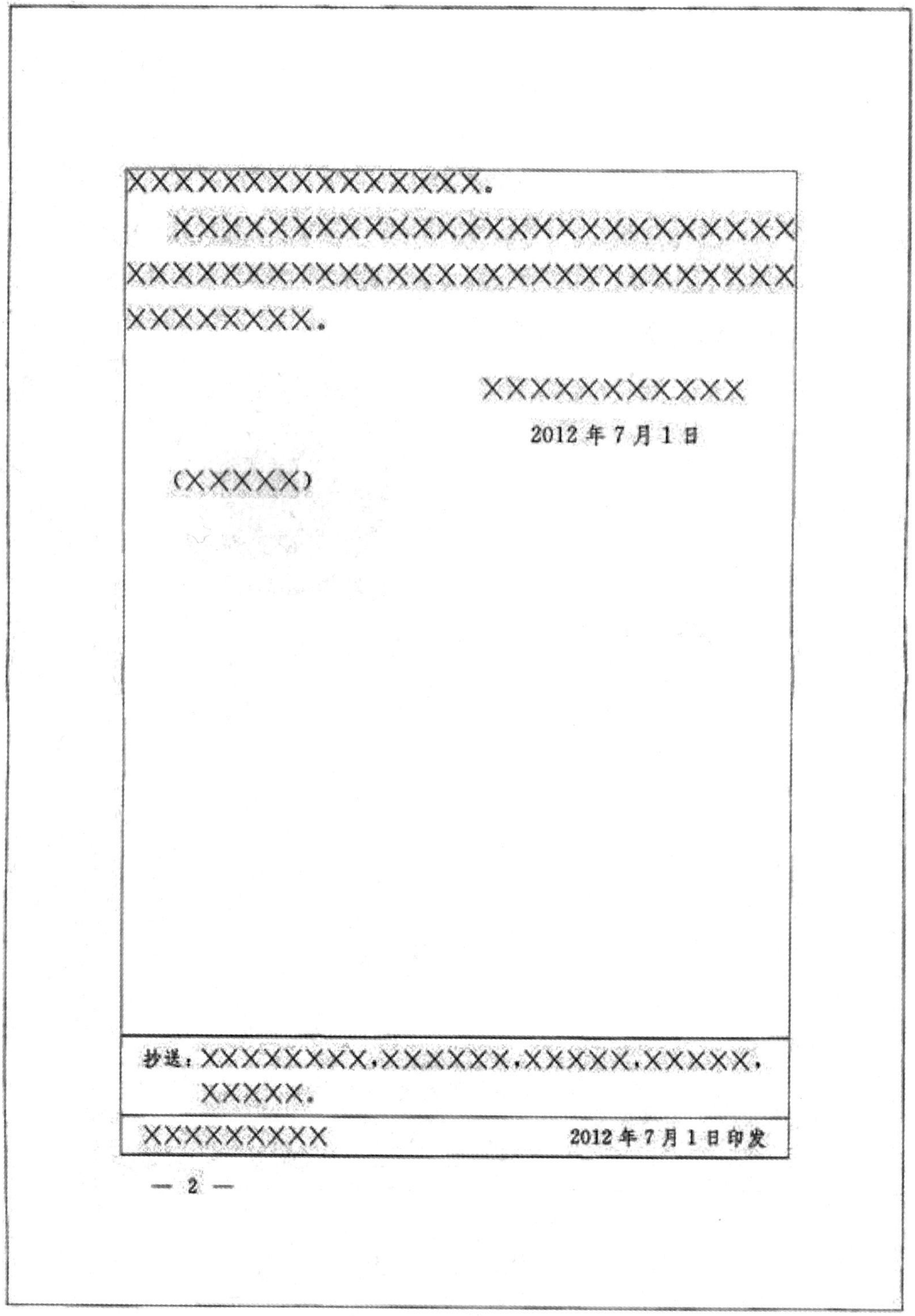
XXXXXXXXXXXXXXX。

　　XXXXXXXXXXXXXXXXXXXXXXXXXX
XXXXXXXXXXXXXXXXXXXXXXXXXXXX
XXXXXXXX。

XXXXXXXXXXX
2012年7月1日

（XXXXX）

抄送：XXXXXXXX，XXXXXX，XXXXX，XXXXX，
XXXXX。

XXXXXXXXX　　2012年7月1日印发

— 2 —

图6　公文末页版式2

注：版心实线框仅为示意，在印制公文时并不印出。

XXXXXXXXXXXXXXX。

　　XXXXXXXXXXXXXXXXXXXXXXXXXX

XXXXXXXXXXXXXXXXXXXXXXXXXXXX

XXXXXXXXXXXX。

2012年7月1日

（XXXXX）

抄送：XXXXXXXX，XXXXXX，XXXXX，XXXXX，
　　　XXXXX。

XXXXXXXXX　　　　2012年7月1日印发

— 2 —

图7 联合行文公文末页版式1

注：版心实线框仅为示意，在印制公文时并不印出。

XXXXXXXXXXXXXXX。

XXXXXXXXXXXXXXXXXXXXXXXXXXXXXXXXXXXXXXXXXXXXXXXXXXXXXXXXXXXXXXX。

2012年7月1日

（XXXXX）

抄送：XXXXXXXX，XXXXXX，XXXXX，XXXXX，XXXXX。

XXXXXXXXX　　2012年7月1日印发

— 2 —

图8 联合行文公文末页版式2

注：版心实线框仅为示意，在印制公文时并不印出。

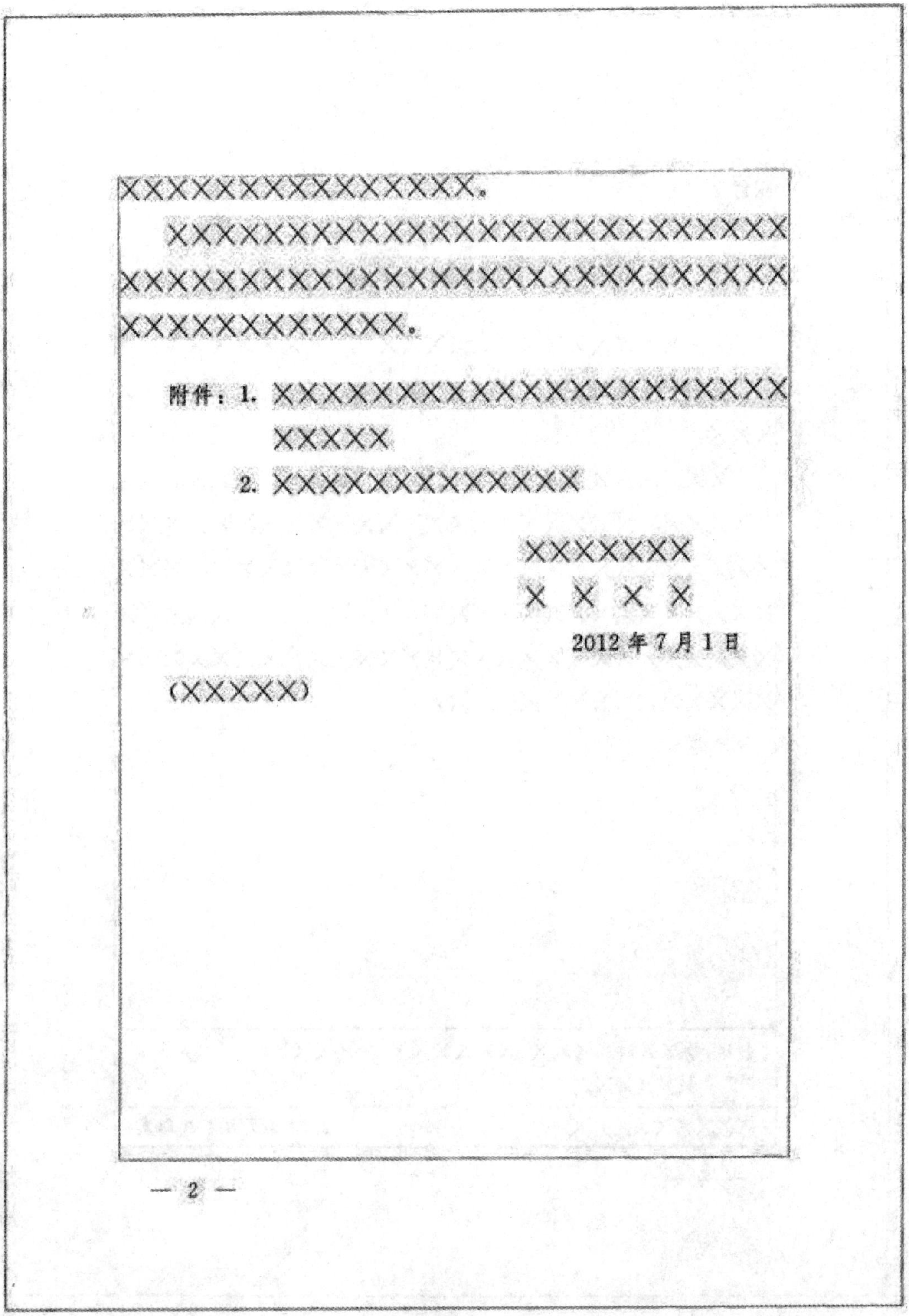


图9　附件说明页版式

注：版心实线框仅为示意，在印制公文时并不印出。

**附件 2**

XXXXXXXXXXXXX

　　XXXXXXXXXXXXXXXXXXXXXXXXXXX
XXXXXXXXXXXXXXXXXXXXXXXXXXXXX
XXX。

　　XXXXXXXXXXXXXXXXXXXXXXXXXXX
XXXXXXXXXXXXXXXXXXXXXXXXXXXXX
XXXXXXXXXXXXXXXXXXXXXXXXXXXXX
XXXXXXXXXXXXXXXXXXXXXXXXXXXXX
XXXXXXXXXXXXXXXXXXXXXXXXXXXXX
XXXXXXXXXXXXXXX。

**抄送：**XXXXXXXX，XXXXXX，XXXXX，XXXXX，
　　　XXXXX。

XXXXXXXXX　　　　**2012 年 7 月 1 日印发**

— 4 —

图10　带附件公文末页版式

注：版心实线框仅为示意，在印制公文时并不印出。

中华人民共和国××××××部

000001　　　　　　　　　　　　　　　×××〔2012〕10号

机　密

特　急

××××关于×××××××的通知

××××××××：

××××××××××××××××××××××××××
××××××××××××××××××××××××××××
××××××××××××××××××××××××××××
×××××××××××××××××××××××××。

××××××××××××××××××××××××××
××××××××××××××××××××××××××××
××××××××××××××××××××××××××××
××××××××××××××××××××××××。

××××××××××××××××××××××××××
××××××××××××××××××××××××××××
××××××××××××××××××××××××××××
××××××××××××××××××××××××××××
××××××××××××××××××××××××××××
××××××××××××××××××××××××××××
×××××××××××××××××××××××××。

图11　信函格式首页版式

注：版心实线框仅为示意，在印制公文时并不印出。

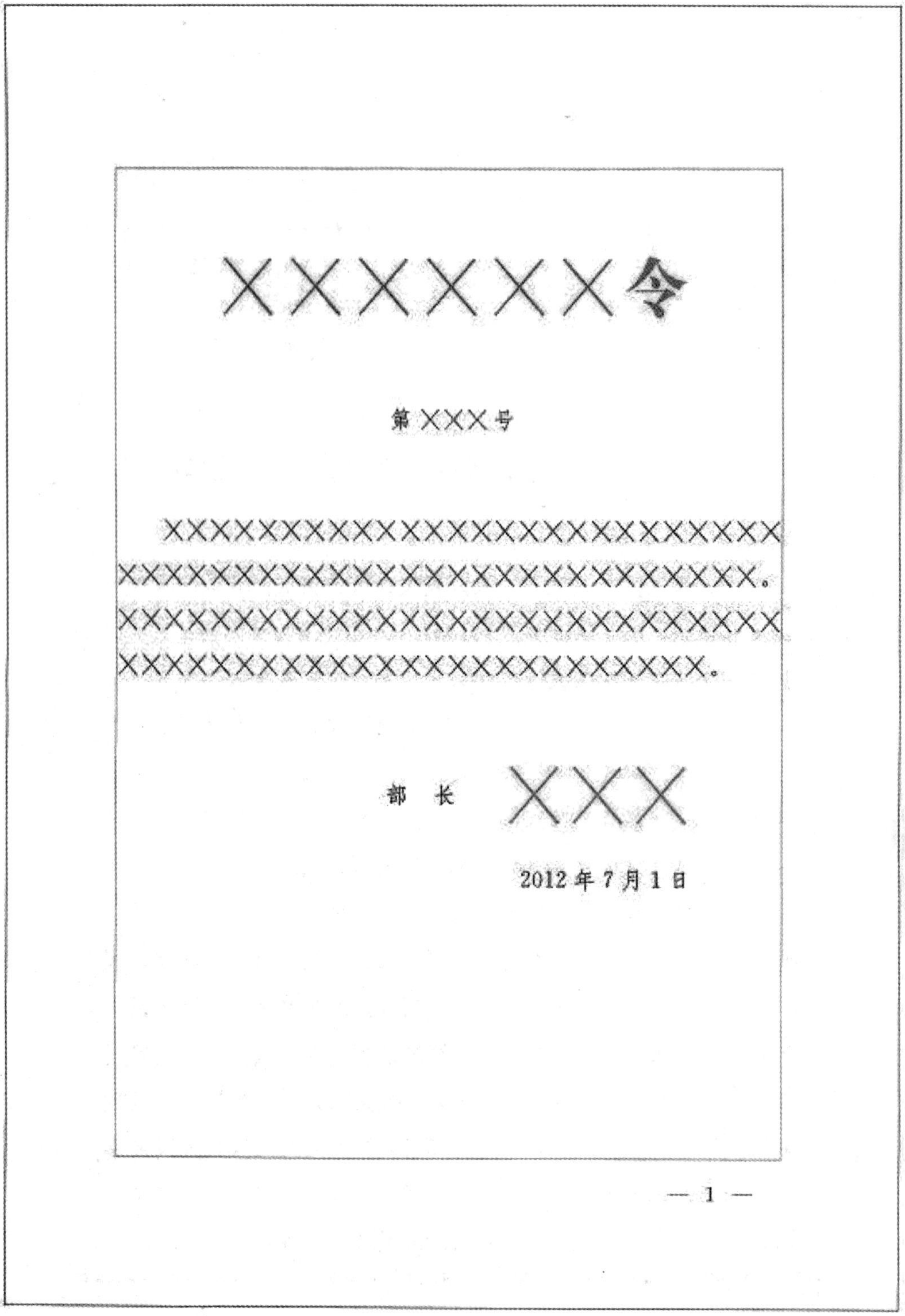

XXXXXX令

第XXX号

XXXXXXXXXXXXXXXXXXXXXXXXXX
XXXXXXXXXXXXXXXXXXXXXXXXXXX。
XXXXXXXXXXXXXXXXXXXXXXXXXXXX
XXXXXXXXXXXXXXXXXXXXXXXXX。

部　长　XXX

2012年7月1日

— 1 —

图12　命令(令)格式首页版式

注：版心实线框仅为示意，在印制公文时并不印出。

# 附录三　党政机关公文格式常见错误 20 例

《党政机关公文格式》(以下简称新《国标》)于 2012 年 7 月 1 日实施以来，它作为《党政机关公文处理工作条例》(以下简称新《条例》)配套的国家标准，在促进党政机关公文格式规范化方面取得了成效，但在日常使用中，公文格式不统一不规范的情况还是时有发生，主要有以下 20 种常见错误：

(1) 密级公文未标注公文份号，有的虽有标注，但用 3 位阿拉伯数字标注，且标注位置随意。

(2) 密级公文的密级和保密期限标注不规范、不准确，出现密级过高或过低，保密期限标注为“有效期内”“发布前”“永久”“长期”“普密”等；有的公文保密期限中的数字用汉字小写数字书写。

(3) 公文的缓急时限标注不规范，不急的公文却标注了紧急程度，并未按规定位置标注；有的公文在标题中的文种前面加注紧急程度，如“紧急通知”“紧急请示”“紧急报告”等。

(4) 发文机关标识标注仍存在乱象，常出现行文机关名称后标注“任免通知”“情况通报”“值班通报”等。

(5) 发文字号要素中的机关代字概括得不准确、不庄重，且字数太长；年度大多使用“()”或“[ ]”括入，发文顺序号前“0”占位，且加“第”字，还存在上行文的发文字号标注的位置错乱。

(6) 有的上报的公文没有标注签发人，有的虽标了注签发人，但标的不是该机关的主要负责人或经授权的机关其他负责人，有的签发人还标注了职务等。

(7) 公文标题三成分不全，不少机关、单位认为发文机关标识中已有行文机关名称，为避免累赘，公文标题中省略发文机关名称；把文种作为公文标题的现象也相当普遍；公文标题的字体字号使用不规范；公文标题排列呈长方形或沙漏形；等等。

(8) 主送机关标注不规范。除上述的党政机关使用“意见”“决定”文种行文主送机关标注不统一外，还存在不按行文规则要求，多头主送，既主送机关又主送机关负责人；主送机关书写不规范等。

(9) 公文正文中的结构层次序数语标注存在不少问题，结构层次序数语后的标点符号一律使用顿号，一顿顿到底，如：“一、”“(一)、”“1、”“(1)、”；结构层次序数语的字体使用不规范；同一篇公文中结构层次序数语书写不统一，使用好几种结构层次序数语，如：使用“首先”“其次”“再次”，又使用“其一”“其二”“其三”，再使用“第一”“第二”“第三”等结构层次序数语。

(10) 随意增加公文格式要素，当公文生效标识页无正文时，在该页的第一行标注“(此页无正文)”。

(11) 附件说明中的附件名称字数较长换行时顶格标注，不与附件名称的首字对齐；附件名称后使用标点符号“；”或“。”；有的转文性公文的按语中已写明报送、批转、转发的公文的附件名称，却画蛇添足再标注附件说明。

(12) 公文的行文机关署名书写不规范，有的与发文机关标识不一致，有的使用代称；还有不少公文的成文日期中的数字至今仍使用汉字小写数字书写等。

(13) 附注标注的位置不规范，如不少行政机关公文将“公开属性”这一公文需要说明的事项标注在版记的上一行，即原来旧《格式》中标注公文主题词的位置；有的附注内容没有用“()”括起来；标注内容杂乱；等等。

(14) 抄送机关标注较混乱，未按党政军群团的顺序或未按上级、平级、下级的层次标注；尤其是国有或国有控股企业，在抄送机关要素栏内随意标注“内部领导”“打印、核对人”“印数”“联系人”“存档”等内容。

(15) 页码标注不规范，不少公文的页码仍然居中标注，有的认为公文只 1 页不标注页码，有的公文页码左右未标注四号一字线。

(16) 行政机关选用“决定”“意见”“通知”“通报”“请示”“批复”等文种行文时大量使用信函特定格式，甚至选用“命令”文种行文时也使用信函特定格式，形成一个文种两种格式并存局面，加剧了公文格式的乱象。

(17) 有的一件转发性公文出现转发机关与被转发机关两个发文机关标识和两个版记的情况。

(18) 字体字号、每行字数不统一。如：党的机关公文正文用 17 磅仿宋体字，每行 26 个字；行政机关公文正文用 3 号仿宋体字，每行 28 个字；等等。

(19) 主送机关不统一。党的机关选用“意见”“决定”文种行文时不标注主送机关；行政机关选用这两个文种行文时都标注主送机关。

(20) 公文生效标识中的三个格式要素标注不统一。如：党的机关制发的有特定发文机关标识的普发性公文不用印，只标注行文机关署名和成文日期；行政机关制发的公文仍只标注成文日期并加盖印章，维持不署名的现状。

# 附录四　应用文写作常用词语汇释

(1) 此致、此令、此复、特此。“此”是“这个、这样、这里”之意。

此致：这里给予，多用于致函的尾语。例如：“此致　敬礼！”

此令：就这样命令，多用于命令(令)、指令的尾语。

此复：就这样答复，多用于复函的尾语。

特此：特地这样，多用于通知的尾语。如“特此通知”。

(2) 颁布、颁发。“颁”即“发下”之意。

颁布：庄严地发布，多用于国家权力机关公布重要的法规性文件。如：北京市人民政府关于颁布《北京市排放废水收费暂行办法》的通知中也用了这一词：“……市人民政府特颁布《北京市排放废水收费暂行办法》，自1981年6月1日起实行。”

颁发：隆重发给，多用于领导机关发布文件，也用于报导颁奖仪式的文章之中。如：国家经委等单位制定的颁发《关于压缩钢材库存的措施办法》的通知；……会上对有功人员和单位颁发奖状、奖品和奖金。

(3) 查照、查收、查复、查询、查对、追查。“查”即“清点、调查、清查、了解”之意。

查照：要求对方认真检查文件内容，并按照文件要求办理，多用于通知末尾。

查收：清点收入，多用于呈物报告和函件之尾。

查复：了解后请答复，多用于函件之尾。

查询：了解询问，多用于函件之中。

查对：清查核对，公文常用语。

追查：追踪调查，公文常用语。

(4) 核准、核实、核示。“核”即“审查核对”之意。此三词，均属公文常用语。

核准：审查、核对以后加以批准。

核实：对事实加以核对。

核示：对事实核对以后加以批示。

(5) 届时、准时、临时。“时”即“时令、时候、时间”之意。

届时：到时候。如：请届时参加。

准时：准确地遵守时间。

临时：暂时或事先没有预料到。

(6) 鉴于、鉴戒、鉴别。“鉴”系保留下来的文言词，古指“镜子、仔细看”之意。

鉴于：现代汉语中是个介词，意指觉察到、考虑到。也有“由于、根据”之意，但在色彩上更为庄重、严肃。多用于文章总述处。

鉴戒：教训。由于文言文色彩较浓，该词当前不常用。

鉴别："审察、辩别"之意。如：财务税收大检查中，群众反映的情况，检查人员一定要鉴别真伪。

(7) 就绪、就地、就业(学)。"就"即"靠近、从事"之意。

就绪：已经安排好、准备好。

就地：在原地。如：群众反映的问题，尽可能就地解决。

就业(学)：从事某种职业(从事学习)。

(8) 拟订、拟于、拟稿、暂拟。"拟"即"打算、起草"之意。

拟订：起草制订。如：拟订办法、拟订计划。

拟于：打算在。如：会议本拟于 5 月 8 日召开，因故延期。

拟稿：起草文字稿件。

暂拟：暂时打算。

(9) 批示、批复、批转，"批"即"判定是非、优劣、可否"之意。

批示：对下级请示的问题表示意见。如：当否，请批示。

批复：对下级来文的批示答复。

批转：将下级机关单位的来文批示转发给有关单位执行或参与。

(10) 为此、为要、为宜、为盼、为荷。"为"字在"为此"中是目的介词，表示"为了"；"为"字在后四个词中是动词，表示"当作、是"之意。

为此：为了这个目的。

为要：是重要的。

为宜：是适当的。

为盼：是所盼望的。

为荷："荷"在此是"承受别人的恩惠"，可引申为"接受别人的帮助"。"为荷"即"感谢你们的帮助"。该词多用于函件末尾。

(11) 悉、收悉、已悉、阅悉、电悉、谨悉。

悉：全部知道、了解。

收悉：收到后全都知道了。

已悉：已经全部知道了。

阅悉：看过后全部知道了。

电悉：通过电报(电话)了解到。

谨悉：恭敬而慎重地了解到。

(12) 必需、必须、均须、务须。此四词都是同义词，只是在不同的语言环境中，作用不同，用法不同，色彩、程度不同而已。

必需、必须：相同之处是都可用作动词，都有"一定要、必不可少"之意。不同之处是："必需"是"应当要"之意。如"该厂添置了各种必需的设备"。"必须"是"一定要，必得用”之意。如“必须整顿作风”。“必需”可单独用作谓语；“必须”是助动词，不能单独用作谓语。“必需”有构成新词的能力，如“增加必需品的生产”；“必须”则没有这种功能。

均须、务须：都是必须的意思，只是程度、范围不同，“均须”是“都必须”之意；“务须”是“一定必须”之意。

(13) 滥用、乱用、挪用。此三词都有“使用”之意，但又各不相同。

滥用：超过规定限度的使用，多用于违犯财经纪律的“使用”。

乱用：不符合规定的使用。如该用于甲项的资金，擅自用于乙项。

挪用：有“借用、移用”之意。

(14) 业经、已经。“经”是“经过”之意。这两个词都是“已经经过”之意。但“业经”文言色彩更重一些。

(15) 兹、兹有、兹派、兹介绍、兹将、兹就、兹因。

兹：现在(时间副词)。

兹有：现在有。

兹派：现在派。

兹介绍：现在介绍。

兹将：现在把……。

兹就：现在对……。

兹因：现在因为。

(16) 以资、以此、以利。“以”即“用”之意。

以资：用来作为。

以此：用这个。

以利：用来有利于。

(17) 制定、制订。这两个词是同义词，有相同之处，也有不同之处，使用时要有所区别。

制定：创制决定、定出。它指动作已经完成后，有相对的稳定性，常用于纲领、法令、决定、决议、政策、方针、条例等法规性文件的制定之中。

制订：创制拟定。它虽指动作已经完成，但有较大的可变性，常用于计划、规划等文件的制订之中。

(18) 审定、审批、审发。“审”即“检查核对”之意。

审定：审查决定。

审批：审查批示。

审发：审查发出。

(19) 即、即日、即席、即可、须即、当即、希即。

即：当时、立刻。

即日：当天。

即席：当场。

即可：立刻就可以。

须即：必须、立刻、马上。

当即：当即、马上就。

希即：希望立刻。

(20) 度、再度、一度。

度：次。

再度：再一次。

一度：一段时间。

(21) 在案、备案、议案、破案。“案”有“处理公务的记录、查考事件或涉及法律的事件”之意。

在案：在处理公事的纪录里。

备案：以备查考。

议案：供讨论研究的事件。

破案：查清涉及法律的事件。

(22) 签发、签署。“签”和“署”都是“写”的意思。

签发：文件由主管人审核同意以后，签上自己的名字，正式发出。

签署：在正式文件上签名或盖章。

(23) 与会、参与。“与”在此用作动词，表示“参加”的意思。

与会：参加会议。

参与：参加进去，共同工作。

(24) 莅临、光临。此二词均为敬辞。“莅”即“到”之意，“临”即“到来”之意。

莅临：来到、来临，多用于贵宾。

光临：以宾客到来感到光荣。

# 附录五　应用文写作常用专用语

**1. 开头用语**

开头用语用于说明发文缘由，包括意义、根据，或介绍背景材料及情况等。如：为，为了；根据，按照，遵照，依照；鉴于，关于，由于；目前，当前；兹，兹有，兹将，兹介绍，兹派，兹聘。

**2. 承启用语**

承启用语是用于连接开头与主体部分，起承上启下作用的惯用语。如：根据……决定，根据……特通告如下，依据……公告如下；为了……现决定，为……通报如下，现就……问题请示如下；现将……(情况)报告如下，现就……问题提出如下意见，经……批准(同意)将有关事项通知如下；拟采取如下措施；经……研究，答复如下。

**3. 引述用语**

引述用语是用于批复或复函引述来文作为依据的用语。如：悉(知道)，收悉，电悉，文悉，敬悉，欣悉。

**4. 批转用语**

批转用语是用于批转、转发、印发通知时的用语。如：批示，阅批，审批，批转，转发，印发。

**5. 称谓用语**

称谓用语是对各机关称谓的简称。如：我(部)，贵(局)，你(省)，本(部门)，该(处)。

**6. 经办用语**

经办用语用于表明工作处理过程或情况。如：经，业经，兹经，未经；拟，拟办，拟定；施行，暂行，试行，可行，执行，参照执行，贯彻执行，研究执行；审定，审议，审发，审批；会议听取了，会议讨论了，会议认为，会议指出，会议强调指出，会议通过了，会议决定，会议希望，会议号召，会议要求，会议恳切呼吁。

**7. 表态用语**

表态用语指用于表态的语言。如：不同意，原则同意，同意；不可，可办，照办；批准，原则批准。

**8. 结尾用语**

(1) 用于请示。如：当否，请批示；如无不妥，请批转各地执行；妥否，请批复。

(2) 用于函。如：请研究函复；盼复；请予复函；不知尊意如何，盼函告；望协助办理，并尽快见复。

(3) 用于报告。如：请指正；请审阅。

(4) 用于批复、复函。如：此复；特此专复；特函复。

(5) 用于知照性公文。如：特此公告。

# 参 考 文 献

[1]　倪文锦，于黔勋. 语文(基础模块)[M]. 4 版. 北京：高等教育出版社，2019.
[2]　邓筱玲，许宝利. 应用文写作[M]. 2 版. 北京：人民邮电出版社，2013.
[3]　刘良军. 应用写作综合实训教程[M]. 北京：高等教育出版社，2014.
[4]　陆献林，刘海东. 应用文写作[M]. 北京：电子工业出版社，2012.
[5]　余飞，曹峰. 应用文写作[M]. 北京：人民邮电出版社，2013.
[6]　何晓方，施丽琼，杨明洲. 新编应用文写作教程[M]. 北京：中国医药科技出版社，2017.